ERICH FROMM

弗洛姆
爱的伦理思想研究

陈默 著

中国社会科学出版社

图书在版编目(CIP)数据

弗洛姆爱的伦理思想研究 / 陈默著. —北京：中国社会科学出版社，2017.9

ISBN 978-7-5203-1022-2

Ⅰ.①弗… Ⅱ.①陈… Ⅲ.①弗洛姆（Fromm，Erich 1900-1980）—伦理思想—研究 Ⅳ.①B712.59

中国版本图书馆 CIP 数据核字（2017）第 230990 号

出 版 人	赵剑英
责任编辑	韩国茹
责任校对	石春梅
责任印制	张雪娇

出 版	中国社会科学出版社
社 址	北京鼓楼西大街甲 158 号
邮 编	100720
网 址	http://www.cssppw.cn
发 行 部	010-84083685
门 市 部	010-84029450
经 销	新华书店及其他书店
印 刷	北京君升印刷有限公司
装 订	廊坊市广阳区广增装订厂
版 次	2017 年 9 月第 1 版
印 次	2017 年 9 月第 1 次印刷
开 本	710×1000 1/16
印 张	18
插 页	2
字 数	291 千字
定 价	78.00 元

凡购买中国社会科学出版社图书，如有质量问题请与本社营销中心联系调换
电话：010-84083683
版权所有　侵权必究

目　录

第一章　绪论 …………………………………………（3）
　一　研究目的 ………………………………………（3）
　二　相关概念 ………………………………………（6）
　　（一）异化 …………………………………………（6）
　　（二）社会性格 ……………………………………（9）
　　（三）生产性性格 …………………………………（12）
　　（四）爱 ……………………………………………（15）
　　（五）人道主义 ……………………………………（18）
　三　研究的方法和意义 ……………………………（21）
　　（一）研究方法 ……………………………………（21）
　　（二）研究意义 ……………………………………（23）
　四　研究文献综述 …………………………………（26）
　　（一）原著选读 ……………………………………（26）
　　（二）国内有关弗洛姆思想的研究 ………………（36）
　　（三）国外有关弗洛姆思想的研究 ………………（50）

第二章　弗洛姆构建爱的伦理思想的逻辑起点 …（57）
　一　人性的异化 ……………………………………（58）
　　（一）人性的概念 …………………………………（58）
　　（二）人性的异化及其表现 ………………………（63）
　　（三）人性异化产生的原因及后果 ………………（66）
　二　人性与社会的关系 ……………………………（71）
　　（一）社会对人性的决定性作用 …………………（72）
　　（二）人性对社会的反作用 ………………………（74）

三　人自身的出路 …………………………………………（77）
第三章　弗洛姆爱的伦理思想的核心：爱的理论 …………（84）
一　对当代西方爱的模式的批判 …………………………（85）
二　爱的具体形式 …………………………………………（92）
（一）博爱 …………………………………………………（93）
（二）母爱 …………………………………………………（94）
（三）性爱 …………………………………………………（96）
（四）自爱 …………………………………………………（98）
（五）上帝之爱 ……………………………………………（102）
三　爱与信仰 ………………………………………………（105）
四　爱的正确解读 …………………………………………（109）
（一）爱是对人类生存问题的解答 ………………………（111）
（二）爱的本质是给予 ……………………………………（118）
（三）爱是需要学习的 ……………………………………（123）
（四）爱是一种艺术 ………………………………………（130）

第四章　爱的实践 ……………………………………………（141）
一　人与自然的关系 ………………………………………（142）
（一）"人道主义"与"人类中心主义" …………………（143）
（二）技术的异化及其消除 ………………………………（149）
（三）消费的异化及其消除 ………………………………（153）
二　人与人的关系 …………………………………………（158）
（一）两性关系 ……………………………………………（160）
（二）亲子关系 ……………………………………………（164）
（三）人与他人之间的关系 ………………………………（170）
三　人与自我的关系 ………………………………………（175）
（一）孤独与自由 …………………………………………（177）
（二）积极自由和消极自由 ………………………………（180）
（三）自我实现 ……………………………………………（183）
四　人与社会的关系 ………………………………………（188）
（一）个体改造 ……………………………………………（189）
（二）社会革命 ……………………………………………（192）

（三）人道主义的社会主义 …………………………………（196）
第五章　成熟的爱 ……………………………………………………（203）
　一　不成熟的爱 ……………………………………………………（204）
　　（一）自恋 …………………………………………………………（204）
　　（二）社会自恋 ……………………………………………………（209）
　　（三）共生性结合 …………………………………………………（213）
　二　成熟的爱 ………………………………………………………（218）
　　（一）自发性 ………………………………………………………（218）
　　（二）成熟的爱所需要素 …………………………………………（222）
　　（三）成熟的爱的本质 ……………………………………………（228）
　三　成熟的爱与个体人格 …………………………………………（234）
　　（一）人格的伦理本质 ……………………………………………（235）
　　（二）人格形成的社会过程 ………………………………………（243）
　　（三）爱与生产性人格 ……………………………………………（251）
结语　弗洛姆爱的伦理思想研究总结及展望 ……………………（260）
参考文献 ……………………………………………………………（274）

题记：弗洛姆说："多数人把爱看成是被爱而非施爱，即否认爱即是爱的能力。"[①] 成熟的爱乃是："保全个体的个性、整体性的结合。爱是人积极能动的力量，它打破了把人隔绝的围墙，使人与人和谐相融；爱使人克服孤独感和分离感，然而又让他成为自己，依然伫立于其整体性中。"[②]

[①] ［美］埃希里·弗洛姆：《弗洛姆文集》，冯川等译，改革出版社1997年版，第6页。
[②] 同上书，第350页。

第一章 绪论

一 研究目的

美国著名的哲学家、心理学家埃希里·弗洛姆（Erich Fromm，1900—1980）终其一生关注着现代工业社会对人性的压抑并造成"人性异化"这样的问题，并试图建构完美的人道主义伦理体系以解决这一社会现实问题。在他看来，精神分析心理学家弗洛伊德从个人发展的角度揭示了"人性异化"的本质，而马克思等经典哲学家们则从社会发展的角度揭示了"人性异化"的本质。他们是试图从不同的角度去诠释"人性异化"问题并提出各自解决方案、以造就真正的"社会新人"的两位伟大的思想家。弗洛姆所做的尝试就是，力图把他所认为的"马克思主义理论的精华"和"弗洛伊德思想的精华"融合到一起，使二者互相取长补短，以创造一种更为完善的"学说"。这应该是弗洛姆爱的伦理体系的主要思想来源，"爱"是其人道主义伦理学的核心，也是人道主义价值观的最高体现。

然而，弗洛姆虽然赞同马克思的辩证法和社会分析法，把它们引进精神分析学的领域，但是他对马克思主义学说的接受是有限的。尽管他认为与弗洛伊德相比较，马克思是一位更加渊博、更加深刻的思想家。但他的根本立足点是非马克思主义的，他更侧重于从精神分析心理学的角度来阐释"人性异化"的社会现象。正因为如此，他强调将心理学的研究方法纳入伦理学研究领域，实现心理学与伦理学的综合研究。在这样的方法论前提下，他试图综合弗洛伊德的精神分析理论与马克思主义学说，并在此基础上建构了他的伦理学体系，这是他学术研究的终极目标：达到帮助人们实现自我完善和促使社会实现健全的目的。他的伦理思想奉行的原则是现代伦理学最基本的人道主义原则，如他所说："人道主义意指人是万物的尺度，人的全面发展是一切社会努力的目的与准则。"① 他的立场是："没有任何事物比人的存在更高，没有任何事情比人的存在更具尊严。"② 弗洛姆以此为理论指导，把历史上各种伦理学说分为"人道主义的伦理学"和"权威主义的伦理学"，并从社会批判的立场出发，深刻地批判了后者和现代西方社会现状。在理论与现实批判的结合中，确立了其爱的伦理思想体系，试图用以拯救"异化了的西方人与社会"。

弗洛姆把心理分析作为建构其爱的伦理思想体系的基本方法，用来分析人性、人的性格、自由、爱等问题，其核心思想便是"爱"。他认为，拥有"爱"是人道德完善的标志之一，就个人而言，爱的伦理思想的目的就是要实现人的道德完善。但人性如何才能达到完善？在揭示了西方社会各种人性异化现象之后，弗洛姆认为，应该运用心理学的方法对人的性格做出道德分析，来揭示人性的本质，如他所说："用理性控制非理性的、无意识的欲望。"③ 这种精神分析方法的目标就是帮助人净化自己的心灵，实现人的道德完善，使人具备爱的能力，真正肯定人自身，这是爱的伦理学的最高价值。弗洛姆这种心理分析方法是对传统人道主义的一种超越，开辟了伦理学解释人的行为动机的新视角，具有伟大的进步意义。

尽管如此，西方有学者认为，弗洛姆所使用的精神分析方法在当时仍然是他学术研究中的"软肋"。因为，在其所有有关临床论题的著作当中，弗洛姆其实还是明显地受限于他对临床问题的一些见解。Daniel Burston 在其文章 A Profile of Erich Fromm④ 中就提出，弗洛姆常常因为过分详尽地利用一些个人病案，或者过分阐述其中的理论以试图弥补狭隘弗洛伊德主义的倾向反而成为他研究中的弱点。比如在原版《为自己的人》一书中，弗洛姆就是这样写道："神经官能症，它本身，归根到底，是道德失败的症状（尽管'调节'也决不是道德成功的标志）。"这种过分描述其实是有害的。有关心理创伤、心理忽视和心理虐待的害处已经被详细地

---

① ［美］埃希里·弗洛姆：《弗洛姆文集》，冯川等译，改革出版社1997年版，第547页。
② ［美］埃希里·弗洛姆：《为自己的人》，孙依依译，生活·读书·新知三联书店1988年版，第33页。
③ 同上。
④ "A Profile of Erich Fromm", Society, May/June 1991, p. 87.

载入相关文献。并且，任何读过弗洛伊德相关病案的人都会马上意识到，弗洛伊德其实很少将许多女性病人的症状归因于道德失败或性饥渴，而更多地归因于她们所处的受压迫的社会阶层和性别角色带来的影响，即女性长期陷入窒息的、屈从的和纯粹的社会辅助角色。因而，这种声称"所有的神经官能症是道德失败的症状"的论断，只会增加那些受苦人群的道德责任，而不是针对整个社会人士来提出，因此，此论断实际上公然与弗洛姆自身强调"正是社会文化和经济因素造成人的精神创伤"这样的主题背道而驰。

当然，以上分析确实也为我们理解弗洛姆的思想提供不同的视角。但是，我们在本书中所要重点阐述的不是弗洛姆如何利用精神分析的方法来分析社会中的人。所以，我们的着重点不在于弗洛姆在何种程度上使用了精神分析的方法，而是立足于弗洛姆有关人性、社会的相关内容来进行分析。毫无疑问，弗洛姆绝对不是立足于个别的病案来做研究的。在他的思想构架中，他把自然、人和社会三者是放在一个整体中来解释和理解的。因而单个的人实际上不构成任何实际的、可具有代表性的症候，而整个社会文化和经济环境才是弗洛姆分析人性的入口。

弗洛姆的众多著述在社会上得到广泛的传播，这足以证明他的思想具有广泛的影响和不容忽视的意义。但是，这位伟大的思想家的思想并没有受到应有的重视和研究。许多人或多或少地了解他的一些思想，但一时难以对他的思想做出全面的把握和研究。造成这一现象的一个重要的原因就是他所涉猎的领域太广泛，而身份又比较复杂，这与他所处的时代背景以及他个人的人生经历有着十分紧密的联系。实际上，从现代学术分科的视角，弗洛姆可以被同时说成是心理学家、精神分析家、社会学家、伦理学家甚至是宗教思想家。弗洛姆的思想所涉及的领域相当宽广，而且每一领域的研究都有其独到精辟之处，尤其是他所提出的"爱的理论"，在近代西方社会引起了轩然大波，导致其《爱的艺术》《逃避自由》等著作被迅速地翻译成各种文字，在世界各地广泛流传。

基于以上对弗洛姆本人及其思想研究的认识，本书拟对弗洛姆爱的伦理思想体系进行全面的梳理和总结。从理论上讲，弗洛姆所提出的爱的伦理思想体系，无论是对西方伦理思想史的发展，还是对中国伦理思想体系的启迪，都具有不可忽视的重要作用。从现实的角度来看，弗洛姆所处的时代背景，所遇到的现实社会问题，恰好也是当代中国社会所面临的一些现实与问题。因此，研究弗洛姆的以"爱"为核心的人道主义思想体系，既具有非凡的理论价值，也具有不可忽视的现实意义。在弗洛姆的爱的伦理思想体系中，无论是对人性的剖析，还是对社会的批判，都极其深刻而深邃。站在现代中国人的角度来学习和研究弗洛姆的爱的伦理思想，我们会发现很多感同身受的人性观点和社会本质。这些看似非常普通的东西恰恰植根于生活的深处，是每一个需要不停完善自身的"正常人"去思考的问题，也是我们所处的时代或社会所亟待解决的问题。因此，无论是作为一个普通人，还是作为一个社会的管理者，研究弗洛姆的爱的伦理思想都会受到很好的启迪。因而，本书着力于从弗洛姆爱的伦理思想的本身出发，以挖掘对人自身的全面发展和社会的整体和谐发展具有启示意义的资源。

二 相关概念

在研究初始，有必要对弗洛姆爱的伦理思想中所涉及的相关概念进行整理，主要包括"异化""社会性格""生产性性格"（或创发性性格）、"爱"和"人道主义"这些概念。在这些概念里，有一些并不是弗洛姆最先提出，比如"异化""爱""人道主义"这几个概念。但弗洛姆所提出的"异化""爱""人道主义"概念等具有前人所未提出的新内涵，在这里有必要交代清楚。有的概念却是弗洛姆提出的新概念，比如"生产性性格"等。这些概念是我们正确地理解弗洛姆爱的伦理思想的关键。因此，在这里首先将这些概念进行梳理，以更好地解读他的爱的伦理思想体系。

（一）异化

在弗洛姆的爱的伦理思想体系中，"异化"是一个与"爱"处于同等地位的概念，之所以这么说，是因为弗洛姆所提出的"异化"和"爱"这两个概念实际上是相对应的。换句话说，弗洛姆的"爱"其终极目标就是用来消除"人性异化"和"社会的异化"。因此，全面、有效地理解弗洛姆的"异化"概念是我们理解他的伦理思想体系的关键。显然，"异化"一词绝不是弗洛姆首次提出，但需要指出的是，弗洛姆的"异化"

概念在总结前人的基础之上，提出了前所未有的新内涵，这是我们要重点阐述他的"异化"概念的原因所在。在这里，鉴于篇幅，我们无意对"异化"一词进行全面的追本溯源，仅仅将弗洛姆"异化"概念的思想来源及其新增内涵解释清楚。

毫无疑问，弗洛姆所提出的"异化"一词，与马克思主义的"异化"概念存在无法割舍的联系。可以说，弗洛姆的"异化"概念正是来自对马克思所提出的"异化"概念的思考。论及此一问题，我们又无法回避费尔巴哈在"异化"概念上所下的定义。可以说，正是黑格尔和费尔巴哈等人，才将"异化"这一概念上升到哲学层面，将其从最开始的"异己力量"抽象为"自身的外化"。这在本质上凸显了"异化"一词本身所包含的矛盾性。也就是说，异化从最开始的"对立"或"敌对"的意涵上升为"矛盾"或"悖论"的实质。"异化"一词所涉及的不再是简单的"异我"力量，而是包括"自我"在内的外在和内在的矛盾或悖论。但他们所提出的"异化"概念强调的是主观精神的外化。

马克思的"异化"理论极大地丰富了黑格尔和费尔巴哈等人所提出的"异化"概念，它包括多个层面的含义，但其核心内容在"异化劳动"。在《1844年经济学哲学手稿》中，马克思对异化理论作了详尽的阐述。在马克思看来，人的本质是在劳动的过程中形成的，因而，人的异化也可以被看成劳动的异化造成的。正因为如此，在马克思的主要作品中自始至终地出现"异化"或"异化劳动"这样的字眼。马克思的"异化"一词其实质是用客观的物质生产劳动取代了黑格尔等人的"主观精神的外化"。马克思的"异化劳动"或"异化"概念在其本质上意图指出：人是在劳动中形成了人的本质，改变了自身。因此，劳动改变了人与自然、人与自身、人与社会的关系。但是，马克思所要揭示的不是劳动的积极作用，而是"异化劳动"所包含的"物化"本质。也就是说，我们也可以将"异化劳动"理解为"物化劳动"。这是一种病态的劳动观念：一方面，人通过劳动成就了自身；另一方面，人又在劳动中"物化"了，成为劳动的奴隶。如马克思在《资本论》中所指出的："在工场手工业中，是工人利用工具，在工厂中，是工人服侍机器。在前一种场合，劳动资料的运动从工人出发，在后一种场合，则是工人跟随劳动资料的运动。在工场手工业中，工人是一个活机构的肢体。在工厂中，是机构独立于工人而存在，工人被当做活的附属物并入此机构。"①

弗洛姆并没有过多地批判马克思等人的"异化"理论，而是直接将心理学的理论纳入对"异化"概念的分析。在他看来，"异化"更是一种心理上的病态。可以说，弗洛姆对自己的"异化"概念作出了特有的解释和深化，不再局限于哲学、社会学或经济学的范畴，而是深入心理学领域，直指人的内心或心理，如他所说："异化是病态心理的一种形式。"②他为何得出这样的结论呢？源自他对异化一词的考究，他发现："异化较早的含义指一个精神不健全的人：法语中的 aliene 和西班牙语中的 alienado，原意是指精神病患者或精神完全失常的人。"③因而，在"异化"概念的使用中，弗洛姆非常诚恳地承认："我的'异化'概念与黑格尔和马克思使用的'异化'概念比较，更是一种人所拥有的人性力量的体验，例如爱和智慧、思想或理性、正当的行动，一个人将这些力量转向某种偶像，某种力量或他之外的力量。"④用弗洛姆自己的话来解释："'异化'是一种认识的模式，在这种模式中，人把自己看作是一个陌生人。可以说，他疏远了与自己的关系。"⑤用通俗简单的话来解释，弗洛姆所提出的"异化"概念，意指人失去了自我存在感，迷失了自己。这一迷失使得人自己不能掌控自己的命运，感受不到自己的力量，主体性无法得到实现。因此，他不能成为自己的主人，而必须依靠构建另外一个神圣的偶像，来实现对自我的认识。如他所说："偶像是人亲手制造出来的，因此，人把他创造的这个他自己生命的属性转移到事物中，他不是把自己作为创造的人来体验，而是仅仅通过对偶像的膜拜来与自己接触。"⑥

因而，在弗洛姆这里，"异化"是一种自我心理的迷失，他无法支配

---

① 马克思：《资本论》（第 1 卷），人民出版社 1957 年版，第 463 页。
② [美] 埃希里·弗洛姆：《在幻想锁链的彼岸》，张燕译，湖南人民出版社 1986 年版，第 44 页。
③ [美] 埃希里·弗洛姆：《健全的社会》，王大庆等译，国际文化出版公司 2007 年版，第 104 页。
④ Fromm E., *Dialogue with Erich Fromm (with Richard Evans)*, New York: Harper & Row, 1966, p. 88.
⑤ [美] 埃希里·弗洛姆：《健全的社会》，王大庆等译，国际文化出版公司 2003 年版，第 106 页。
⑥ Fromm E., *Max's Concept of Man*, Frederick Ungar Publishing Co., 1961, p. 44.

自己的行为和意志，他与自我分离，只能通过偶像崇拜来完成对自我的肯定。这是一种精神的病态，"人不再把自己作为自己的力量和财富的积极拥有者来体验，而是把自己看作一个被枯竭的事物，他依赖于身外的一种力量，并把自己的生命物质投射到这种力量上"[1]。在他看来，现代社会的人通常把自己所创造的一切佳绩或财富当作偶像一样顶礼膜拜，但实际上却体会不到真实的快乐与自我内在力量的增长。因而，现代社会的人处于异化状态，这种"异化"心理归根到底源自社会的"异化"。于是他对"人性异化"的种种表现及其产生的原因做了详尽的阐述与分析，并将此作为其爱的伦理思想系统的逻辑起点，我们将在下文中详细地探讨。

（二）社会性格

"社会性格"是弗洛姆提出的独有概念。可以说，这一概念的提出为弗洛姆建构自己的爱的伦理思想体系提供了核心范畴。从理论的角度，无论是马克思主义的社会理论，还是弗洛伊德的心理学说，弗洛姆都对其进行了尽情的批判。而"社会性格"这一概念正是弗洛姆用以弥补二者理论缺陷的"核心武器"。因此，对"社会性格"这一概念的理解和解释也是我们正确领会弗洛姆爱的伦理思想体系的关键点。在弗洛姆看来，马克思等人虽然深刻揭示了社会的经济基础与其上层建筑之间的深层关系，但并没有阐明社会的经济基础是如何决定上层建筑，并且上层建筑是如何反作用于社会的经济基础的。因此，弗洛姆提出的"社会性格"这一概念，主要目的是补充马克思等人的理论不足。在他看来，社会的经济基础和上层建筑之间只是间接地发生作用，而"社会性格"才是嫁接它们的桥梁，是使它们真正相互作用、相互影响的媒介。而对于弗洛伊德把人的性格归因于"力比多"，也就是人的性本能的做法，弗洛姆更是倍加批判，"社会性格"也成为他否定弗洛伊德性本能思想的核心概念。

那么，到底什么是"社会性格"呢？弗洛姆在他的专著《基督教义的演化》[2]（*The Dogma of Christ*，1931年）和论文《精神分析的性格理论

---

[1] ［美］埃希里·弗洛姆：《健全的社会》，欧阳谦译，中国文联出版公司1988年版，第129页。

[2] 此书目前尚无中文译本，英文版本于2004年由Routledge出版有限公司出版。

以及社会学的意义》（1932年）中首先提出这一概念。在他之后的著作中，他多次提到这一概念并进行详细的论述，因而我们可以将这一概念当作弗洛姆论述人性与社会的核心概念。在《逃避自由》（1941年）一书中，他是这样描述的："在讨论个人性格时，我们探讨的是个人的整个特质，这些特质以各自特殊的形态构成这个或那个人的人格结构。社会性格只包括一部分经过选择的特质，即在一个群体共同的基本经历和生活方式作用的结果下发展起来的该群体大多数成员性格结构的基本核心。"[①] 在《为自己的人》（1947年）这部著作中，他明确地区分了"气质"与"性格"，"个人性格"与"社会性格"等概念。在《健全的社会》（1955年）这本专著中，他是这样描述的："社会性格的概念不是一个统计学意义上的概念，并不是在一个确定的文化中的大多数人身上能够找到的性格特点的简单总和。"[②] 在《占有还是存在》（1976年）这一本书中，他详细地阐述了"社会性格"的形成机制及其功能，他说："一个社会的经济结构造就其成员的社会性格，使其想去做他们应该做的事情，同时，社会性格也影响社会的经济结构：一般情况下，它起到一种凝固剂的作用，赋予社会制度更多的稳定性；在特殊情况下，它也是炸药，会炸毁这种社会制度。"[③]

在以上弗洛姆所论述到的"社会性格"的定义中，不难发现，它与我们在现代社会学或心理学中所提出的一些概念相似，如社会心理、民族心理和社会张力等。值得一提的是，弗洛姆明确地指出，"社会性格"不代表社会中大多数人的性格的总和，并且也不是指社会成员性格的交集部分。社会性格似乎比我们现代所讲的社会心理、民族心理或社会张力等概念拥有更深层的内涵。"社会性格"是活跃在社会经济生活中的一种特质，它可以是带动社会向前发展的动力，也可以成为阻碍或

---

① ［美］埃希里·弗洛姆：《逃避自由》，刘林海译，国际文化出版公司2002年版，第187页。

② ［美］埃希里·弗洛姆：《健全的社会》，王大庆等译，国际文化出版公司2007年版，第72页。

③ ［美］埃希里·弗洛姆：《占有还是生存》，关山译，生活·读书·新知三联书店1989年版，第141—142页。（注：在众多的译著那里，这本书被译为《占有还是存在》，但关山的这个译本译为《占有还是生存》，两者是同一本书）。

破坏社会向前发展的阻力。如弗洛姆所说："社会进程通过决定人的生活模式，即与他人即劳动的关系，塑造了他的性格结构；新的宗教、哲学及政治等意识形态源于这个变化了的性格结构，却又诉诸它，并强化、满足、稳定它；新形成的性格特质反过来又成为经济进一步发展的重要因素，影响社会的进程。"① 这一段话所暗含的意思是，"社会性格"似乎代表一个社会的意识形态或指导思想。总之，弗洛姆的"社会性格"这一概念包含了很多的内涵，我们无法从一些简单的定义来把握它的全部。

也许我们可以从"社会性格"的形成机制和功能中找到更为确切的理解。"社会性格"作为与"个人性格"相对应的概念，它的形成过程是怎样的呢？弗洛姆反对弗洛伊德把性本能看作个人性格形成的根本基础，而认为个人性格的形成与社会有着密不可分的联系，他说："性格的根本基础并不在于各种类型的力比多中，而是在特殊的人与世界的关系中。"② 简单地说，个人性格的形成发生在个人与他人、与社会所发生的各种关系中。弗洛姆把人和世界的关系分为"同化过程"和"社会化过程"两个模式，个人的性格也就是在这两个模式中形成的。个人性格一方面来自社会的"同化"，也就是个体接受社会的政治、经济和文化等的影响；另一方面又是个体根据自己的理性判断去综合社会文化与自己的需求而产生的价值理念。这意味着个体在"社会化"的过程中，通过处理与他人、社会的关系的实践活动而产生的能力。因此，"个人性格"必然存在较大的个人差异。在弗洛姆看来，"社会性格"的形成较之于"个人性格"要复杂得多，它不是由单一因素起作用形成的，而是在社会和思想意识的诸多因素的交互作用下形成的。

综合起来，"社会性格"的形成离不开两个方面：首先，社会结构的塑造作用；其次，人的基本需要反过来塑造着人生活的社会环境。需要重点指出的是，弗洛姆在这里提出的"社会结构"是一个包罗万象的概念，它涉及各种要素，如人口素质、物质资料、文化传统和地理环境等。社会

---

① [美] 埃希里·弗洛姆：《逃避自由》，刘林海译，国际文化出版公司2002年版，第193页。
② [美] 埃希里·弗洛姆：《为自己的人》，孙依依译，生活·读书·新知三联书店1988年版，第70页。

结构在某一个特定的历史时期，是稳定的，而在整个人类历史发展的进程中，它又是不停地发展变化的。"社会性格"的形成离不开社会结构的塑造作用，可以说，社会结构是"社会性格"形成的宏观环境。但光有这个宏观环境还不行，还需要考虑个体的需要这一微观心理，因为个体会根据自身的需要来选择或变革自身所处的社会结构。因此，"社会性格"就是在社会结构这一宏观条件和个体的需要这一微观条件的共同作用中形成的。

"社会性格"决定了人的思想和行为模式。弗洛姆在阐述了"社会性格"的概念之后，又详细地解释了"社会性格"不同时代的表现类型，在这里不再一一赘述。在他看来，"社会性格"对于整个社会的稳定起着不可估量的作用，一方面，"社会性格"支配和操纵着个体的行为，在社会结构稳定不变的情况下，个体力图使自己的行为模式符合社会的要求，从而在心理上产生共鸣，获得安全感。然而，一旦旧有的"社会性格"不再适应社会的经济文化变革时，它又会转变为促进破坏的"炸药"。因此，"社会性格"对于社会结构，对于人类所生存的整个环境都具有十分重要的能动作用。

（三）生产性性格

在我们论述了"社会性格"之后，来考察弗洛姆所提出的"生产性性格"就容易多了，这一概念也是弗洛姆提出的新概念。简单地说，"社会性格"的类型是多样的，弗洛姆将"社会性格"划分为"非生产性性格"和"生产性性格"两大类。在弗洛姆看来，现代资本主义社会的"社会性格"是不健全的、病态的，表现为"非生产性性格"，它是"社会性格"严重异化后产生的结果，具体包括四种倾向。

1. **接受型性格倾向**。这一异化的社会性格倾向的显著特性就是失去自主性或主体性，个体喜欢推卸责任和不劳而获。这类型的人过多地依赖他人，无论是在物质上，还是在精神上，都对其外部来源产生很强的依赖性。他们失去了一切主动性，包括爱他人的能力与发现、批判这个世界的能力。他们服从于权威，以服从权威来获得自身内在的安全感，一旦外在依赖的权威力量消失，便会变得焦虑、失落和无所作为。

2. **剥削型性格倾向**。这一性格类型与接受型性格类型存在相似之处，即都是依赖外界寻求自身需要的东西。它们的不同之处在于，接受型性格是被动地接受，而剥削型性格则是主动地索取。无论是在物质上、情感上，还是在思维活动中，这一性格类型的人不会放弃一切机会去把别人的东西变为己有。在本质上，这一类型的人并没有发挥出自身内在的潜力，也就是说，没有真正地产生创造性。

3. 储存型性格倾向，也称为囤积型性格倾向。这一种性格倾向有别于前面两种，他们不是从别人那里获得，而是倾向于固守自己已有的东西，他们的生活重心在于积累和节约，这样才会获得安全感和归宿感。他们经常把自己与别人隔离起来，为自己建造一堵墙，无论是在物质上，还是在精神上，都同样吝啬，无法与人分享，坚持"我的就是我的，你的就是你的"这样的特殊正义。因此，这种性格类型的人视与别人建立亲密关系为威胁，而占有或疏远则意味着安全。他们的性格特征表现为吝啬、刻板、条理和守时。

4. 市场型性格。弗洛姆在《追寻自我》这本书中这样描述市场型性格类型的人："我把那些植根于人，把自己当做一种商品、并把个人的价值当做交换价值的倾向性格，称为市场倾向。"[①] 这是在现代市场经济条件下人格物化后的产物，把真正的人当作商品进行交换，现代人集中体现为这一性格类型。弗洛姆认为，在市场经济条件下，看重交换价值的思维方式已经渗透到人的存在方面，使得人把一切都看作商品，比如自我的人格、灵魂和知识等都可以当作商品来进行销售，他称其为"人格市场"。如弗洛姆自己描述的："对人格和商品的研究，判断原则是一样的，人格市场销售的是人格，商品市场销售的是商品。这两种市场都以交换价值为价值，使用价值虽属必要，但并不是一个充分条件。"[②] 人在这样的观念指导下，也丧失了自身的主体性和创造性。他们想要实现的不是自我的价值，而是努力使自己成为符合市场需要的成功人士。在现实社会中，人可以不择手段地追求自我的成功，而忘记了自身的自信、尊严和成就感等。简单地说，人把自己打造成商品，根据市场的需要来塑造自己。总的来

---

① ［美］埃希里·弗洛姆：《追寻自我》，苏娜、安定译，延边大学出版社1987年版，第78—79页。

② 同上书，第82—83页。

说，以上几种"非生产性性格"中，"市场型性格倾向"是占主导地位、最具有诱惑性也最违背人格的性格类型。

与以上"非生产性性格"相对应的是"生产性性格"。这种性格的特征为肯定人的价值和尊严，富有理想和创造性，竭力发挥潜能，实现自我，达到最高的创造境界，即独立、自主、自爱、爱人和创造。弗洛姆认为，健全的社会需要的是"生产性性格"，他大力倡导在未来的健全社会中培养人的"生产性性格"，这样才能保证人的特有潜能和本质力量得到发挥。总结起来，"生产性性格"具有两重内涵：其一，在其最基本的意义上，指的是主动性、自觉性、创造性并有着阳光的心态等种种积极倾向的性格。在弗洛姆看来，具有这一性格倾向的人能够有效地解决存在于自身中的个体性与孤独感之间的矛盾，从而能够在最大限度地保存自己的个体性和独立性的同时，借助爱和各种创造性活动与他人建立起平等互助而又良性竞争的和谐关系。其二，"生产性性格"是与"非生产性性格"相对立的性格类型，具有此种性格的人具有较强的物质生产能力，能够主动运用并充分发挥其所具有的创造潜力。如弗洛姆所描述的："生产性意味着他把自己当作一个他之力量的化身、一个行动者而加以体验；他感到自己与他的力量融为一体，同时这种力量并没有受到阻碍而与他相异化。"[①]

除了以上特点，"生产性性格"类型的人还具有许多其他优点，比如，具有较强的理性能力，能够透过事物的表象来发现深藏于事物背后的关系及其深层意义。再比如较丰富的想象力，这一性格类型的人，能够将未曾出现的事物具体化，并根据这一想象预先规划和实施。因此，"生产性性格"类型的人，不仅能创造出更多的人据以生存的物质财富，还能够创造出趣味崇高的文艺作品，构建富有哲理的思想体系，并在这一过程中完善自身的个性，达到真正地实现自我。同时，"生产性性格"类型的人还具有"生产性的爱""生产性的思维"和"生产性的能动"等特点。总而言之，这一类型的人能够很好地调节自己的生活，他明白自身将以何种方式存在，他独立、自信，又博爱、团结，能够积极地参与社会生活，能够分享和奉献真正的爱，并在爱中感受自身存在的价值和意义。总之，

---

① ［美］埃希里·弗洛姆：《为自己的人》，孙依依译，生活·读书·新知三联书店1988年版，第87页。

这一性格类型的人体现为既能保存自身的独立性，又能与他人和谐共处，并且这两者之间是相反相成的，如弗洛姆所提到的："人在必要时，只要能做到安静和独处，生产性的爱、生产性的工作、生产性的思维就是有可能的，能够倾听自己的声音是有能力倾听他人之音的先决条件；能独身自处是能与他人相处的必要条件。"①

（四）爱

在本书里面，我们要阐述的核心概念就是弗洛姆所提出的"爱"。可以说，"爱"是弗洛姆构建其伦理思想体系的核心。在提出人性的异化、社会的异化，并且分析了不健全社会的根本特征表现为"社会性格"的异化等观点之后，弗洛姆着手解决的问题就是论证如何克服人性和社会的异化，达到健康的人性与社会的目的。虽然他提出的解决方案有很多，有宏观层面的政治、经济和文化等各个方面的改革措施，但最终他还是回归心理学层面，试图建构完善的"爱"的理论用来拯救人性和整个社会。因此，在展开本书的研究之前我们有必要对弗洛姆的"爱"的概念进行考察，准确地理解弗洛姆所提出的"爱"的概念与前人所提出的"爱"的概念之间的差异，是我们准确理解弗洛姆整个"爱"的理论与他的爱的伦理思想体系的关键。

弗洛姆在继承和发扬前人的基础上来阐述其"爱"的概念。西方传统的"爱"在其形式上仅限于性爱或情感，如弗洛伊德的爱欲理论，把人的自然属性当成是人的本质，忽视了人的社会属性，因此不能很好地对人性做出解释，只是一种抽象的人性论而已。弗洛姆也摒弃了把"爱"仅看作"自爱"的观点，如中国传统中道家的"归根曰静"及"返璞归真"强调人自爱的观点。他认为自爱与自私、自利是有区别的，自爱不等于自私和自利。弗洛姆批判现代人的自私并不是一种真正意义上的自爱，而是一种狭隘的非生产性行为。因此，"自私与自爱远不是同一的，实际上是相反的。自私的人不仅不很爱他自己，而且很少爱自己，实际上他憎恨自己"②。在弗洛姆看来，"在爱他人与

---

① ［美］埃希里·弗洛姆：《为自己的人》，孙依依译，生活·读书·新知三联书店1988年版，第86页。

② ［美］埃希里·弗洛姆：《自为的人》，万俊人等译，国际文化出版公司1988年版，第114页。

爱自身之间不存在非此即彼的关系，相反倒是，凡能爱他人者必爱自己"。而且，"我的爱必须既以他人也以我自身为对象，对我自身的生活、幸福、发展、自由的肯定建立在我的爱的能力上，也就是说，建立在关切、尊重、责任、认识之基础上"，"凡能创造性地施爱者必挚爱自我；凡只能爱他人者必定一无所爱"。①

弗洛姆的"爱"也不仅限于传统意义上的博爱。传统意义上的博爱，也是宣扬爱他人、爱社会、通过对他人的善来达到自己完美的人性境界。如基督教强调"待人如己""爱邻如爱己"等博爱的原则。但基督教的"爱"来自上帝，是一种先于理性的精神活动，它以上帝的名义取消了人在自然上和道德上的不平等。弗洛姆的博爱是一种普遍意义上的人类之爱，它是一切其他形式的爱的基础，"博爱就是对所有的人的一种责任感、关心、尊重和了解他人"②。在弗洛姆看来，博爱其实是一种人类之爱，是对那些需要帮助的一切人的爱。他认为博爱是爱的能力的表现，那些只爱自己的家人而不爱他人的人，是缺乏爱的能力的表现。

除此之外，弗洛姆还严格区分了"爱"与"爱的对象"。他认为爱一个人并不是因为这个人可爱，拥有一切值得你爱的条件，而是爱的能力的问题。他说："人们以为，爱是一件极其简单的事，困难的倒是如何找到爱的对象或者被他人所爱。"③ 现代社会很多人认为生活中没有"爱"是因为缺乏"爱的对象"，而弗洛姆却把它归结为缺乏"爱的能力"的问题。长期以来，人们对"爱"的理解往往局限于一种狭隘的情感经验，误以为"爱"只是一种情感的索取，一种"被爱"的快乐体验，而不是把它"看成是主动被爱和爱的能力问题"④。在现代西方以商品市场交往为基础的文化条件下，恋爱如同商品交往一样，只是一种找对象的交往活动。对象的魅力不在于人格本身，而在于他（她）是否具有"惹人喜爱"的品格特性，也即"爱"的各方是否具有"卖相"。这样一来，所谓"爱"就成了一种情感游戏，人们认为，婚配以后，"爱"就会自然发展起来。弗洛姆认为，在近代西方，这种"浪漫主义爱情观"已经居于支

---

① ［美］埃希里·弗洛姆：《弗洛姆文集》，冯川等译，改革出版社1997年版，第379页。
② 同上书，第370页。
③ 同上书，第337页。
④ ［美］埃希里·弗洛姆：《爱的艺术》，孙依依译，工人出版社1986年版，第3页。

配地位。而这种新的自由爱情观必然会极大地突出"爱的对象"的重要性，而贬低了"爱的能力"的意义。

在弗洛姆这里，"爱"成了一种主动的创造性活动，而不是消极的情感，是"永恒之爱"，而不是"坠入情网"。消极的情感受制于他物，他不过是某种他自己未曾意识到的动机的支配对象，而积极的"爱"的活动是自由的，他是自己情感的主人。"爱"不局限于一种情感，也不局限于爱的对象，而是一种能力，只有具备"生产性性格"的人才具备这种能力。如弗洛姆所描述的："只有具备生产性性格的人才真正地克服了依附性和全知全能的自恋幻想，摒弃了剥夺他人或聚敛财富的欲求；他对自己的人性力量充满了自信和信心，敢于凭自己自身的力量去达到目标，勇于奉献自己。"[①]

可以说，弗洛姆对"爱"的解释，打破了传统解释的狭隘性，具体体现为：在个人之"爱"的问题上，它不仅仅指人的性爱，也不单指人的自爱；在人与人之间的爱的形式上，并不局限于母爱，也不仅仅指博爱，而是各种形式都包括在内的全方位的"爱"；在爱的本质上，不局限于从表面现象对"爱"做感性的理解，而是从本质上对"爱"做一个深层的、理性的把握。当然，有关弗洛姆的"爱"，西方有学者 Jeremy De Chavez 在他的 Reading Erich Fromm's The Art of Loving, or Why Loving Means Giving Nothing[②] 一文中提出过尖锐的批判。他认为，弗洛姆在其《爱的艺术》这部著作里阐述的只不过是一些有关爱的学习的理论，并没有提出具体的关于爱应该怎样实践的方法。他因而得出结论，弗洛姆的爱不具有实践性。他进一步提出，弗洛姆所提出的有关"爱的本质是给予""爱是一门艺术"等命题其最终只是一些假命题，并没有论证出实际的东西。比如"给予"到底指的是什么？弗洛姆对这一问题的解释冗长而又缺乏实际内容，因而"给予"在弗洛姆那里实际上是一个虚空的概念。这一观点无疑给本书提供了一个很好的研究视角。因为在本书中，除了在第三章中，我们要详细阐述弗洛姆有关爱的理论之外，本书的亮点还在于在第四章中解答弗洛姆的爱所拥有的实践价值和内容。然而，有关"爱"

[①] [美]埃希里·弗洛姆：《弗洛姆文集》，冯川等译，改革出版社1997年版，第354页。

[②] Jeremy De Chavez. "Reading Erich Fromm's The Art of Loving, or Why Loving Means Giving Nothing", *Kritike*, Vol. 9, No. 2, 2015（12），pp. 143–160.

的实践性的问题，并非弗洛姆之"爱"才拥有的问题。从基督教之"爱"开始，"爱"的实践性问题已经是众多哲学家们试图解决的问题。而有关这一问题，国内相关学者们也做了很多阐述。这些内容我们将在第四章中做出详细的阐述和分析。作为本书的核心概念，我们在这里只是对弗洛姆"爱"的概念做最基本的阐述。

（五）人道主义

在弗洛姆的爱的伦理思想体系中，"人道主义"和"爱"这两个概念有着千丝万缕的联系，因而怎么理解他提出的"人道主义"概念显得尤为重要。因此，我们不得不对他的"人道主义"一词进行溯源和考察。普遍认为，弗洛姆的人道主义是一种"新人道主义"，它是区别于传统人道主义的一种新思想。那么，它的"新"又体现在哪些方面呢？这一点，弗洛姆自己有着很详细的阐述和区分。不可否认，弗洛姆的"新人道主义"有着传统人道主义的特点，比如从立论的依据来看，他始终把人和人的价值放在至高无上的地位上，如他所描述的："人道主义的伦理学以人类为中心……人是'万物的尺度'。人道主义的立场是，没有什么比人的存在更高，没有什么比人的存在更有尊严。"[1]

尽管如此，弗洛姆重点阐述了自己所坚持的"人道主义主张"有别于很多其他的学派，比如"人是万物的尺度"，这是普罗泰戈拉提出的命题，它是以相对主义和主观主义为根本特点的。但弗洛姆却不赞同相对主义和主观主义，相反，他是自始至终反对相对主义和主观主义的。他认为，相对主义和主观主义恰恰反映了社会道德价值观的混乱，因为失去了客观的价值规范或者立场，就会导致无所适从的相对主义，他是这样描述的："人既失去了权威的领导，又失去了理性的指导，结果是接受了相对主义立场。这种相对主义的提出，价值判断和伦理规范完全是个人的体验或个人的主观偏好，在这个领域里，不存在客观的、正当的陈述。"[2] 在他看来，正因为相对主义盛行，人失去了正确的价值方向和引导，从而转

---

[1] Erich Fromm, *Man for Himself: An Inquiry into the Psychology of Ethics*, London: Routledge and Kegan Paul, 1947, p.13.

[2] Ibid., p.5.

向对国家的需要,对有魅力气质的领导者、对强大的机器和物质成功的狂热追求,并将它们作为伦理规范和自身价值判断的源泉。这是"人性异化"的主要表现,集中体现为失去了自身的理性和价值判断。而正确的伦理规范只能是由理性构成的、人能够依靠自身的理性去正确地辨别和评价的价值判断。

弗洛姆的"人道主义"也区别于"权威主义"。"权威主义"是众多法兰克福学派主要成员共同的批判重点,如霍克海默、阿多诺、马尔库塞和哈贝马斯等人曾经花费过大量的精力去研究现代"权威统治"方式的问题。但弗洛姆的独特之处在于他把对"权威主义"的分析着重引入了伦理学领域。因而他不是绝对地反对"权威主义",相反,他认为,为了使每个人展现其潜能,国家和社会必须制定出有利于人自身发展的规范和法律,个人也必须遵从这些规范和法律,从而促进个人和社会的共同发展。对于一个社会来说,如果缺乏一套统一的价值规范,那么,无论是个人,还是整个社会都没有办法获得良性的发展。因此,弗洛姆的"人道主义"不排斥权威,其问题的核心在于需要何种权威。换句话说,是理性的权威,还是非理性的权威。显然,弗洛姆主张理性的权威。他提出,理性的权威是建立在"权威的拥有者"和"被权威制约者"双方平等的基础之上,权威的约束力量来自它本身具有的才能。权威的运作不需要使用特殊的手段获得人民的畏惧和认同,它不是以剥削人民为目的的,而是以增进人民的福祉为终极目的的。

因此,弗洛姆的"人道主义"始终是以人为本位的,只有人本身而不是凌驾于人之上的权威才是决定美德与善恶的标准。总结起来,在弗洛姆的思想里,无论形式如何,只要它本质上是为人的,是以人本身为目的,而不是以人为手段的东西都是正确的,符合人道的。因此,"人道主义"的衡量原则就是"人"本身,一切对人有益的,是为了实现自身幸福的东西都是善的,反之,则是恶的。如弗洛姆自己所阐述的:"对人道主义的伦理学来说,善就是肯定人的生命,展现人的力量;美德就是人对自身的存在负责任。恶就是削弱人的力量;罪恶就是人对自己不负责任。"[1]

---

[1] Erich Fromm, *Man for Himself: An Inquiry into the Psychology of Ethics*, London: Routledge and Kegan Paul, 1947, p. 20.

弗洛姆的"人道主义"既不主张相对主义，也不主张主观主义。在他看来，人作为个体并不能单单通过自身的努力就可以达到完善的目的，相反，任何人的发展都离不开他赖以生存的社会环境。因此，人需要与他所相处的社会和谐共处，与他的同胞休戚与共、团结一致才能获得幸福。因此，社会是否拥有客观优良的伦理规范对于个人的发展来说至关重要。弗洛姆的"人道主义"不主张"个人主义"或"主观主义"，而提倡"客观主义"。为了阐明什么样的伦理规范是客观主义的，弗洛姆区分了"社会内在伦理学"和"普遍伦理学"。他主张的是"普遍伦理学"，而不是"社会内在伦理学"，因为后者相当于"权威主义伦理学"，它集中表现为把社会规范当作维护社会秩序的手段，它关注的主要问题是如何使个人与社会统一，并把这当作道德与否的标准。因而"社会内在伦理学"其实代表的是统治者的意志，是统治阶级的道德，是统治阶级根据其特定的利益和需要而制定的道德体系。它只见"社会"而不见"人"，是与"人道主义"背道而驰的一种伦理学。"普遍伦理学"与弗洛姆提出的"人道主义的伦理学"存在一致，它是指："那些以人的成长和发展为目标的行为规范，……普遍伦理这一概念的例子可以从'爱邻如己'和'不许杀人'这样的规范中看到。的确，所有伟大文化的伦理体系，对于什么是人的发展所必需的东西，怎样的规范来自于人性并且对人的成长是必不可少的条件，都表现出令人惊异的相似性。"[①] 因此，在"普遍伦理学"中，道德社会是"为人"的，而不是根据个人是否符合和遵从现有的道德和伦理规范来判断是非与善恶，而是根据社会是否促进人的解放和实现人的全面发展来判断。如弗洛姆所阐述的："精神健康不能由个人对其社会的'适应'来规定，相反，精神健康要由社会对人性需要的适应，以及社会在促进或妨碍精神健康发展的过程中所起的作用来规定。一个人精神是否健康，这并不是个人问题，而是取决于个人所处的社会结构。"[②]

因而，弗洛姆的"人道主义"是一种"普遍伦理学"，它是以人和人的全面发展为中心的伦理学。普遍的社会规范之所以具有客观性，是因为

---

① Erich Fromm, *Man for Himself: An Inquiry into the Psychology of Ethics*, London: Routledge and Kegan Paul, 1947, pp. 240 – 241.

② Erich Fromm, *The Sane Society*, London: Routledge, 1991, p. 72.

它既不属于某些个人的主观想法,也不是某一个社会所持有的特定的规范,而是能够经由历史考验、不以人的意志为转移的、符合人和社会健康发展要求的规范。在此基础上,弗洛姆论证他的"人道主义"是客观主义的,它不是随着人类的意志、偏爱和愿望而存在的道德"事实",而是依据事实的客观属性和功能作出道德判断的客观规范。而他的新人道主义的伦理学也是一种以人本身来规定善恶标准、以人为最高价值并以人的健康成长和人格的充分发展为目标的客观主义的、普遍有效的规范体系。

在上节中,我们对弗洛姆所提出的"异化""爱""社会性格""生产性性格"和"人道主义"概念等做了简单的介绍和梳理。作为本书的一些核心概念,它们的内涵远远不限于此,在下节的论述里,我们将随主题进一步阐述它们的内涵。

三 研究的方法和意义

(一) 研究方法

显然,对于弗洛姆的爱的伦理思想,我们无法从单一的角度对其进行研究。无论是他的思想本身,还是他的思想所涉及的领域,都是纷繁复杂的。正如有学者所评判的,弗洛姆他自身是一个哲学家、心理学家、宗教学家和伦理学家的综合体。在研究方法上,弗洛姆本身既使用了哲学的方法,也使用了精神分析的心理学方法。因此,要获得对弗洛姆爱的伦理思想的全面理解,我们必须对其进行综合的、多视角的分析,才能不至于妄下结论。以下是我们在即将展开的研究中所使用的方法。

1. 文本诠释法

文本诠释法是我们解读弗洛姆爱的伦理思想的主要方法。在弗洛姆的几十本经典著作中,我们不难发现,他的主要论题就是人和社会。因此,要研究弗洛姆的爱的伦理思想,我们没有办法回避他的专著中的任何一本。但这不等于说,我们把对他的每一本专著的解读都放在同等重要的位置。实际上,我们也能根据其思想本身的重要性或偏重来进行取舍。围绕我们要研究的论题:弗洛姆爱的伦理思想研究,毫无疑问,《爱的艺术》这本专著将是我们重点解读的一本书。另外,《健全的社会》是我们无法回避的第二本重要的专著,因为在该书里面,弗洛姆着重阐述了人性的异化、社会的异化以及如何构建健全的社会等问题,这正是我们所要研究的重点。除此之外,《为自己的人》《追寻自我》《占有还是存在》等专著都是我们所要诠释的弗洛姆的著作,其中有关人性、异化和社会结构的观点是需要我们细细地解读的内容。

文本诠释法最容易犯的错误就是陷入主观,所谓"仁者见仁、智者见智",对于同一个文本中的同样一段话,不同的读者会产生不同的见解。当然,我们不否定从多角度理解的可取性,但是,我们不能完全排除产生截然相反观点的可能性。因此,在文本诠释法中,最关键的一点就是要做到前后一致、不相矛盾。我们知道,作者的一些观点很有可能出现在他的多本专著中,那么我们力图做到不杂乱无章、有条理和有逻辑性地梳理作者的观点是非常重要的。并且在文本诠释法中,我们最主要的工作就是发现或找到作者的一些看似毫无关联和逻辑性的观点之间的内在联系,并将其进行重构,以组成我们对作者思想的有深度的见解。

2. 文献综合法

解读原著是我们有效地理解弗洛姆爱的伦理思想的必经之路,但不能局限于纯粹的文本解读。任何个人的解读都只能代表个人的观点或视角,我们还必须洞察别人看待同一问题的视角。因而我们必须对所有研究弗洛姆爱的伦理思想的文献进行综合,从中找出那些具有思想深度的、独到的见解。因此,在研究的过程中,梳理那些有用的文献,对其观点进行整合,形成系统的、有条理的和完整的理论体系是非常有用的。另外,我们尤其不能忽视那些在同一问题上的相反的声音。相反的观点如果不是因为理解错误的话,它总能从一定程度上反映理论本身所包含的悖论,而这也是我们力图达到全面、深刻地理解思想家们的理论体系的关键所在。

3. 理论联系实际法

理论联系实际是老生常谈的一种研究方法,而现代流行的做法就是,在理论研究中,似乎不能将其与当代社会的一些现实问题联系起来,就很难体现出它的实际价值。这一点,我们不得不承认,理论研究的好处就在于它只是用来指导实践,而不是用来直接见诸实践的。所以,无论我们得出什么样的结论,无论我们如何去联系实际,它有可能仅仅是我们的主观想法。但对于弗洛姆的爱的伦理思想来说，它本身即是来源于对现代资本主义社会现实问题的思考，因此，我们无须刻意地将其与一定的社会现实联系起来。弗洛姆所提出的人性的异化、爱、社会品格等一系列的问题，很明显地与当代中国社会的现状具有一定的相似性，这一点，恰恰也是我们毫不费吹灰之力就能与读者达到共鸣的地方。

4. 比较分析法

毫无疑问，在研究弗洛姆爱的伦理思想的过程中，我们需要用到比较分析的研究方法。因为弗洛姆本人的思想来源于之前很多其他的哲学家们，并且，他的思想与他同时代的思想家们的思想也存在很多的关联或差异，因而在研究的过程中，我们必须对其思想源流进行梳理和厘清，这其中就需要使用到比较分析的方法。比如，弗洛姆所提出的"爱"和基督教中的"爱"存在何种差别与关联？与费尔巴哈等人提出的"爱"存在何种差异和关联？诸如此类的问题，我们不得不使用比较分析的方法，来弄清楚弗洛姆爱的伦理思想的本质。

5. 历史分析法

诚然，对于任何一个思想家的思想我们都不能脱离他所处的历史背景来看问题，因此，历史的分析方法是势在必行的。对于弗洛姆的爱的伦理思想体系，我们也需要从他所处的时代背景出发来研究。弗洛姆对于现代资本主义社会的剖析与批判，蕴藏了很多独到的见地，但这不等于说他的理论就是完善的，是无懈可击的。他将心理学引入伦理学的研究方法，在一定程度上拥有科学性，但在具体的运用中，他是否真的做到了二者的完美结合？在理论上，他试图论证马克思主义理论和弗洛伊德理论的不完善，并提出自己的爱的伦理思想体系来完善二者，他的这一做法在当时是否具有先进性和时代价值？等等问题，都需要我们运用历史的、辩证唯物主义的方法加以分析。

（二）研究意义

笔者最初关注弗洛姆的著作或思想应该是出自对他的《爱的艺术》一书的兴趣，那是十年前准备硕士学位毕业论文之时。历经十年，对于弗洛姆的著作及其思想一直保持浓厚的兴趣，并且，因为经过了人生一次又一次的洗礼，对于他有关"爱"的理论更是从心底萌发了研究的热情。尽管这样的心思对于一本学术著作的撰写意义来说似乎过于主观，但至少，笔者要阐明研究弗洛姆的"爱"的理论，首先在于它对自己的人生起到了指导作用，而这应该是任何学术研究工作者在展开对某一思想家或学派的理论研究之时所共有的、不言自明的意图和旨趣。换句话说，也就是这一理论它能够激发研究者对某一问题或某一系列问题的思考。而弗洛姆的"爱"确实是能激发人对其进行思考的很敏感的、吸引人的概念。

基于以上初衷，研究弗洛姆的爱的伦理思想体系，无论是对个人的完善，还是对整个社会的健全，都有着不可估量的重要价值，综合起来有以下几点。

第一，从弗洛姆所建构的整个伦理思想体系来看，它的中心就是"人"，是以实现人的自我和价值为终极目的的，这一崭新的"人道主义"思想本身对于任何一个社会或时代来说都是极具价值和意义的事情。围绕自身的"人道主义"，弗洛姆提出了很多闪光的理论观点和见解，比如爱的理论、社会性格、生产性性格和健全的社会等。这些概念本身就具有极强的吸引力，它恰恰符合了现代资本主义社会人性迷茫、找不到出路的需求。而对于现代中国社会，由于市场经济的发展以及西方文化潮流的进一步引介，也出现了与近代资本主义社会类似的社会问题。当然，这不等于说弗洛姆的爱的伦理理论恰恰迎合了中国当前的一时之需。虽然他所提出的思想体系针对资本主义制度和现代资本主义社会的结构等展开了一系列的批判，但这不等于说弗洛姆的理论仅仅是针对资本主义社会而提出的。实际上，反观任何一个时代或社会，我们都会发现很多同样的问题，比如人性的异化、爱的缺失、社会的道德冷漠等，而对这些问题本身的研究就具有非常重要的意义。

第二，对于人性和社会等进行哲学思考是众多思想家们所走的路径，但很少有人将对人和社会的哲学思考纳入人的生存领域。而弗洛姆就结合人本身的生存境遇来研究人与社会的哲学，这一点是非常具有特色的。他所揭示的人的生存所面临的两极矛盾：生与死的矛盾、克服孤独和发展自我的矛盾等都是每一个体存在所必须面对的生存悖论。因此，弗洛姆所要考察的不是理想的人生哲学，而是现实的生存哲学。因此，对弗洛姆生存哲学的关注也是我们研究的一个侧重点。毫无疑问，现代的众多学者们已经关注到这一事实,但相关的研究却较多地停留在伦理学角度,没有从心理学的角度对其进行更为深入的探索。

第三,弗洛姆将心理学的研究方法纳入伦理学领域的研究。一直以来我们将伦理学的研究主题定为对关系的研究,常常诉诸对人与自然、人与社会、人与人、人与自身等关系的研究。对关系的研究,哲学有两种视角:一种是中国哲学中"天人合一"的视角;另一种是西方哲学中"天人两分"的视角。在弗洛姆的理论体系中,也主要针对人与人、人与社会、人与自身的关系进行研究。但他突破哲学的研究方法,既不是"天人合一"的做法,也不是"天人相分"的思路,而是将心理学中的精神分析理论引入伦理学的研究领域,从人的性格入手,进而到"社会性格",这些都是超越历史的重要突破。关于弗洛姆的心理学方法,比如有关爱的心理、人格心理、民族心理和社会心理等,仍然存在很大的研究空间,有待进一步考证和探索。

第四,当前,弗洛姆爱的伦理思想研究日趋成为国内学者的研究热点,但研究视角不一。大多数学者诉诸弗洛姆对人性和社会的异化、生产性性格、社会性格等进行研究,较少有学者将其研究的视角放在弗洛姆的"爱"的理论。实际上,弗洛姆有关"爱"的理论是其爱的伦理思想的核心。有学者认为弗洛姆用以解决人性和社会异化的主要方法是建立健全的人格和社会性格,也就是"生产性性格"。而实际上,"生产性性格"的产生最终要归于学会"爱",因而"爱"才是弗洛姆伦理思想的归宿。从当前的研究来看,也有不少学者就弗洛姆的"爱"的理论进行探索,但他们的研究大多将弗洛姆的"爱"局限为"爱情",或者仅仅从生活的、通俗的角度对弗洛姆的"爱"进行解读,未能上升为哲学的、心理学的高度。并且,目前尚未有学者对弗洛姆的"爱"进行系统的、综合性的阐述,相对于弗洛姆的整个"爱"的理论来说,目前的研究常常表现为"冰山一角"。

除了以上的研究价值,本书最直接的意义还在于它可以被视为中国现代人人生哲学的优良指导。我们常常会陷入一些生活的困境,比如爱的缺失、亲子关系的迷途。正如弗洛姆所指出的,现代人宁愿陷入电视剧中虚幻的爱情里面麻醉自己,都不愿意认真地去学习一下"爱"的理论并将其付诸实践。而"爱"的理论和实践都是需要不停地加以学习和训练的,直到最后达到成熟的境地,这大概是本研究最直接和现实的意义。

四 研究文献综述

当前,弗洛姆的思想研究在国内外已经掀起了前所未有的热潮。在国内的研究者中,大多数学者从西方马克思主义、伦理学和心理学的角度挖掘弗洛姆思想中的有利价值。也有不少学者专门从人道主义、异化理论、人性论、爱的伦理或品格学说等不同的角度对弗洛姆的理论进行探索。这些研究在一定程度上为我们的研究提供了良好的借鉴与素材。但我们的研究主要立足于弗洛姆的爱和爱的伦理思想进行研究,在文献方面,主要立足于对弗洛姆的原著进行诠释。之前,国内学者的研究中,邓志伟专门围绕弗洛姆的人道主义了撰写了《弗洛姆新人道主义伦理思想研究》一书[1],许惠芬的《埃利希·弗洛姆类伦理思想研究》[2],张伟的《弗洛姆思想研究》[3]等专著基本上都从一定的角度对弗洛姆的理论进行了阐述。较之于那些零散的论文研究,这些专著更为系统地阐述了弗洛姆的某一方面的理论或思想,因而这些专著是我们用来参考的良好文献。在此认识前提下,我们将从原著选读、相关研究两个方面来综述我们所选用的文献。

(一) 原著选读

应该说,原著选读是理解哲学家们思想的最好办法。对于弗洛姆这样一位现代西方哲学家来说,解读他的原著较之于解读那些古老的传统典籍来说要容易得多。因为我们都是从现代文的角度对其加以阐述和理解,无须有太多的猜测、推敲和难以把握的解释。但是,也不等于说原著选读不存在任何困难。对于弗洛姆这样一个现代西方哲学家的原著来说,我们最大的困难在于没有办法真正地解读其英文原版专著,而在现有的中文翻译版专著中,存在很多的翻译问题。尽管众多的翻译作品也几经修改重印,

---

[1] 邓志伟:《弗洛姆新人道主义伦理思想研究》,人民出版社2011年版。
[2] 许惠芬:《埃利希·弗洛姆类伦理思想研究》,中国社会科学出版社2015年版。
[3] 张伟:《弗洛姆思想研究》,重庆出版社1996年版。

但仍然存在许多理解问题。比如弗洛姆的《爱的艺术》这本专著，目前主要有孙依依译版①、赵正国译版②、萨茹菲译版③和李健铭译版④等。不同的译版中，对于一些概念的翻译不尽相同，比如反复出现的"love"一词，究竟是翻译成爱呢，还是翻译成爱情？多数情况下，翻译者或学者们将弗洛姆的"love"一词理解为爱情。但综观弗洛姆的所有学术专著，我们可以肯定地说，弗洛姆所谓的"爱"，绝对不是局限于两性之间的爱情，他所提出的爱是具备多种形式的，包括父爱、母爱、两性之爱、博爱、上帝之爱等。再比如"productive personality"一词，有的译本将其译作"生产性性格"，有的译本将其译作"创造性性格"，这样的不统一我们在解读的过程中必须做出必要的解释。也正因为如此，我们除了参考弗洛姆原著的中译本之外，必要之处我们还参考其英文译本。总之，弗洛姆的原著选读是非常令人愉快的，因为他的许多经典的理论都会出现在不同的著作中。当然，这不等于说弗洛姆在不同的著作中重复了自己的理论。他经常自己在不同的著作中标明"这一理论参见我的另一本著作"字样，有时候他是着重地将某一问题以附录的形式在某一本书里再次阐明，尽管他在其他的专著中已经阐释过了。因而，解读弗洛姆的原著对于一个专门作哲学研究的人来说不是一件特别困难的事情，我们只需要对其理论本身所蕴含的先进理论或学术价值进行有力的探索。值得提出的是，我们并不是要对弗洛姆的每一本专著都进行详细的解读，在他为数众多的专著中，我们只选取几本主要的、和我们的研究论题最为贴近的专著进行详细的诠释。主要包括《爱的艺术》《健全的社会》《占有还是存在》《逃避自由》《自我的追寻》和《人之心》《马克思关于人的概念》等。另外，我们不得不重点参考的一本书是《弗洛姆著作精选——人性·社会·拯救》⑤，该书选译了弗洛姆数本著作中比较重要和经典的章节，因而也是我们予以参考的重要原著文献。我们将在下面进行较为详细的介绍。

---

① ［美］埃希里·弗洛姆：《爱的艺术》，孙依依译，工人出版社1986年版。
② ［美］埃希里·弗洛姆：《爱的艺术》，赵正国译，国际文化出版公司2004年版。
③ ［美］埃希里·弗洛姆：《爱的艺术》，萨茹菲译，光明日报出版社2006年版。
④ ［美］埃希里·弗洛姆：《爱的艺术》，李健铭译，上海译文出版社2011年版。
⑤ ［美］埃希里·弗洛姆：《弗洛姆著作精选——人性·社会·拯救》，黄颂杰整编，上海人民出版社1989年版。

1.《爱的艺术》。这本书写于1956年,自出版至1970年,被译成了28种不同的文字,其中英文版就售出了150万册以上,德文版售出超过40万册,[①] 其受欢迎程度可见一斑。目前国内有四个译版,在上文中我们已经提到。对于我们的研究主题"弗洛姆爱的伦理思想"来说,《爱的艺术》无疑是其中一本最为重要的原著。在这本书里面,弗洛姆详细地介绍了爱的理论、爱的实践、西方社会没落形式的爱、爱的具体形式、爱是需要学习的等重要的有关爱的思想。因而,我们的研究主要立足于这些重要的理论展开。但是,值得一提的是,弗洛姆在这本专著中的论述极容易被人误解为一本通俗的有关爱情的读本,而很难将其与学术研究联系在一起。当然,弗洛姆之所以选择将学术著作写到世人皆能读懂,也可能是因为他当时在学术界所处的尴尬地位。正如迈克尔·麦科比(Michael Maccoby)所描述的:"弗洛姆受到精神分析学派左翼的排挤。他先前法兰克福学派的同事们,尤其是赫伯特·马克思(Herbert Marcuse)将他摈弃为不愿意支持社会激进改革的顺从主义者。……尽管埃里克·埃里克森(Erik Erikson)告诉过我他已经阅读过《逃避自由》这部著作中的很多内容,但是他不准备同意接受《健全的社会》中鼓吹公有社会的社会主义作为社会健全和性格健康发展的'良方'。"[②] 正因为如此,弗洛姆似乎从一开始就选择避免被那些不接受自己观点的人所影响。因为,如果他的著作仅限于那些学术领域中的人阅读,那么,很有可能,他的思想永远都不会被世人知道。究其原因,大部分是在解读这本专著的过程中,脱离了弗洛姆的整个理论研究体系以及它产生的理论渊源和时代背景,我们就很容易将其中的一些理论简单化或者通俗化。

而实际上,相对于弗洛姆其他的专著来说,该书更应该被看作一本总结性的专著,他所要创建的爱的伦理系统就是以"爱"为核心的。他在书中对"爱"的概念的描述类似于一种总结性质的理论,即他所要阐述的核心问题在于揭示西方社会自中世纪以来的基督教"圣爱"的本质及其不再适应现代西方社会的病症,并在此基础上创建了自身独特的"爱"

---

① 参见张伟《弗洛姆思想研究》,重庆出版社1996年版,第6页。
② Michael Maccoby. "The Two Voices of Erich Fromm: Prophet And Analyst", *Society*, July/August, 1995, p.72。

的理论体系。尽管如此，我们不得不承认，对于弗洛姆的整个爱的伦理思想体系来说，这本专著中所包含的理论，或者说对某些概念及其理论的阐述是相对粗浅的，比如"创造性的爱"（或生产性的爱）这一概念，我们就没有办法在这本书里面找到。另外，如弗洛姆对于"爱"与个体品格关系的阐述我们也没有办法在这本专著里获得。因而在某种程度上，我们必须借助弗洛姆的其他专著对"爱"的问题进行综合性的解读，才能真正地把握他所提出的"爱的艺术"的真正内涵。

2. 《健全的社会》。这本书出版于1955年，与《爱的艺术》相比较，这本书的主要特点在于它的学术研究气氛浓重。对于我们的研究来说，这本书的重要性不亚于《爱的艺术》，因为在弗洛姆的思想体系中，人与社会是不可分割的一个整体，也就是说，二者是相互影响、相互成就的。人格健康的个体离不开健全的社会，拥有健全组织结构的社会提供给个体人格健康发展以不可缺少的条件。因而，在弗洛姆看来，健全的社会与健康的个体人格塑造二者之间是缺一不可的。正因为如此，在分析个体的人格或者人性的时候，必不可少地需要对社会整体的组织形式和心理进行分析。可以说，弗洛姆在这本书里面更为系统地阐述了爱的伦理学思想。尤其重要的是，弗洛姆在这本著作中提出了"人类的生存状况""生存矛盾"和"社会性格"等至关重要的概念，为我们理解他的整个爱的伦理思想体系提供了非常重要的原始理论。可以说，弗洛姆的整体思想构架都离不开对于人类之"生存矛盾"的解析和解答。换句话说，无论是从个体角度，还是从社会的角度进行分析，弗洛姆终其一生所要解答的就是这个问题。因而，他在该书中对于"生存矛盾"的设问以及对于人类生存状况的心理分析、社会整体的病理分析等，都代表了他对于人性与社会等问题所持有的核心观点。更为具体地说，在对个体的心理分析中，弗洛姆立足于人之"生存矛盾"中个体性与孤独感之间的矛盾来阐述，也即阐述人之个体性与群体性之间矛盾的对立统一关系。而对于社会整体的病态来说，弗洛姆仍然是通过人之生存状态和"生存矛盾"展开分析。因而人与外界的所有伦理关系，包括人与自然的关系、人与人之间的关系、人与社会之间的关系、人与自身的关系等都离不开人之"生存矛盾"。在弗洛姆看来，人与社会就是这样一个相互依存、不可分割的整体，而其中人自身人格的完善是最为根本的，虽然二者相互依存。弗洛姆也提出了各种社会政治、经济、文化的改革方案，但他反复强调的是，占据核心地位的仍然是人自身。社会的良性发展或改造是依赖人自身的各种能动作用的，起最根本作用的是人，这即是弗洛姆的爱的伦理思想的精髓。

3. 《占有还是存在》。这本书成书于1976年，是弗洛姆特别晚期的著作，四年后弗洛姆谢世。作为一部特别晚期的作品，弗洛姆想要向世人传达的仍然是人道主义精神，或者用更通俗的话来说，人应该拥有何种生存方式。他所传达的是一种深刻的人生哲学。在这本书里面，弗洛姆详细地阐述了"占有的生存方式"和"存在的生存方式"这两种不同的人生哲学，并强调现代人应该拥有的是"存在的生存方式"，这样的生存方式，既是人处理自身和自然、他人、社会关系的最根本的办法，也是个体实现自我全面发展、正确解答人之"生存矛盾"的根本途径。在这本书里，正确理解弗洛姆之"存在"含义对于我们所要诠释的主题是非常有意义的。毫无疑问，"存在"一词并不是弗洛姆的独创。在这本书里面，他详细地追溯了"占有""存在"的含义及其在现代人日常生活中的表现，从古希腊时期的苏格拉底开始，追溯到巴门尼德、柏拉图和经院派的"实在论者"，弗洛姆认为，在古人的眼里，存在是一种永恒的、无始无终的、不变的实体，是生成的对立面，他们所表述的这一观点只有在唯心主义观念的范围内才是可以理解的：思想（理念）是最终的实在。以此类推，"如果爱的理念（用柏拉图的话来说）比爱的经验更真实的话，那么，作为一种理念的爱才是永恒不变的。但是，当我们从人的实在性，即人的生存、爱、恨和痛苦出发的时候，那么，我们就可以看到，存在无不同时又是生成和变化。有生命的结构只有生成的时候才能够成为其有生命的结构，它们只能在变化中存在。变化和生成是生命过程的内在特性。"[1]在这样的认识前提下，弗洛姆提出了自己的两个重要概念，"占有的生存方式"和"存在的生存方式"，他所提倡的就是世人要树立起"存在的生存方式"，也即是遵从人的本性和人固有的生存规律的生存方式，而不是遵从外在的物体或权威而生存的方式。这既是个人实现自我的根本途径，也是人类社会得以持续和谐发展的根本途径。

---

[1] [美]埃希里·弗洛姆：《弗洛姆著作精选——人性·社会·拯救》，黄颂杰整编，上海人民出版社1989年版，第611页。

4.《逃避自由》。该书出版于 1941 年，是弗洛姆的早期作品。自出版后的 20 年间，此书再版了 20 多次。可以说，这本书使弗洛姆成为闻名遐迩的人物。而此书也被誉为"西方 20 世纪最出色的社会学、哲学和心理学著作之一"①。不难理解弗洛姆为何因此书而获得如此盛誉，因为无论是对于哲学家来说，还是对于普通人来说，自由是一个永恒而有意思的话题。弗洛姆的自由理论，其最大的贡献在于将自由分为"积极的自由"和"消极的自由"两种不同的自由含义，并强调大多数世人所获得的不过是一种"消极的自由"，它在本质上并不是真正的自由，而是惧怕实现自我不得不退回到消极人生以寻求安全的虚假自由。真正的自由是"积极的自由"，这是一种以实现自我的价值为终极目的的自由，不依赖任何外物和权威以获得安全感和存在感的自由。弗洛姆的精彩之处在于将植根于人之性格结构中的矛盾揭示得淋漓尽致，即人在追寻自由的过程中获得了理性和独立，但同时，也陷入了孤独。因而人为了消除自身的孤独，便陷入了"逃避自由"的心理机制。弗洛姆在书中指出，这种心理机制也是希特勒等法西斯主义产生的心理根源。该书中，弗洛姆立足"自由"概念对人性、人的性格结构所做的精神心理的分析是非常深刻而又极易使人产生共鸣的。而在他对"积极的自由"的描述中，我们不难发现，积极的自由、爱、创发性等正是他所要塑造的现代健康人格的不可缺少的一些要素，而它们又是相互诠释的。

5.《自我的追寻》。该书出版于 1947 年，同年，弗洛姆任怀特精神病学、精神分析学和心理学院所长。有学者认为，该书正如它的副标题所揭示的那样，是对自我的"伦理学的心理学探究"，"弗洛姆运用心理学的方法，从剖析人的性格入手，开始寻找现实社会中现代人迷失自我的根源"。② 也有学者这样评价："如果说弗洛姆在《逃避自由》中主要是提出了生活在资本主义社会的现代人如何逃避自己和逃避自由的问题的话，那么他在继其后而写作的《自我的追寻》中，则着重于讨论实现人的自

---

① ［美］埃希里·弗洛姆：《弗洛姆著作精选——人性·社会·拯救》，黄颂杰整编，上海人民出版社 1989 年版，第 53 页。

② 方幸福：《幻想彼岸的救赎——弗洛姆人学思想与文学》，中央编译出版社 2014 年版，第 27 页。

我和潜能所涉及的伦理规范和价值的问题。"① 在这部著作中，作者深入分析了产生于资本主义社会的异化了的人性与不健康的个体人格，揭示了其中存在的深刻而又无法克服的矛盾与危机。弗洛姆摈弃了弗洛伊德学说中从纯粹生理的角度解释人性的片面的、极端的理论，提出了人的性格形成受社会文化影响的观点，同时又区别了"个体性格"与"社会性格"以及同一文化里的不同个体性格类型，这对我们认识个体性格与社会文化之间的关系有着重要意义。除此之外，弗洛姆对个体性格心理类型的划分及其成因的分析有着十分独到的见解，这为我们理解个体的人格提供了极为重要的参考资料。实际上，该书为我们的研究提供了极为重要的一手资料，因为无论是弗洛姆将伦理学和心理学结合的研究方法，还是他对个体性格类型的划分，或者是对人本伦理本身所做的阐述，几乎都是我们的研究主题所不可或缺的重要内容。并且，在这些论题里面，如何使用心理学的方法来研究人性可以说是弗洛姆整个理论中最为闪耀的一点。但弗洛姆的高明之处在于，他不止于心理学的方法。他对于人性的剖析应该是心理的、社会的和伦理的三重结合。正因为研究方法的不同，他所得出的结论也与弗洛伊德和马克思主义经典哲学家们的结论大相径庭。在他的结论中，个体的人格不局限为纯粹心理的，也不是纯粹社会的，而是个体心理与社会心理相互作用、融合而成的产物。而在个体人格形成的过程中，又必不可少地离不开伦理道德的价值判断。在弗洛姆的理论中，个体人格的健康性与道德性集中体现为具有实践意义和伦理道德价值判断的"创发性的爱"。

6.《马克思关于人的概念》（1961年），《在幻想锁链的彼岸》（1962年）和《人之心》（1971年）②。之所以将弗洛姆的这三本著作放在一起介绍是因为它们具有大致相同的主题，那就是人性。尽管前两本成书比后一本要早大约十年，但它们的中心思想都集中于人性问题。弗洛姆在经历了一系列有关爱的、社会文化的、个体性格的、社会改革的探索之后所要探讨的终极性问题，那就是，到底什么是人？或者说，什么才是真实的人

---

① ［美］埃希里·弗洛姆：《自我的追寻》之"出版前言"，孙石译，北方文艺出版社1988年版，第3页。

② ［美］埃希里·弗洛姆：《人之心》，都本伟、赵桂琴译，辽宁大学出版社1988年版。

性？显然，在《马克思关于人的概念》和《在幻想锁链的彼岸》这两本书中，弗洛姆致力于吸取马克思主义哲学中有关人性的理论精华。尽管后世学者对于弗洛姆的这两本专著存在颇多的非议，国内早期的（21世纪之前）弗洛姆理论研究者们，大多数都批判弗洛姆在这两本书里面歪曲了马克思主义哲学，或者说，歪曲了马克思关于人性的观点。比如，张国珍就强烈地批判了弗洛姆《在幻想锁链的彼岸》这本著作，认为："弗洛姆歪曲、篡改了马克思主义的实质。"[①] 也有学者批判弗洛姆试图调和弗洛伊德和马克思主义理论的做法，认为这是一种"理论的杂糅"，不过是"尴尬地处于马克思与弗洛伊德之间"。[②] 无论怎样，通观弗洛姆的这两本著作，其主要观点并没有脱离马克思主义哲学，其有关人的社会文化本质的观点主要继承了马克思主义经典哲学家们对于人的社会属性的论述。而弗洛姆所进一步修正的是，人不仅仅是由其所处的社会文化本性来决定的，他所要表达和强调的是人作为人的主体性。换句话说，弗洛姆一方面承认人之本性离不开社会文化意识形态的塑造；但另一方面他又不过分夸大这一决定性作用。而从人道主义的角度重申人自身的价值和主体性。因而在弗洛姆看来，在人性形成的过程中，真正起决定性作用的还是人自身，这意味着弗洛姆把人道主义的宗旨和核心价值推至最高点。而在继承马克思主义哲学观点的基础上，弗洛姆提出，马克思主义人学在其本质上是一种人道主义。虽然这一点备受现代学者批判，如有学者认为："马克思主义是科学的、系统的和发展的，对人的关注只是其思想的一个方面。弗洛姆把马克思主义看成人道主义显示了他理论的片面性和局限性。"[③] 但是，我们不得不承认的是，弗洛姆的这一观点并不存在本质性的错误。

弗洛姆《在幻想锁链的彼岸》一书被认为是综合弗洛伊德理论和马克思主义哲学的纲领性著作。在该书中，弗洛姆结合自己的一些个人经历，阐明他接触和研究弗洛伊德理论和马克思主义哲学的原因，然后论述

---

① 张国珍：《一本歪曲马克思主义的书——评弗洛姆〈在幻想锁链的彼岸〉》，《湖南师大社会科学学报》1987年第8期。

② 吴立昌：《尴尬地处于马克思与弗洛伊德之间——弗洛姆的〈爱的艺术〉说开去》，《上海大学学报》1995年第1期。

③ 方幸福：《幻想彼岸的救赎——弗洛姆人学思想与文学》，中央编译出版社2014年版，第30页。

了综合这两种学说的共同基础，并指出了二者理论中的不足。具体来说，弗洛姆认为，马克思主义理论中并未具体解释"经济基础是如何决定上层建筑，上层建筑又是如何反作用于经济基础的？"这样的问题。因此，弗洛姆对二者的理论进行综合和探索的宗旨在于，在改造弗洛伊德的"性格理论"和"无意识理论"的基础上，弗洛姆提出了自身的"社会性格"和"社会无意识"两个概念，以"填补"马克思主义理论中的不足。然而，这正是弗洛姆备受后世批判的关键原因。尽管弗洛姆对于弗洛伊德和马克思主义哲学都有继承有批判，但世人所能接受的是他对弗洛伊德理论的继承和批判，所不能接受的是他对马克思主义哲学的批判。这一点，尤其突出地体现在 21 世纪前国内学者所做的研究中。而实际上，弗洛姆对于马克思主义哲学的继承是主要的，当然，需要指出的是，我们在这里所指的弗洛姆对于马克思主义哲学的继承主要指人的社会本质论。而这一点，其实在心理学领域中的"新精神分析学派"或"社会文化学派"当中已经很常见，他们的主要做法是用社会文化理论来批判弗洛伊德的"性理论"。在本书中，我们旨在阐述弗洛姆对于弗洛伊德理论和马克思主义哲学的继承，不过分地追究他对二者理论的批判。实际上，弗洛姆主要批判的是弗洛伊德从纯粹生理的角度解释人性的做法，这一点在学界已经达成共识。而他对马克思主义哲学所提出的疑问并不影响他所提出的"社会性格"和"社会无意识"理论的科学性和先进性。换句话说，弗洛姆即使不以置疑马克思主义哲学中某些观点为前提，他的理论同样成立。而在弗洛姆有关人的本质的论述里，我们看到的更多的是他对马克思主义哲学中人学的肯定和继承。甚至可以说，弗洛姆的大部分理论都来自对马克思主义哲学的继承，这也是为何现代中国学者仍然将他划为"西方马克思主义"的代表。弗洛姆所主要批判的是苏联社会主义对于马克思主义哲学的歪曲。

如果说前面两本著作弗洛姆重在批判地继承前人的理论，那么，十年后，在《人之心》这部著作里，弗洛姆充分地阐述了自身关于人性的独特理论。到底什么是人性？在综合研究了前辈理论的基础上，弗洛姆试图在《人之心》里面建构自身的人性理论。他首先是否定历史上其他哲学家和宗教有关人性的理论，比如，有关人性是善还是恶的论争，在弗洛姆看来是历史上的政治家或宗教家为了某种目的而设定的。比如，人性恶论为蛊惑人们投入战争提供强有力的精神支持；而人性善论为宗教法庭或独裁者们建立他们的制度提供理论依据。因而弗洛姆首先是避免从人性善恶的假设出发来理解人性，正如他一直力图证明的，人性既不是完全生理的，也不是完全社会的。在他看来，人性虽然有着天然的心理基础，比如，人之"生存矛盾"就植根于人之矛盾心理，但人性又不完全是天然的，人性在其本质上离不开人之所处的社会文化环境。简言之，人性是人类自身在与社会的互动作用中形成的，体现为个体的和社会的性格，而这二者又是彼此影响、密不可分的。正是在这一认识前提下，弗洛姆提出了关于人性的"个体自恋"和"社会自恋"这样的概念，目的在于阐明个体性格形成的过程，它既不是先天的，也不是完全后天的。同时，人性也不能简单地用善恶来区分。在弗洛姆看来，个体的人性是一个动态的发展过程，它不以静态的形态表达。在人性发展的动态过程中，个体与社会是以互动的方式起作用的。个体人性的发展离不开良好的社会文化环境的熏陶，因而可以说，社会文化环境对于个体人性的形成具有决定性作用。但是这种决定性作用又不是绝对的，弗洛姆所要着重论证的不是社会文化的决定性作用，而是个体的主体性作用。因而，个体人性的发展与完善是个体在与社会互动作用的过程中，依靠自身主体性的发挥，获得创发性的爱的能力，并因而形成生产性人格。而获得生产性的爱的能力并形成生产性人格的关键之处在于克服"个体自恋"以及由于"个体自恋"的转移而产生的"社会自恋"。总之，弗洛姆所要论证的人性或人格既不是社会决定论的，也不是先天决定论的。立足于人之"生存矛盾"，弗洛姆所论证的人性有其先天的矛盾性和缺陷，而人之为人的过程就是不停地克服自身的各种有限性。这种有限性或来自社会，或来自人本身，只有人自身与社会两者都能不停地完善并达致良性互动的时候，才能真正地实现健康的人性和健全的社会。

7.《弗洛姆著作精选——人性·社会·拯救》（1989年）。这本书选译了弗洛姆很多重要的著作和论文。尤其珍贵的是，其中有很多著作或论文暂时还没有中译本。因此，这本书是我们用来参考的重要文献。在该书里，黄颂杰等主要翻译了《基督的教条》（1930年）中的第一章、第二章、第五章、第六章、第七章等章节；《逃避自由》（1941年）中的第一章、第二章、第七章等章节；《自我的追寻》（1947年）中的第三章；《性别与性格》（1949年）的全部；《心理分析与宗教》（1950年）中的

第一章、第四章;《被遗忘的语言》(1951年)中的第二章、第三章、第七章等;《健全的社会》(1955年)中的第三章、第八章等;《爱的艺术》(1956年)中的第二章;《人能占优势吗?》(1961年)中的第一章和结论等;《马克思关于人的概念》(1961年)中的第四章;《精神分析与禅宗》(1961年)中的第一章、第二章、第三章、第五章、第六章;《人之心》(1964年)中的第六章;《超越幻想的锁链》(1965年)的第九章;《希望的革命》(1968年)中的第一章、第二章、第五章等;《精神分析的危机》(1969年)的全部;《人的破坏性的剖析》(1973年)中的导论、第十章等;《占有还是存在》(1976年)中的第一章、第二章、第四章、第五章、第八章、第九章等;《弗洛伊德思想的贡献与局限》(1979年)中的第二章。须承认的是,在阅读选译本的时候常常有意犹未尽的感觉,因为读到精彩之处又不得不戛然而止。然而,不可否认的是,该书中选译的确实是弗洛姆著作中的精华部分。从这些选译的章节里,我们足以理解和把握弗洛姆提出的一些重要的概念,如"社会性格""社会自恋""积极自由""消极自由""生产性性格"等。并且,从其选译的内容中,我们可以把握到弗洛姆有关人性、社会及其关系的核心思想和重要观点。

(二) 国内有关弗洛姆思想的研究

目前,有关弗洛姆思想的研究正日益掀起一股热潮,研究的视角是多方面的。有从伦理学角度研究弗洛姆思想的;也有从心理学出发来研究的;更有从西方马克思主义的角度来研究的。这跟弗洛姆思想本身存在密不可分的联系,因为他的思想本身就是多学科综合统一的。除此之外,还有从弗洛姆的不同专著出发,或者不同论题出发来研究的。比如,弗洛姆专著中被研究得比较多的有《爱的艺术》《健全的社会》《占有还是存在》和《马克思关于人的概念》等。而从不同论题出发的有人性论、爱的理论、伦理思想、人道主义、社会批判和改革理论以及人格心理等。毫无疑问,这些研究都为我们的研究提供了必不可少的参考与借鉴。当然,也有的学者将弗洛姆的思想放到思想史中去理解,将其与精神分析学派的创始人弗洛伊德作比较,或者将其与西方马克思主义的主要代表作比较,比如马尔库塞、霍克海默等。然而,从众多错综复杂的研究中总结出我们所需要借鉴的文献并非一件易事。并且,在21世纪之前有关弗洛姆的研究中，我们会发现一些极具否定性的结论，这些结论在一定程度上会造成我们研究有关问题的干扰。毫无疑问，在研究中，我们不能忽略这些具有批判性质的研究结论，但是，我们必须申明的是，我们所做的弗洛姆爱的伦理思想的研究，试图将其放在一般的哲学或伦理学的视角中进行探讨。综合我们所能找到的近30年来的研究文献，再根据我们所做的研究主题的权重，我们将国内有关弗洛姆思想的研究分为以下几个主要方面进行综述。

1. 人道主义思想研究

因为弗洛姆明确地提出了人道主义伦理学与权威主义伦理学的划分，故而"人道主义思想"成为弗洛姆思想研究中的热点词语。毫无疑问，"人道主义""人本主义"和"人文主义"，甚至"人类中心主义"等是我们在研究中常常容易混淆而又经常代替使用的一些概念。产生这样局面的部分原因出自翻译，既然是西方思想，不可避免地会碰到这样的尴尬。一般来说，在国内的研究中，使用"人道主义"还是"人本主义"一词，几乎没有特别明显的界限，学界已经约定俗成地将两者看作一个概念。而"人文主义"和"人类中心主义"却包含了另外的含义。比如"人文主义"就专指文艺复兴时期出现的反对神权，提倡"以人为本"的思潮。相对于"人道主义"和"人本主义"这两个概念，"人文主义"更倾向于指文艺复兴这一特定的时期。尽管，它在本质上也是"人道主义"发展到一定阶段的产物，并且，一直有新的发展形势出现。而"人类中心主义"虽然其内核也强调人的自我价值，但是，它是把人放在与自然相比较的位置来谈论的，主要侧重于人与自然的关系。因而，在研究的过程中，我们首先要弄清楚的是，我们研究的弗洛姆爱的伦理思想体系中的"人道主义"到底是个什么东西？或者说，我们必须弄清楚"人道主义"一词产生的来龙去脉。比如国内学者邓志伟在其专著《弗洛姆新人道主义伦理思想研究》[①]中，就将弗洛姆的人道主义伦理思想定义为"新人道主义"，旨在说明弗洛姆所提出的人道主义的伦理思想有别于以往的人道主义传统。当然，我们在前后文中都会对这一概念作出细致的分析。邓志伟的研究以弗洛姆的"新人道主义"为核心，以个体的"生产性性格"为旨归，较好地论述了弗洛姆人道主义的伦理思想的精髓。

---

① 邓志伟：《弗洛姆新人道主义伦理思想研究》，人民出版社2011年版。

国内另一些学者则倾向于使用"人本主义"一词来描述弗洛姆的理论，如相对早期的张伟就在其《弗洛姆的人本主义伦理观探析》[①] 一文中将弗洛姆的伦理思想定为与"权威主义伦理"相对应的"人本主义伦理"。而这应该来自弗洛姆自己的划分，他曾在《自我的追寻》一书中详细地阐述了"人本主义伦理学"与"权威主义伦理学"的主要差别，并声称自己所坚持主张的是"人本主义伦理学"。几乎同时期的学者欧阳谦在其《弗洛姆的人本主义哲学述评》[②] 中综述了弗洛姆人本主义哲学的三个部分：人的科学、人道主义的伦理学和激进的改良主义。而另一名学者张燕则撰写了《弗洛姆人本主义伦理学述评》[③] 一文，她从自我的丧失、自我的追寻和自我的实现三个方面探讨了弗洛姆的人本主义伦理学思想。这些著述几乎是 21 世纪前有关弗洛姆思想研究的代表作品，可以说是弗洛姆思想研究的早期作品。显然，除了总结弗洛姆思想在哲学、心理学、伦理学和社会学等各个方面的成就之外，此时学界对于弗洛姆的思想更多地持负面的评价。如张燕的总结里就包含这样的评价："弗洛姆脱离社会现实，仅仅从人道主义人性论的观点来谈论社会伦理道德问题，可以说，他的整个伦理观是唯心主义的。"[④] 而这论断几乎成为同时代学者评判弗洛姆思想的主要基调，如王为理在其《论弗洛姆人本主义的内在逻辑及其必然归宿》[⑤] 一文中这样评价道：尽管弗洛姆的人本主义不是从一种抽象的人，而是从具有一定生理心理的真实而具体的人开始，但其所谓"具体的人"是生物学意义上的人，从这一理解出发而得出的"人的本质在于人的存在所固有的矛盾"的命题固然是抽象的。在对人的考察中，弗洛姆人本主义未能发现人的劳动及其社会性本质，更未形成科学的实践观。面对资本主义社会强大的异化现实，弗洛姆的新人难以产生，人性观的改变无法实现，从而新的社会产生的可能性也就成了问题，其健全的社会也就只能是一种人道主义的乌托邦。

---

① 张伟：《弗洛姆的人本主义伦理观探析》，《现代哲学》1989 年第 3 期。
② 欧阳谦：《弗洛姆人本主义哲学述评》，《中国人民大学学报》1992 年第 4 期。
③ 张燕：《弗洛姆人本主义伦理学述评》，《学术月刊》1986 年第 7 期。
④ 同上。
⑤ 王为理：《论弗洛姆人本主义的内在逻辑及其必然归宿》，《华南师范大学学报》1994 年第 1 期。

无疑，21世纪之前的学者们对弗洛姆人道主义思想的解读，其视角是比较狭隘的。其中最为明显的一点是，笼统地将弗洛姆的思想定为"唯心主义"，或者将其人性论定为"抽象的人性论"，并因而得出弗洛姆所谓的"健全的社会"不过是一个"人道主义的乌托邦"。事实上，这样的结论和评价是过于简单和笼统的。毕竟，弗洛姆的心理学分析方法和内容与唯心主义的实质相去甚远；弗洛姆对于苏联马克思主义的批判其实到如今也差不多得到了印证；而弗洛姆关于未来"健全社会"的构想是否真的是毫无理论根基的"人道主义乌托邦"，还有待进一步研究。尽管如此，弗洛姆有关资本主义社会人性异化本质的阐述是得到广泛认同的，而弗洛姆有关爱、个体品格的划分、社会经济、政治和文化的一系列改革设想，以及弗洛姆将心理学研究方法纳入伦理学研究领域的做法，不得不说是前所未有的一大突破。而这也正是我们着力于研究的核心主题，那就是，弗洛姆的"爱的伦理思想"究竟是一种怎样的思想，它所努力要解决的问题有哪些？不可否认的是，弗洛姆所批判的早期资本主义社会所拥有的一切社会弊病，有些正日益出现在现代的中国社会，而这也正是我们研究弗洛姆爱的伦理思想的现实意义。

不得不承认的是，21世纪之后的中国学者对于弗洛姆思想的研究开始探寻更为开放和广阔的视角。其中，如何解读弗洛姆的"人道主义"几乎是理解弗洛姆整个思想构架的核心之核心，因为尽管弗洛姆的思想综合了哲学、伦理学、心理学和社会学等各种学科，但其核心不离"人道主义"。换句话说，弗洛姆的思想是以人性是什么？完美的人格是怎样的？或者说人之所以为人的道德标准是什么？等问题为研究核心的。正是在这个意义上，我们认为，弗洛姆实质上仍然是一个哲学家或心理学家，而不是社会学家、政治学家或宗教学家，他的研究主题是以"人"为核心的。21世纪后学者更多地从弗洛姆思想本身出发来研究，从他所提出的各种心理学的、哲学的概念，以及所构建的各项理论本身来研究。其中有关弗洛姆"人道主义思想"的研究也变得越来越详细而深刻。然而，值得一提的是，现代学者大多是从弗洛姆对资本主义社会人性异化现象的批判、个体性格类型的划分以及生产性性格的描述中来探讨的。毫无疑问，这些理论是构成弗洛姆爱的伦理体系的重要组成部分。但是，他们忽略了一个重要的问题，那就是，弗洛姆是不单单从哲学或伦理学的角度阐发人性的，他更重要的作为在于将心理学的研究方法纳入伦理学研究领域。比如，在伦理学研究领域中，我们常常诉诸人与自然、人与人、人与社会、人与自身的各种关系来探讨，而在各种关系中，常常诉诸规范或德性两种路线来定义人之道德性。但在弗洛姆的理论中，界定这些关系却既不是规范的，也不是德性的，而是与个体人格有关的，这就直接地过渡到心理学的内容。因而，我们在研究中所必须厘清的是伦理学和心理学之间的真实关系。换句话说，哲学和伦理学中的"人"是以各种社会道德规范为研究起点的，而弗洛姆所使用的精神分析心理学方法，是从人之内在心理出发来研究的。因而，人之为人，其内在的心理是怎样的？是什么力量推动了人性向前发展？人性发展的过程中起决定性作用的因素是什么？这大概就是弗洛姆的"爱的伦理思想"所要解决的根本问题，也是我们要探寻的主要问题。

2. 爱的理论

弗洛姆的爱的伦理思想与他的爱的理论是分不开的，可以说，爱的理论是其伦理思想的核心。然而，在前人的研究当中，较少地将弗洛姆的人道主义、爱与生产性性格等联系起来理解。或者说，较少有人试图找到它们之间的内在逻辑关系。因而我们要说明的是，这三个概念是相互诠释的，要理解其中的任何一个，都必须同时理解另外两个，不能抛开任何一个来讨论另外两个。目前，有关弗洛姆爱的理论的研究并不多，并且其研究视角非常狭窄，因而它仍然是一个非常具有开拓性的领域。比较具有代表性的有张超兵、陈媛媛等在其《弗洛姆爱的伦理思想探析》[①] 一文中详细地分析了弗洛姆的爱的理论；成海鹰在其《弗洛姆的"爱四要素说"伦理分析》[②] 中详细地分析了弗洛姆所提出的关心、尊重、责任、认识这四个爱的要素；周萍的《从品格学角度看弗洛姆关爱伦理思想的道德价值》[③] 一文，以及她的另一篇文章《弗洛姆关爱伦理思想及其对高校德育工作的启示》[④]

---

① 张超兵、陈媛媛：《弗洛姆爱的伦理思想探析》，《内蒙古农业大学学报》2010 年第 6 期。
② 成海鹰：《弗洛姆的"爱四要素说"伦理分析》，《学术论坛》2008 年第 1 期。
③ 周萍：《从品格学角度看弗洛姆关爱伦理思想的道德价值》，《长沙大学学报》2012 年第 3 期。
④ 周萍：《弗洛姆关爱伦理思想及其对高校德育工作的启示》，《湖南科技学院学报》2014 年第 12 期。

都对弗洛姆的爱的理论及其伦理道德价值进行了初步的探索。

可以说，很多人研究弗洛姆是从他的《爱的艺术》一书中爱的理论开始的，但若局限于这本著作进行研究，就很容易陷入肤浅。比如，很多译作中就简单地将弗洛姆之"爱"翻译为"爱情"。而更多的人则是从读通俗读物的角度出发来诠释弗洛姆之"爱"，这几乎是国内学者研究弗洛姆思想或爱的理论的"硬伤"。实际上，除了上文我们提到的弗洛姆之"爱"与"人道主义""生产性性格"等的逻辑联系之外，在解读弗洛姆之"爱"的时候，我们不能脱离弗洛姆的整个思想体系以及整个西方思想史。换句话说，我们是不能脱离整个西方思想史来单独研究弗洛姆的爱的理论。可以说，"爱"在西方思想史中是一个非常重要的概念，甚至可以说，整个西方思想史中就包含了一部"爱"的历史。而弗洛姆的爱的理论，虽然独具一格，但是，我们绝对不能说，他的爱的理论是脱离西方思想史中的爱的理论所作的。实际上，正如弗洛姆在《爱的艺术》这部著作中，当阐述到"上帝之爱"这种爱的具体形式时，他较为完备地溯源了"上帝"这一概念及其发展历史。"爱"这一概念，同样不能脱离它的发展历史而独立存在。显然，在弗洛姆的著述里，他是极力反对基督教之爱的。虽然，他并没有直接阐明自己反对基督教之爱的观点，但是他极力反对将"爱"仅仅看作人的情感。而这一点几乎是近代理性主义哲学家们的集体呼声，随着人类理性的崛起，完全屈从于上帝的、毫无主体性可言的"上帝之爱"遭到人们的普遍质疑。而作为情感的爱在康德那里已经行不通，在他看来，当时社会上盛行的基督教"上帝之爱"不能成为道德行为的出发点，因为"爱"如果只是作为一种情感偏好，既不具有强制性，也不具有实践性。正因为如此，现代学者张传有提出，康德为此将爱划分为作为情感的爱与作为义务的爱[①]，以解决爱的实践性问题。而弗洛姆之"爱"既不局限为情感之爱，也不局限为义务之爱，而是与个体人格联系在一起的"生产性的爱"。我们将在后文详细探讨。

值得一提的是，有学者在阐述了弗洛姆的自爱原则之后得出结论：

---

① 张传有：《作为情感的爱与作为义务的爱》，《哲学研究》2012年第5期。

"弗洛姆的这种自爱原则实际上是费尔巴哈爱的宗教的翻版。"[1] 理由是弗洛姆认为,一个人只有具备了爱人的力量,才是真正地爱己。这种试图用自爱原则来调和人与人之间、利己与利他之间矛盾的做法在本质上是理想主义的,在现实社会不可能实现。因而,弗洛姆这种把"爱"推崇到至高无上地位的做法在其本质上与费尔巴哈的"爱的宗教"无异。毫无疑问,这一点正是我们正确理解弗洛姆之"爱"的关键之处。自爱与爱人的问题是伦理学中的关键问题,自古以来,中西方伦理学家们所致力于解决的问题就是如何爱人的问题。而弗洛姆虽然在其"自爱"这一爱的具体形式中阐发了自爱的本质就是爱人,但是他并没有笼统地将两者等同起来。实际上,弗洛姆非常详细地阐述了什么是"自爱",并且,"自爱"与"爱人"为何在其本质上是统一的问题。在以上认识前提下,本书将非常详细地分析弗洛姆之"爱的理论",具体见第三章的内容。

3. 社会批判理论

社会批判理论在弗洛姆的整个思想体系中是备受关注的,其理论以《健全的社会》这本专著为主,其他的专著如《占有还是存在》《爱的艺术》中也包含一些。国内学者对弗洛姆的社会批判理论的研究是多方位的,如李红珍在其博士学位论文《埃希里·弗洛姆的健全社会思想研究》[2] 中就比较全面地分析了弗洛姆对"健全社会"的构想及其理论贡献与不足。伍荣华在其《评弗洛姆的社会健全理论》[3] 一文中剖析了弗洛姆对于异化人性和异化社会的批判,同时指出弗洛姆的社会改革理论没有触及资本主义社会阶级矛盾的实质,因而不过是一种"人道主义的乌托邦"。陈爱华在其《论弗洛姆批判资本主义的伦理维度——弗洛姆〈健全的社会〉解读》[4] 一文中解读了弗洛姆《健全的社会》一书中所包含的社会精神分析学理论。她认为,弗洛姆从其人本主义伦理学出发,透视了17—18世纪资本主义社会中人性的异化模式以及"物的地位高于人"的

---

[1] 张燕:《弗洛姆人本主义伦理学述评》,《学术月刊》1986年第7期。
[2] 李红珍:《埃希里·弗洛姆的健全社会思想研究》,博士学位论文,华侨大学2013年。
[3] 伍荣华:《评弗洛姆的社会健全理论》,《广东社会科学》1994年第2期。
[4] 陈爱华:《论弗洛姆批判资本主义的伦理维度——弗洛姆〈健全的社会〉解读》,《南京政治学院学报》2012年第3期。

资本主义价值原则。王雨辰在其《论弗洛姆对当代资本主义社会的伦理批判》[1]一文中分析弗洛姆的规范人本主义伦理学、社会性格理论以及资本主义社会的异化现象等。王柏文在其《弗洛姆的社会主义和谐健全观述评》[2]中阐述了弗洛姆关于社会主义社会的构想。

除了以上直接从弗洛姆的社会批判理论出发进行阐述的研究之外,还有很多学者试图从弗洛姆的技术观、消费观、存在方式、人与自然的关系等角度来分析弗洛姆的社会理论。如盛国荣在其《技术人性化:埃希里·弗洛姆的技术社会思想》[3]一文中阐述了弗洛姆的技术人性化思想。他认为,弗洛姆运用其人性化思想来审视当代西方资本主义工业社会的种种异化人性现象,并将这种现象归因于技术的非人性化,从而设想一种人性化的技术社会。刘敏撰写了《技术社会人道化问题——弗洛姆技术哲学思想研究》[4]一文,文中认为,弗洛姆通过对技术社会的分析以及技术非人道化的揭示,试图实现技术社会人道化的目标,最终是为了实现以人的自由和全面发展为目的的"健全社会"。高亮华在其《希望的革命——弗洛姆论技术的人道化》[5]一文中提出弗洛姆批判了资本主义病态社会及其产生的根源,那就是,技术的非人道化发展,因而要促成健全的社会,首要的目标就是实现技术社会的人道化。另外,王柏文、赵立撰写了《试析弗洛姆的社会技术哲学思想》[6]一文。以上研究立足于弗洛姆的技术观来论述技术的非人性化与资本主义病态社会的根源及其出路。

另一个比较重要的研究视角是消费或消费主义。现代学者多从弗洛姆对异化消费的批判出发,来探讨弗洛姆有关人性异化和健全社会的理论。比如李辉在其《弗洛姆:异化的消费》[7]一文中就重在揭示弗洛姆的异化消费概念的渊源及其产生的根源和本质表现,以试图为消除资本主义社会

---

[1] 王雨辰:《论弗洛姆对当代资本主义社会的伦理批判》,《理论月刊》2010年第9期。
[2] 王柏文:《弗洛姆的社会主义和谐健全观述评》,《社会科学战线》2015年第7期。
[3] 盛国荣:《技术人性化:埃希里·弗洛姆的技术社会思想》,《兰州学刊》2009年第9期。
[4] 刘敏:《技术社会人道化问题——弗洛姆技术哲学思想研究》,《内蒙古大学学报》2006年第5期。
[5] 高亮华:《希望的革命——弗洛姆论技术的人道化》,《自然辩证法研究》1997年第2期。
[6] 王柏文、赵立:《试析弗洛姆的社会技术哲学思想》,《吉林师范大学学报》2012年第6期。
[7] 李辉:《弗洛姆:异化的消费》,《山东师范大学学报》2008年第5期。

的异化现象寻找出路。另外，程广丽撰写了《"异化"的人与"异化"的消费——论弗洛姆的消费伦理思想》① 一文。她重在阐述弗洛姆有关"异化消费"的本质和具体表现。邓志伟撰写了《弗洛姆对消费异化的伦理批判》② 一文，以及《弗洛姆人道主义消费伦理思想探析》③ 一文。许惠芬撰写了《弗洛姆对消费异化的批判与重建》④ 一文。闫方洁、宋德孝等撰写了《祛除异化消费　实现人道消费——弗洛姆消费异化理论评析》⑤ 一文。还有学者从比较的视角撰写了《弗洛姆与马尔库塞消费异化理论之比较研究》⑥，或将弗洛姆的理论放进西方马克思主义理论中进行评析，如李明就撰写了《评西方马克思主义消费异化观》⑦ 一文，许威撰写了《消费主义的价值与范式——从理性异化到绿色生态的跨越》⑧ 一文，蔡陈聪撰写了《西方马克思主义消费异化理论的启示》⑨ 一文。以上论文的共同特点在于：它们都从不同的角度不同程度地揭示了弗洛姆有关消费异化的本质在于人性的异化。消费不再是满足自身需要的手段，而是通过消费来"占有"，这是缺乏安全感和创造性的人性异化造成的结果。他们进一步阐述了消费异化所可能带来的各种不良后果，如造成人与自我的分离，人活着不再是为了享受自己的劳动成果，而是被自己的占有欲望所俘虏。这样的占有欲望进而导致人与自然的紧张关系，造成物质资源的浪费和生态发展的不平衡。最终导致人性扭曲，人的幸福感丧失。人最终成为自身欲望的奴隶，而不是成为自身的主人。不可否认的是，以上研究比较系统地阐述了弗洛姆关于消费异化的理论及其产生缘由。

---

① 程广丽：《"异化"的人与"异化"的消费——论弗洛姆的消费伦理思想》，《湖州师范学院学报》2008 年第 5 期。
② 邓志伟：《弗洛姆对消费异化的伦理批判》，《消费经济》2005 年第 4 期。
③ 邓志伟：《弗洛姆人道主义消费伦理思想探析》，《道德与文明》2006 年第 1 期。
④ 许惠芬：《弗洛姆对消费异化的批判与重建》，《石家庄学院学报》2011 年第 1 期。
⑤ 闫方洁、宋德孝：《祛除异化消费　实现人道消费——弗洛姆消费异化理论评析》，《天府新论》2008 年第 1 期。
⑥ 任海滨：《弗洛姆与马尔库塞消费异化理论之比较研究》，《边疆经济与文化》2010 年第 1 期。
⑦ 李明：《评西方马克思主义消费异化观》，《天府新论》2008 年第 1 期。
⑧ 许威：《消费主义的价值与范式——从理性异化到绿色生态的跨越》，《理论观察》2016 年第 1 期。
⑨ 蔡陈聪：《西方马克思主义消费异化理论的启示》，《东南大学学报》2009 年第 6 期。

总之，无论是从技术的视角还是从消费的视角对现代资本主义社会所做的批判，弗洛姆所要论证的核心在于社会的病态归根结底在于人性的异化，因为无论是技术还是消费，其主体都是人，最终要归根于人自身的异化问题。正因为如此，尽管弗洛姆在其《健全的社会》一书中提出了一系列社会健全之改革方案，有政治的、经济的和文化的各个方面，但他并不把这些改革放在至关重要的地位，而是从人的本性、心理出发来谈人性的改造和完善，因为这才是社会健全的根本之路。正因为如此，如果我们离开弗洛姆的人性论，光谈其社会批判或改革理论，不可避免地陷入片面。比如技术、消费或人之占有生存方式等，它们不过是造成人性异化和病态社会的一些因素，并不是最重要的原因。在弗洛姆对人性与社会的描述中，一个不可否认的事实是，弗洛姆是立足于人与社会的互动关系来谈人性和社会的，因而脱离人与社会的互动关系，都有可能陷入片面，而这是目前弗洛姆思想研究中的一大不足。

4. 人性论

很长时间以来，国内学者非常热衷于弗洛姆的人性论研究，大多数人集中于他的人性异化理论进行讨论。如比较早期一点的研究者李佃来在其《弗洛姆"人性异化及消除"理论述评》[1] 一文中就以弗洛姆的人性异化理论为基础，详细地探讨了弗洛姆伦理思想的思想渊源和理论贡献。韩松在其博士学位论文《弗洛姆人性理论研究》[2] 中就弗洛姆人性理论的思想背景、基础理论、性格结构理论和健全的人性等方面展开了论述。李红珍在其《人性的异化与回归：弗洛姆人性异化论新探》[3] 一文中探讨了弗洛姆人性异化理论的新内涵。除此之外，还有很多学者从不同的角度探讨了弗洛姆的人性异化论，如张伟撰写了《弗洛姆人性异化思想之意义分析》[4] 一文。这些研究的基本特点就是立足于弗洛姆所提出的"异化"概念进行分析，并对"异化"概念进行溯源，实际上，就是将弗洛姆之"异化"与马克思主义哲学中的"异化"概念进行对比。然而，笼统地谈人性论是不能构成一个鲜明的研究主题的，

---

[1] 李佃来：《弗洛姆"人性异化及消除"理论述评》，《马克思主义哲学研究》2001 年卷。
[2] 韩松：《弗洛姆人性理论研究》，博士学位论文，吉林大学 2008 年。
[3] 李红珍：《人性的异化与回归：弗洛姆人性异化论新探》，《东南学术》2013 年第 3 期。
[4] 张伟：《弗洛姆人性异化思想之意义分析》，《首都医科大学学报》（社会科学版）2008 年增刊。

因为人性论就是哲学研究的主题。所以,早期的研究基本上都立足于弗洛姆的"异化"概念来谈人性,所揭示的是资本主义社会种种人性异化的现象。毫无疑问,人性异化论是不能代表弗洛姆本身的人性论的。因而有关人性论的研究中,真正的问题在于弗洛姆之于人性问题,他的核心观点是什么?

因而,论及弗洛姆的人性问题,其中比较关键的一点在于我们如何理解弗洛姆有关人性的理论,这与弗洛姆是如何理解马克思主义哲学中的人性观点是同等重要的。在现代学者中,理解的偏差恰恰产生于如何理解弗洛姆对于马克思主义哲学中人性问题的见解。毫无疑问,这个问题又是我们研究的主题。在弗洛姆对弗洛伊德人性论的批判中,他的着重点在于弗洛伊德的性本能理论。也就是说,他反对弗洛伊德从纯粹生理的角度解释人性的做法。这几乎代表了同一时期其他的哲学家、心理学家的共同观点,比如新精神分析学派、社会文化学派以及以弗洛姆为代表的人本主义心理学派等。但不可能否认的是,弗洛姆对于弗洛伊德的理论不仅仅在于批判,从他的《弗洛伊德思想的贡献与局限》[①] 这本书中,我们就可以发现,弗洛姆对于弗洛伊德所提出的理论,其实更多的是继承,而不是批判。在弗洛伊德的理论中,弗洛姆比较独到而又深入地探讨了他的科学研究方法。毫无疑问,在实证主义研究方法占了上风的现代科学研究中,弗洛伊德近乎主观的研究方法备受质疑。正如弗洛姆所描述的:"任何不能进行这种定量和统计研究的课题,都会被认为是有非科学之嫌疑,因此也就被置于科学心理学之外。"[②] 很显然,这一科学研究方法本身是缺乏理论依据和科学性的,因而弗洛姆接着阐述道:

> 这远远不是社会科学家所必须遵循的方法。只须想一下马克思、杜克海姆、梅约、韦伯、特尼斯这些人,他们致力那些最本质的问题,在创建理论时,并不是将结论建立在依赖统计结果的天真的实证方法上。对他们来说,理性的力量以及对这种力量的信念,同最杰出的自然科学家的方法一样,具有强大的效力和积极的意义。[③]

---

① [美] 埃希里·弗洛姆:《弗洛伊德思想的贡献与局限》,申荷永译,湖南人民出版社1986年版。
② 同上书,第15页。
③ 同上书,第16页。

在这一认识前提下，弗洛姆提出，无论是自然科学，还是社会科学，其实都有共同的科学研究程序。自然科学领域的实验方法或社会科学领域的实证研究方法，其结果并不是绝对可靠的。要得出相对准确的，具有科学性的研究结果，离不开科学家的理性推理，而看似主观的理性力量在社会科学研究领域恰恰是至关重要的，但其前提是研究者摆脱自恋思维。而在这一点上，弗洛姆承认，科学家本身总是受着时代常识的影响，并且只有天赋非凡的人才能摆脱自恋。而在这较少的人当中，弗洛伊德其实就是其中一个，如他所描述的：

> 弗洛伊德的确是一位科学家。他将他的科学方法运用于研究非理性的需要，而不是象大部分社会科学家那样，只注重于能以实证的科学概念来研究的东西。弗洛伊德思想的另一个重要方面是，他是在系统或结构中来观察其研究对象的，并且提出了系统论最早的实例之一。他认为，不理解整体，个性中的任何一个单一元素都是不能被理解的；整个系统中的其它元素不发生变化，没有一个单一的元素能被改变，即便是很小程度的改变。不同于心理学的实证分析观点，倒和早期的心理学体系十分相似——如斯宾诺莎的体系，弗洛伊德把个体演作一个整体，这个整体大于各部分之和。[①]

而弗洛伊德的这一结构性或系统性的研究方法几乎贯穿了弗洛姆研究的始终，他坚持不将单个的人作为研究的对象，而将单个的人放入社会这个整体中进行理解。这是弗洛姆继承了弗洛伊德的研究方法所得。在前人的研究中，几乎较少地关注到这一点，这是我们的研究所要探讨的重点问题。对于弗洛伊德所采取的、在世人看来很主观的研究方法，弗洛姆却持不同的意见。在弗洛姆看来，社会科学研究的对象是人，而人的个体性又是千差万别的，因人、因时、因事而异。因而这决定了社会科学研究中很难有普遍性的、一般性的法则，而只能根据个体所拥有的各种条件或情境进行适时、适事的分析，如他所说的："生活中的人，只是作为一个整体

[①] [美]埃希里·弗洛姆：《弗洛伊德思想的贡献与局限》，申荷永译，湖南人民出版社1986年版，第20页。

并在他的生活中，在连续不断的变化过程中来理解。由于每一个体均有其独特性，所以，概括的可能和通则的形成都存在着某种局限性。尽管科学观察者们总是试图发现个体多样性的一般规律和法则。"① 可见，弗洛姆认为人的个体性研究是很难找到普遍性法则的，他进而这样论证弗洛伊德研究的科学性或客观性：

在理解人的科学研究中，还存在着另外一个困难。我们从人身上取得的资料，与从其它科学研究中所取得的资料大为不同。如果真要理解人本身，就不得不全凭主观。……一个词在字典中的意义与对讲出它的那个人所含有的真正意义相比，只不过是一个抽象的符号。……像爱慕、信心、勇气、憎恨这些词语，对任何一个个人都有其完全主观的含义。毫不夸张地说，它们对两个人决不会具有同样的意义，……甚至对同一个人来说，同一个词在十年前与十年后也会大有不同，……这种分析显然对梦也是适用的。两个内容完全一样的梦，对两个不同的做梦者，也可能具有完全不同的意义。②

正因为如此，除了结构性、系统性的研究方法，弗洛姆还特别注重发展地、动态地理解人性。在他看来，看似主观、多变的研究方法或程序，恰恰体现了研究的客观性，因为作为主体性的个体以及描绘人的词汇都是千变万化的，若离开特定的情境，几乎没有办法理解人性。因而研究者的主观判断至关重要，而这样的主观性在其本质上并不主观，相反，恰好是一种认识事物的客观方法。这一点其实也来自对弗洛伊德的继承，如弗洛姆所说的：

对人类言词表达之主观性的认识，在弗洛伊德的科学研究中占有重要的地位。他以此知识为基础，试图不把人们说出的话认以为真，而是予以质疑：一个特定的词，在一特定的时间，以及在一种特定的

---

① ［美］埃希里·弗洛姆：《弗洛伊德思想的贡献与局限》，申荷永译，湖南人民出版社1986年版，第18页。

② 同上书，第18—19页。

情境中，对这个特定的个人有什么特定的意义。事实上，这种主观性颇为有力地加强了弗洛伊德研究方法的客观性。任何过分天真地认为"一个词只是一个词而已"的心理学家，将只能在相当抽象与虚构的水平上与别人交流。一个词是一种独特经验的符号。①

除了研究方法，弗洛姆还对弗洛伊德所提出的"潜意识""自恋""移情""性格"和"恋母情结"等众多的心理学概念进行了分析。而这些心理学概念也是弗洛姆构建自身理论体系的重要基础。

关于人性论，无可否认的是，除了弗洛伊德的研究方法和理论渊源，早期弗洛姆的研究是试图从马克思主义哲学中寻找答案的。在《马克思关于人的概念》《在幻想锁链的彼岸》等著作中，我们可以找到弗洛姆继承的马克思主义人性论的若干观点。总体上来说，弗洛姆对马克思主义哲学中有关人性的论述是持非常肯定的态度，他所批判的是早期苏联社会主义者对于马克思主义哲学的理解。弗洛姆所继承马克思主义哲学的是他关于社会文化对人性的决定性作用，他所质疑的也是这一点。那就是，社会文化对人的决定性作用是不是绝对的？毫无疑问，这才是他与马克思主义哲学真正分道扬镳的地方。弗洛姆最终是要致力于构建自身完整的人性论，这一点可以在他晚期的作品《人之心》中找到许多答案。可以肯定的是，弗洛姆的爱的伦理思想所要揭示的核心问题就是，社会文化对人的决定性影响不是绝对的，人性的发展和完善依赖良好的社会文化环境，但最终起决定性作用的还是人自身。换句话说，正是人自身的主体性作用，使人在与自身与外界的互动作用中完成对自身"生存矛盾"问题的解答，获得真正的属于人的自由。而这便是我们的研究所要阐明的中心思想。

无疑，肯定了人自身的主体性作用，也就肯定了人性发展的内在动力。而这种内在动力产生于人对自身生存所拥有的矛盾心理，正是这一矛盾力量推动着人性不停地向前发展。关于这一点，弗洛姆在弗洛伊德的理论中找到了基础，弗洛伊德所提出的心理学科学研究方法及其众多的心理学概念，无疑正是弗洛姆构建和完善自身理论的坚实基础。而弗洛姆的主

---

① [美]埃希里·弗洛姆：《弗洛伊德思想的贡献与局限》，申荷永译，湖南人民出版社1986年版，第19页。

要做法就是将社会文化学的内容加入弗洛伊德的纯粹心理学的研究中，从而产生了自身的社会心理学理论。在当前的研究中，其中最为欠缺的是对弗洛姆所做的社会心理学的探索的真实理解，以及弗洛姆试图将弗洛伊德的理论与马克思主义哲学综合起来的做法。尽管在国内早期的研究中，这一点是备受批判的。但不得不承认，这些批判中或许存在一些对弗洛姆理论本身的曲解。正因为如此，我们认为，有关弗洛姆的综合性理论尝试，还存在很大的研究空间，这也是我们努力的方向。

（三）国外有关弗洛姆思想的研究

除了弗洛姆的一些英文原著之外，有关弗洛姆思想研究的英文文献也是我们参考的重要对象。在国外研究弗洛姆思想的文献中，集中研究他的"爱"之概念或思想的文献不多。但 Jeremy De Chavez 在他的 Reading Erich Fromm's The Art of Loving, or Why Loving Means Giving Nothing[①] 一文中详细地阐述了弗洛姆《爱的艺术》中的"爱"。在详细地追溯了弗洛姆思想的产生和发展渊源之后，他在该文中对弗洛姆所提出的"爱的本质是给予""爱是一种艺术"等命题提出了质疑。首先，他认为，弗洛姆在《爱的艺术》中虽然提出了爱是一门集知识、情感与实践于一体的艺术，但是，他并没有提出相关的、实际的实践方法，而仅仅提出"爱是需要学习的"这样的学习理论。因而该文作者认为，弗洛姆的"爱"本身并不具有实践性，弗洛姆仅仅将爱看作一种解释性的理论。如他所说的："弗洛姆为他的读者提供了有关爱的理由以及爱的必要性等内容，然而，有关爱的实践的内容在哪里呢？"[②] 他进而尖锐地批判道："弗洛姆在'爱的实践'这一章里，详细地阐述了几种称得上是'爱人'的人所必须具备的性格特点如自律、集中和耐心等，并且详尽地阐述了这些性格特点应该如何得到发展，但是他的建议显得非常乏味和旧派。"[③] 因而，有关此论题，该文作者最终得出这样的结论："弗洛姆将对爱的艺术的掌握看作极其简单的事情。弗洛姆将爱的艺术分为两个部分：一个是对爱的理论的

---

① Jeremy De Chavez. "Reading Erich Fromm's The Art of Loving, or Why Loving Means Giving Nothing", *Kritike*, Vol. 9, No. 2, 2015（12）, pp. 143 – 160.

② Ibid., p. 153.

③ Ibid..

掌握；另一个是爱的实践。但是，细心的读者不难发现，当他们读到《爱的艺术》的结论部分时，弗洛姆不仅让他们在渴望获得爱的知识方面陷于失望，并且最终也没有提供任何有关爱的实践方法。"① 其次，该文作者对弗洛姆所提出的"爱的本质是给予"这样的命题提出质疑。他从弗洛姆所提出的"给予"概念入手来分析这一命题，他对弗洛姆的这一概念持强烈的批判态度，如他在文中所描述的："讽刺的是，弗洛姆并没有提供给他的读者一个关于'什么是给予'的充分的概念，而在更大程度上提供的是一个虚空的概念，正如他在书中所作的除了显得冗长而没有任何实际意义的阐述一样：一个人可以给予另一个人什么呢？……他给予他内在的活力，他给予他以欢乐、兴趣、理解，以及他的知识、幽默，连同他的悲伤一起，……总之，给予一切他内在的情感及其他赋予它们的意义。"② 虽然，此文作者这种论调并不多见，但是弗洛姆的思想在其产生初期备受批判这是不争的事实。而这些观点也将作为我们在研究中需要提及的参考内容。

另外，在中文文献中，有关弗洛姆的生平总显得过于简单，其中最常见的论调就是称其为"弗洛伊德的马克思主义"，并对弗洛姆试图结合弗洛伊德思想和马克思主义的做法观点一致。但是，却较少有人对弗洛姆思想的渊源及其内在的发展理路进行探索，而这一点，我们在一些英文文献中可以找到一些有参考价值的资料。如 Michael Maccoby 在其文章 The Two Voices of Erich Fromm: Prophet And Analyst③ 中就根据自身从师弗洛姆的经历，对弗洛姆的思想渊源及其发展进路做了比较中肯的阐述和评价。Daniel Burston 在其 A Profile of Erich Fromm④ 一文当中对弗洛姆思想的发展渊源及其与弗洛伊德思想和马克思主义之间的关联做了极其详尽的阐述。而他的一个比较出众的观点是，他认为，弗洛姆除了不赞成弗洛伊德关于"力比多"的思想之外，他其实对弗洛伊德的思想几乎没有太多的批判，

---

① Jeremy De Chavez. "Reading Erich Fromm's The Art of Loving, or Why Loving Means Giving Nothing", *Kritike*, Vol. 9, No. 2, 2015 (12), p. 154.

② Ibid., p. 157.

③ Michael Maccoby. "The Two Voices of Erich Fromm: Prophet and Analyst", *Society*, July/August, 1995.

④ Daniel Burston. "A Profile of Erich Fromm", *Society*, May/June, 1991.

而是试图从更为科学的角度继承弗洛伊德的精神分析方法。比如,将弗洛伊德提出的潜意识和自恋、性格等心理学的概念应用到社会心理领域,试图从社会的角度为个体的一些精神上的病症(如神经官能症)找到合理的解释。可以说,弗洛伊德是从个体的角度出发来研究神经官能症;而弗洛姆则试图从社会的角度为个体的神经官能症等找到解药。毫无疑问,这些关于弗洛姆思想发展渊源的阐述和对弗洛姆和弗洛伊德之间的承继关系的研究,为我们研究弗洛姆相关的思想提供了不可多得的参考资料。

除了以上关于弗洛姆之"爱"及其生平的文献之外,我们还可以找到一些有关弗洛姆其他思想的研究。比如 Nicholas C. Zingale 和 Justin T. Piccorelli 在 Chains of Freedom: A View from Erich Fromm on Individuality within Organizations[1] 一文中通过对弗洛姆所提出的"占有"和"存在"等概念的分析来揭示个体自由的本质。在该文中,作者首先对弗洛姆所提出的"积极自由""消极自由"等进行了探索,并揭示弗洛姆所提出的"占有""存在"等概念与个体自由之间的本质关联。他认为,弗洛姆所揭示的个体不自由的真正原因在于"占有的生存方式"。正是那些对"积极自由"不自信的个体,试图通过尽可能多的物质性的"占有"来消除自身对于不自由的恐惧。因而,世人所拥有的只是建立在"占有生存方式"上的"消极自由",而非真正代表人之创造性发展的"积极自由"。另外,Leonidas K. Cheliotis 在其 For a Freudo - Marxist Critique of Social Domination: Rediscovering Erich Fromm through the Mirror of Pierre Bourdieu[2] 一文中,通过对比弗洛姆和另一位社会分析学家布尔迪厄的思想来揭示弗洛姆思想的本质。他认为,就方法而言,布尔迪厄更多地关注主导个体或群体判断和行为的认知结构及其产生和再生的社会政治过程;弗洛姆却更多地强调以下两样东西:一个是个体认知与社会结构之间的关系;另一个是人类心智的先天结构。而另一位学者 Arnold W. Green 在其 Sociological

---

[1] Nicholas C. Zingale and Justin T. Piccorelli. "Chains of Freedom: A View from Erich Fromm on Individuality within Organizations", *Administrative Theory & Praxis*, June 2012, Vol. 34, No. 2, pp. 211 - 236.

[2] Leonidas K. Cheliotis. "For a Freudo - Marxist Critique of Social Domination: Rediscovering Erich Fromm through the Mirror of Pierre Bourdieu", *Journal of Classical Sociology*, 2011 (4), pp. 438 - 461.

Analysis of Horney and Fromm[①] 一文中对比了弗洛姆与霍尼的思想，这为我们理解弗洛姆的社会分析理论提供更多的视角。除此之外，Noam Schimmel 在其 Judaism and the Origins of Erich Fromm's Humanistic Psychology[②] 一文中阐述了弗洛姆有关人道主义心理学的来源及其与犹太教之间的关联问题，为我们的研究也提供了可供参考的东西。而 Olli - Pekka Moisio 在其 What it Means to Be a Stranger to Oneself?[③] 一文中阐述了弗洛伊德、弗洛姆等思想家们有关"自我"的概念及思想。这些都为我们所做的研究提供了必不可少的素材。

在上文中，我们探讨了本研究的基本目的、一些相关的概念和国内外研究综述，这些内容和研究的基本思路，我们将其作为此书的第一章内容。

在第二章中，我们将探讨弗洛姆爱的伦理学的逻辑起点——人性异化论。毫无疑问，弗洛姆构建其爱的伦理学体系的宗旨就是塑造完善的人性，这一宗旨正是基于他对现实社会人性异化的不满。然而，在弗洛姆看来，人性异化的真正根源在于社会的异化，具体地说，是社会组织模式的异化，体现在社会的政治、经济和文化各个方面。但社会的异化不是自生的，因为社会即是人的社会，因而最终要落实到人。正因为如此，社会的异化除了依靠社会组织模式的各项改革之外，最根本的在于拯救异化的人性，而这在弗洛姆看来，最重要的是培养具有创发性爱的能力和生产性品格的个体。在此基础上，弗洛姆提出自己的核心观点和主要研究方法，即人与社会之间的关系既不是社会决定人，也不是人决定社会，而是互动的。但是，在二者之间，人的主体性作用是主要的。弗洛姆对人性的结构性、系统性和动态性的认识和其科学研究方法，皆来自对弗洛伊德的继承。正是基于人性与社会的互动，弗洛姆借助个体生产性品格、爱和人道主义等概念，建构起自身完整的爱的伦理学体系。在这一体系中，以实现

---

① Arnold W. Green. "Sociological Analysis of Horney and Fromm", *American Journal of Sociology*, Vol. 51, No. 6 (May, 1946), pp. 533 – 540.

② Noam Schimmel. "Judaism and the Origins of Erich Fromm's Humanistic Psychology: The Religious Reverence of a Heretic", Journal of Humanistic Psychology, Vol. 49, No. 1, January, 2009, pp. 9 – 45.

③ Olli – Pekka Moisio. "What it Means to Be a Stranger to Oneself?", *Educational Philosophy and Theory*, Vol. 41, No. 5, 2009, pp. 490 – 506.

个体的生产性品格为目标,以爱为主要途径,以人道主义为宗旨,三者在其本质上是一致的。

在第三章中,我们将全面地阐述弗洛姆的爱的理论。弗洛姆在《爱的艺术》这本专著中详细地阐述了有关爱的理论,包括对当代西方爱的模式的批判、爱的具体形式、爱与信仰的关系、爱的正确解读等主要内容。在现代资本主义社会,随着人类理性的日益增长,上帝的权威性和神圣性日渐受到质疑,集中表现在现代社会对"上帝之爱"的讨论中。弗洛姆一方面回溯了"上帝"之真义的发展脉络及其爱的本质;另一方面又为日渐失去地位的"上帝之爱"理论寻找出路。在此前提下,弗洛姆积极地将爱与人道主义联系在一起。可以说,爱是弗洛姆爱的伦理思想的核心。在弗洛姆看来,现代资本主义社会中的各种爱的形式,包括父母之爱、两性之爱、自爱和上帝之爱等都正在遭受着来自异化社会的各种冲击,使得各种爱的具体形式正在走向没落,离真正的"成熟的爱"越来越远,在其本质上不过是基于生存需要而产生的"共生性结合",这是不成熟的爱的集中表现形式。在这样的基础上,弗洛姆阐述了爱与信仰的关系,他将信仰分为合理性信仰和非合理性信仰。弗洛姆认为,成熟的爱应该是建立在"合理性信仰"基础之上的爱,而不是基于"非合理性信仰"之上的盲从,"上帝之爱"的没落其根本原因在于人们将对"上帝"的信仰神圣化为无所不能的权威,而这在本质上阻碍了人类理性的发展,在这样的基础上产生的基督教"圣爱"也并非真正的爱,而体现为对权威的服从。弗洛姆通过"合理性信仰"为基督教"圣爱"找到出路,并提出有关爱的正确解读,其核心问题便是"爱是对人类生存问题的解答"。围绕这一问题,弗洛姆阐述了自身关于爱的理论。

在第四章中,我们集中探讨弗洛姆的爱的实践问题。弗洛姆的以"爱"为核心的伦理思想,它的实践目标直指人与外界的各种伦理关系。我们将从人与自然的关系、人与自我的关系、人与社会的关系三个方面来阐述。显然,弗洛姆之"爱"虽然立足于人之生存的心理矛盾,但其要解决的却是各种伦理关系问题,这也体现了弗洛姆将心理学和伦理学有效结合起来的做法。在这三组关系中,每一组关系都是从人之"生存矛盾"问题出发,弗洛姆抓住人之生存中试图获得"积极自由",

但常常因为害怕失去生存的安全感而不得不退回"消极自由"的心理状态,通过"人类中心主义"和"人道主义","积极自由"和"消极自由","自私"和"自爱","个体自恋"和"社会自恋"等概念,来阐述如何通过"成熟的爱"来调节各种伦理关系。在人与自然的关系中,弗洛姆集中批判了现代资本主义社会以"消费主义"和"技术中心主义"为特点的"占有的生存方式",并提出"存在的生存方式",他认为,要消除人与自然的紧张关系,最根本的是人类树立起"存在的生存方式"。在人与自我的关系问题上,弗洛姆首先阐明的是人之生存中孤独与自由的矛盾关系,进而对自由进行了"积极自由"和"消极自由"的区分。在弗洛姆看来,人之自我的成熟主要表现为"积极自由"的获得。在人与社会的关系上,弗洛姆从个体改造和社会革命两条路线出发来阐明人与社会的互动、辩证关系,其最终目标是实现"人道主义的社会主义"。弗洛姆通过对资本主义社会与早期社会主义社会的批判,来阐明要获得人的全面发展,必须"双管齐下",既从人的自我改造出发,又要配合社会的各项改革,最终达到两方面都完善的"人道主义的社会主义"。

第五章我们将探讨弗洛姆的"成熟的爱"。弗洛姆反对把"爱"看作纯粹情感型的爱,而将"爱"与个体人格的完善联系在一起,因而,"成熟的爱"在其本质上意味着个体人格的成熟。在《爱的艺术》这本著作中,弗洛姆对"不成熟的爱"和"成熟的爱"有比较完整的描述。我们将从不成熟的爱、成熟的爱、爱与人格三个方面来阐述。从心理学的角度,弗洛姆认为,不成熟的爱源于个体的自恋。"个体自恋"最根本的特征是将爱人与爱己完全对立起来,完全从个体自身的价值观出发来衡量外在一切人和事的价值。"社会自恋"是"个体自恋"的转化形式,"个体自恋"以转化为"社会自恋"来为自身找到存在的合理性。"不成熟的爱"在其根本上表现为"共生性结合",这样的结合是基于生存的需要,体现为各种形式,如受虐狂的、施虐狂的等。体现在不同形式的爱中的"共生性结合",其表现是不一样的,但其本质体现为通过外在的人与物来获得自身存在的价值感,而不是从自身内在产生存在的价值感。从心理学的角度,弗洛姆揭示,"成熟的爱"集中表现为克服自恋,是一种承认自我内在价值的积极的活动,"自发性"是其根本特征。"成熟的爱"其本质特点为给予，不仅指物质上的给予，而且指精神上的给予。除此之外，"成熟的爱"还离不开四个基本要素：关心、责任、尊重和了解。最终达致成熟的爱，其主要表现为个体保持看待任何事物的客观性，而不是局限于自身主观价值的"自恋"。另外，还需要保持"合理性信仰"，不盲目地服从权威。最后，我们讨论"成熟的爱"与个体人格的关系。可以说，"成熟的爱"就表现为个体成熟的人格。在弗洛姆的理论中，"人格"不仅仅是一个心理学术语，它还具有特定的伦理本质。在此基础之上，我们将详细地阐述弗洛姆关于个体人格形成的社会过程、爱与个体生产性品格形成的关系等问题，以此作为弗洛姆整个爱的伦理体系研究的终点。

最后，在结语部分，我们将对弗洛姆爱的伦理思想研究做一个简单的总结和评价，并对未来弗洛姆思想的研究展望进行必要的阐述。

第二章　弗洛姆构建爱的伦理思想的逻辑起点

我们认为，弗洛姆是以他对"人性异化"的批判为起点来建构自身爱的伦理体系的。但是，要深刻、透彻地理解弗洛姆的"人性异化"论不是一件容易的事情，因为他已经完全超出传统的人性论来谈人性。在传统人性论中，常常借助于人性的善恶假设来进行论证。而弗洛姆的人性论首先看到的是存在于人性中的固有的"生存矛盾"。因此，他的人性论立足于人的"生存矛盾"，他将这一矛盾分为三种类型：（1）生与死的矛盾；（2）人的内在潜能和实现的矛盾，或者说，理想与现实的矛盾；（3）发展个性与孤独感的矛盾，或者说，人的个体性与群体性之间的矛盾。其中第（1）、第（2）种矛盾在此生是无法解决的，在人的有生之年有望解决的矛盾是第（3）种，因而人性的矛盾其实集中体现在如何既发展了自身的个性，又克服了存的孤独感，也即实现人之个体性与群体性的和谐统一。与传统人性论相比，弗洛姆的人性论的另一个特点是他不将人性看作静止不变的状态。换句话说，在弗洛姆这里，人性不再是一个静止的、片面的假设，而是一个动态的、系统性的和结构性的综合体。总之，在弗洛姆看来，人性既拥有生物性的一面，也拥有社会性的一面，人性就植根于复杂的生物性和社会性的综合。因而，弗洛姆从一开始就是从这两个方面来分析人，这是他构建其爱的伦理思想的逻辑起点。

既然弗洛姆承认了人性是生物性与社会性的统一，也即承认了人性中人与社会的双重作用。那么，人与社会之间到底是什么样的关系？人性在其本质上是由社会文化环境所决定的，还是不完全如此？实际上，在弗洛姆那里，他首先承认人性从来都不是完善的，而人一生的目的就是努力使自己的人性趋于完善。而这单靠个人的努力是不行的，人性的完善还需要其他的必要条件，如健全的社会。如果社会不能提供给人性完善以必要的条件，不能提供给个体发展以创造性、爱为特点的"生产性性格"的环境，那么，人性的完善也将是一件"天方夜谭的事情"，这在实际上是承认了人与社会的互动关系在人性形成过程中的重要性。因此，弗洛姆正是基于对人性、社会及其关系的思考来建构其爱的伦理体系的。在上文中，我们已经简单地阐述了弗洛姆的"异化""社会性格"等概念。在这一章里面，我们将进一步深入地探讨弗洛姆所提出的人性概念、人性的异化、社会的异化、人与社会的互动关系及其在人性形成过程中的关键作用等，以作为我们理解弗洛姆爱的伦理思想的起点。

一 人性的异化

在第一章中，我们已经分析了弗洛姆"异化"一词的内涵。他的"异化"概念有别于费尔巴哈、马克思等人提出的"异化"概念。在这一章中，我们进一步详细地探讨弗洛姆的人性概念，人性的异化及其表现，人性异化产生的原因等，以更好地理解弗洛姆所提出的"人性异化"论。

（一）人性的概念

什么是人性？这似乎是每一个哲学家都不能回避的问题。弗洛姆从一开始就抛弃了传统人性论中关于人性善恶的假设。他认为，人性就植根于人生存的矛盾之中。因而要彻底地了解人性，就必须先正视人之"生存矛盾"。弗洛姆也否定了弗洛伊德把人性归结为人的生物本能的做法，他认为，在弗洛伊德的人性论中，人是遵循"力比多"的生物本能来行事的，并把人的生物性满足当作人的本质的实现。但"力比多"所遵循的快乐原则与社会的道德规范是背道而驰的，人常常压抑了自己的性本能而屈从于社会的道德原则。因此，弗洛伊德认为社会历史的进步是以压抑人的本能为前提的，从而把人的发展和社会的发展对立起来。在人性问题上，弗洛姆赞同马克思对弗洛伊德人性论的批判。马克思将人性看作人的潜能的实现，它直接体现为自觉的、创造性的劳动，正是在自由、自觉的劳动过程中，人的潜能得以实现。同时，弗洛姆也接受马克思关于人与环

第二章　弗洛姆构建爱的伦理思想的逻辑起点

境关系的观点。弗洛姆认为，人通常是在其生存矛盾和其生存需要的驱使下，不仅要在客观性原则的支配下来适应世界，而且要按照自己的本性法则改造世界。因此，弗洛姆的人性论包括两个层面：其一是肯定人的生物性存在；其二是强调人对其生物性的超越和改造。

在以上认识的基础上，弗洛姆展开了自身对于人性的解读。在他看来，只有深刻地认识了人之本性，找到符合人性需要的生存方式，才能更有效地展开对社会的批判，为社会确立更为优良的人本主义价值尺度。在人性论的问题上，弗洛姆既反对一成不变的绝对主义人性观，也反对变幻无常、无根无据的相对主义人性观。在他看来，人性是一个复杂的概念，无论是绝对主义的僵死概念，还是相对主义的单纯概念，都不能更好地解释人性。因此，弗洛姆试图结合弗洛伊德生物学意义上的人性论和马克思社会学意义上的人性论，形成自身动静结合、内外相辅的人性观。

那么，人性与人的生存之间到底存在何种关联呢？在弗洛姆看来，人在这个世界上生存，既有其适应性，也有其超越性和创造性。而在这二者之间，弗洛姆试图凸显的是人的超越性和创造性。如他所描述的："尽管无恒常不变的人性，但我们也不能因此而认为人性是可以无限延伸的，能够不用发展自己的一种心理动力即可适应任何环境。人性固然是社会历史进化的产物，但也有某些与生俱来的机制和规则。"[①] 在另一本书里面，他这样说道："人并不是一张可任文化书写的白纸，他是一个充满能量并以特殊方式构成的实体，当他使自己适应外部条件的时候，同时又以特殊的和可确定的方式来反抗它们。"[②] 因而，弗洛姆所说的人性的动态性，不是说人性是随时变动不居的，而是指人性与人的生存斗争息息相关，是人在生存斗争中所体现的主动性。也就是说，人性既体现为对一定社会历史文化环境的适应，又体现为对不再适应自身发展的社会历史文化环境的主动改造。而这正是弗洛姆所提出的人性论中的亮点，即承认人自身在人性发展过程中的根本性作用。

---

① ［美］埃希里·弗洛姆：《逃避自由》，刘林海译，国际文化出版公司2002年版，第9页。
② ［美］埃希里·弗洛姆：《自为的人》，万俊人等译，国际文化出版公司1988年版，第19页。

那么人的生存状况如何？在弗洛姆看来，人的生存与动物的生存是截然不同的。动物完全靠本能生活在自然之中，为了使自己能够存活，动物必须不停地改变自己以适应外在的环境，不然就会濒临灭绝。因而在本能机制方面，动物越高级，其本能就越退化。然而，从本能机制来说，人的生存本能是最弱的，所以人类需要超越这一生存缺陷。这一超越使得人产生了自我意识，正是自我意识让人认识到自身异于他者的存在。与此同时，人类也发展了自我的理性和想象力等。这样，人处在了一个与生俱来、无时不在的"生存矛盾"之中，弗洛姆称之为"存在的两分性"，也有人将其翻译为"存在的矛盾性"或"人生的两歧"。这是一种植根于人性永远不能消除的生存矛盾，弗洛姆将其划分为三种类型。

首先，生与死的矛盾，这是人的"最基本的存在两分性"。生与死是人存在的两种最基本的样态，二者之间的对立是人的生存矛盾中最根本的矛盾。人的自我意识和理性让其认识到自身生命、能力及存在的有限性等，认识到自身死亡的结局，认识到生之偶然性和死之必然性。但面对同样的结局，不同的人有不同的选择：有的人选择对死亡避而不谈；有的人认为死亡是无法体会的，是"外在于生活经验的"，因而没有必要谈论；对于某些人而言，对生与死的理解仅限于过去的诞生和死亡的结局，除此之外，便无所作为。如弗洛姆评价的："人已经试图用各种意识形态，比如基督教的不朽概念，来否认这种'生与死'的两分性，基督教通过设定一种不朽的灵魂，否定人终有一死这一悲剧性的事实。"[①] 因而，人类试图通过各种途径来解决生与死之间的矛盾，但其结局却不容乐观。弗洛姆也承认，生与死之矛盾作为人之存在的根本性矛盾，是作为个体存在的人之有限的生命里所无法解决的，这是不得不接受的事实。因而，在人之生存矛盾中，弗洛姆并没有着手谈论生死问题。

其次，人的内在潜能与实现的矛盾。每个人都希望自身的潜能得到充分的发展，但生命的有限性决定了人无法实现这一理想，因而就产生了另一对生存矛盾：理想与现实之矛盾。弗洛姆这样描述道："人终有一死，这导致了另一种两分性，一方面，每个人的存在都享受人的全部潜能；另

---

① ［美］埃希里·弗洛姆：《自为的人》，万俊人等译，国际文化出版公司1988年版，第36—37页。

第二章　弗洛姆构建爱的伦理思想的逻辑起点

一方面,他短暂的生命又不允许他实现这些潜能,哪怕是在最为有利的环境下。"① 因为人生命的有限性,人注定不能实现其全部的潜能。因此在解决这一生存矛盾之时,人也倾向于否认或调和。一般来说,他们竭力创造出各种思想体系和价值观念,在最大限度地实现个人潜能的情况下,提升自身的生命价值。或者,将个人融入国家、民族等共同体当中,来赋予个人的发展、自由和幸福以全新价值。在弗洛姆看来,这一"生存矛盾"如同生与死之矛盾一样,在作为个体的人的有生之年是无法解决的。

最后,人之个性与孤独感的矛盾。每个人在出生之前所拥有的本性都是一样的,但出生之后,每一个个体所发展的自我意识、理性和他所具有的特质等,把他与其他存在区别开来,而成为一个独一无二的个体。如弗洛姆所描述的:"人是孤立的,同时又是与他人联系的。他之所以是孤立的,是由于他是一个独一无二的实体,而不是由于他与任何其他人是同一的,而且因为他意识到他的自我是一个独立的实体。当他不得不单单依靠其独立的力量来作出判断或决定的时候,他必定是孤立的。然而,他又无法忍受孤立和与其同类的毫不相关。他感到他的幸福依赖于他和其同类的团结,依赖于与先辈和后代的休戚相关。"② 因此,人在发展自身个性的同时,其孤独感也油然而生。每当人的个性和独立性增强之时,意味着他对与自然、他人和社会的联系的更大程度的放弃,从而意味着其孤独感也越来越浓。然而,人的安全感又是从逃离这种孤独感中获得的。因而人处在极其的矛盾之中,一方面要脱离与自然、他人和社会的关系来发展自身的个性或独立性;另一方面又要克服因为孤独而产生的恐惧感,寻求与自然、他人和社会的联系,即发展自身的群体性。人的一生中充满了"个体性与群体性"这样的斗争和矛盾,而这两者在人之存在中又是不可或缺的。在弗洛姆看来,人之为人的根本就是不停地发展自我意识,完成自身个体性的独立、自由。但是,人之个体性的发展离不开人之群体性,因为作为个体的人只有在群体中才能生存,没有人是可以真正孤立于社会而存在的。正因为如此,人性的发展意味着在个体性与群体性之间取得和谐

---

① [美]埃希里·弗洛姆:《自为的人》,万俊人等译,国际文化出版公司1988年版,第37页。

② 同上。

统一。

　　在以上三种矛盾中,弗洛姆认为最为关键和突出的是第三种矛盾。因为前面两种矛盾几乎是人不能够解决的,是天生就有的矛盾。而第三种矛盾却是人为制造的,它可以在产生之时就被立刻解决,也可以在人发展的随后阶段予以解决。因此,人类应该避免将这一矛盾永恒化,而应该通过积极的作为将其解决掉。当然,弗洛姆也承认,在人类历史中,也有人消极地应对这一矛盾,选择顺应自然,而不是发挥自身的理性去赋予生命以应该有的意义。换句话说,人之个体性没有得到充分的发挥,而过分地强调人之群体性。在弗洛姆看来,这在其本质上,既阻碍了作为个体的人之发展,也阻碍了作为群体的人之发展。人之生的意义就在于既发展了自身的个体性,又发展了自身的群体性,实现二者的有机结合。

　　以上人性中所固有的"生存矛盾"引发了人去思考其不良后果并寻求解决方式,这便产生了人所共有的本质需要,而"对人的基本的社会需要的理解,是理解人类自身的基础"[①]。人性就体现在对人之生存需要的解决之中。弗洛姆将人之需要大致上分为两个层次,其一是保护肉体免受外侵和摧残的需要,弗洛姆称之为"自我保存需求",主要包括饥、渴、睡眠及性等生理需求。在弗洛姆看来,这种"自我保存的需求"是"人性的一部分,在任何情况下,都必须予以满足,从而它们构成人行为的首要动机",同时,这种需求又"都有一个限度,达不到限度,需求便得不到满足,便无法忍受;超过了限度,希望满足需求的倾向便具有一种强大的冲动"[②]。这是人的基本的生理需要。除此之外,人还有高层次的需要。这一高层次的需要体现为克服孤独和疯狂的心理需求,是一种在满足了基本的生理需求之后寻求与外界相联系的精神需要。这样的高层次需要又可以分为五个类别:关联需要、超越需要、寻根需要、认同感需要以及定向需要。人要达到精神上的健全和幸福,需满足高层次的需要。在弗洛姆看来,人在面临"生存矛盾"时,要么前进,要么倒退。前进意味着不停地寻求满足人的高层次需要,发展人之自我意识和独立精神;后退

[①] [美]埃希里·弗洛姆:《精神分析的危机》,许俊达等译,国际文化出版公司1988年版,第5页。

[②] [美]埃希里·弗洛姆:《逃避自由》,刘林海译,国际文化出版公司2002年版,第11页。

则意味着局限于低层次的生理性需要，完全退缩到"共生性结合"状态（在下文中，我们将对此概念进行探讨）。在弗洛姆看来，前进才是人解决生存矛盾、满足生存需要应该有的方式，因为只有满足了高层次需要的人的存在，才是真正意义上的人。

而在以上五种生存需要中，每一种又可分为健康的或不健康的、生产性的和非生产性的两种。弗洛姆认为，如果一个社会处于健全的状态，那么身处这一社会中的人便会选择"生产性的需求"来满足自己。相反，在一个不健全的社会里，人们就倾向于不自觉地选择"非生产性需求"。因而社会对人性的发展具有双重作用：健全的社会起到促进作用，不健全的社会起到阻碍作用。判断一个社会是否健全可以根据人在其中所具有的独特价值。健全的社会应该能够充分地满足人的独特需要，促进人的精神健康发展，而不健全的社会反之。

在上文中，我们将弗洛姆的人性论详细地梳理了一遍。弗洛姆所刻画的人性与人的生存息息相关，体现在人为了克服与生俱来而又无时不在的"生存矛盾"以及满足自身需求的过程中。可以说，在人性养成的过程中，弗洛姆强调了健全社会的重要作用，而这恰恰体现了弗洛姆试图综合弗洛伊德的本能理论与马克思的社会学理论的宗旨。可以这么说，弗洛姆既看到了人的生物性的一面，也看到了人的社会性的一面。在人与生俱来的"生存矛盾"中，有人自身所无法克服的矛盾，也有人可以通过发展自身的理性和自我意识来克服的矛盾。而克服这一矛盾离不开人的高层次需求中的"生产性需求"。换句话说，人只有在健全的社会里，积极发展自身的"生产性需求"，以克服那些困扰人之生存的矛盾，才能发展出健康的人性。弗洛姆正是基于以上认识来建构他的整个爱的伦理体系。

（二）人性的异化及其表现

"人性异化"理论既是弗洛姆批判资本主义社会的起点，也是他构建其爱的伦理思想体系的逻辑起点。在上文中，我们已经分析了弗洛姆的"异化"概念。弗洛姆并没有认为"异化"是资本主义社会独有的，他提出，"异化"是人的本性，是与生俱来的，是人内在的一种属性。更确切地说，"异化"是人无法克服的"生存矛盾"衍生到社会领域而产生的必然结果。但异化现象在资本主义社会表现得尤为明显。在现代资本主义社会，其营造的社会历史文化环境与人的生存之间产生了巨大的隔阂，使人的本性惨遭"异化"，而其中受害最深的是工人阶级。弗洛姆总结出现代资本主义社会人性异化的种种表现，主要包括以下几个方面。

1. 人与自然之间关系的异化

在弗洛姆看来，人的生存离不开自然，人赖以生存的一切物质条件都来自自然，并且人是自然不可缺少的组成部分。因此，人与自然本身就是一体的，处于一种统一的状态。但人和动物的不同之处在于，除了自然性，他还必须超越自然性，成为自然的主宰。如弗洛姆所描述的："人的行为不受固定的先天本能决定，他不得不在内心权衡可能的行为模式，他开始思考：他改变了自己在大自然中的地位，从完全被动地消极适应变为积极的主动适应。他开始生产，他发明了工具，并在支配自然的过程中，离它越来越远。"① 这意味着人必须超越自身的自然性存在。但人与自然关系的异化并不表现在人试图超越自身的自然性，而表现在人类通过过度地征服自然、开发自然来实现自身的私利和贪欲。并且人在征服自然的过程中，破坏了大自然的平衡，也就是说，破坏了自身赖以生存的自然基础，并最终成为自然的奴隶。如弗洛姆所尽情批判的："尽管人们在统治自然方面已经达到了相当高的程度，但至今社会还是不能有效地控制它所创造的力量。……他用自己的双手创造出来的成果反而成了他的上帝。他似乎还被自我利益支配着，可实际上他的整个自我连同其具体的潜力，已成了服务于他双手创造的那台机器所要达到的目的的工具。"② 因此，人与自然关系的异化在其本质上体现为人把自然当作满足自身贪欲的手段，而不是将利用自然当作发展自身、改造自然的途径，从而最终既破坏了自然，也造成自身本性的异化，成为自身贪欲的奴隶。

2. 人与人之间关系的异化

人类过度的贪欲也造成了人与人之间关系的异化。在弗洛姆看来，现代资本主义社会中，人与人的关系集中体现为唯利是图。人与人之间只是相互利用的关系，彼此成为对方的手段，而不是体现为团结和友爱。如他

---

① ［美］埃希里·弗洛姆：《逃避自由》，刘林海译，国际文化出版公司2002年版，第23页。
② 同上书，第28页。

所描述的："人与人之间的关系已经丧失了那种坦率的、符合人性的特征，而是渗透着互相利用、互相操纵的精神。"① 人与人之间的关系异化集中体现为人际交往之中的市场性特征。也就是说，在整个社会里，人与人之间互动和交往仅仅是出于利益的需求或交换，而不是彼此有共同的兴趣或者价值观念。这不仅造成道德上的堕落，也造成情感上的冷漠。支配人与人之间关系的社会道德准则由市场规律来定。因而，人所关心的不是彼此都需要关心的社会公共问题，而是不断满足自身利益的个人成功问题，如弗洛姆所讲的："引起人们关心和焦虑的是生活中那些涉及个人的孤立因素，而不是那些与同胞相关的社会普遍问题。"② 人与人关系的异化最终也导致人与自身的分离，从表面上看，人与人之间因为利益达到了某种默契，而究其根本，人也不过是彼此成为对方的商品。这样的异化关系甚至延伸到两性关系之中，如弗洛姆所指出的："人们试图用相互间的性快乐代替较为深沉的爱情的极端努力。"③ 在两性关系上，彼此追求的是性快乐的交易，而不是更为深刻的爱情。缺乏爱情支撑的两性关系，彼此成为对方可以随时"结账"的临时店铺。

3. 人与社会关系的异化

人与社会的关系问题，最为集中地体现为个人的自由问题，而近代哲学家所集中探讨的就是这一问题。弗洛姆在其《逃避自由》《自为的人》等多本著作里非常详细地探讨了人的自由问题。当然，在人与社会的关系中，我们首先要发问的是，人在社会中的地位是怎样的？显然，人的生存是离不开社会的，因而人必须遵照一定的社会道德规范来约束自身的种种行为。但我们要思考的是，这种约束在多大程度上是合理的？人在社会中应该获得多大的自由度？在弗洛姆看来，现代资本主义社会并没有为人提供一个可供个体自由发展的社会模式，相反，它把人变成了只会按照一定社会的道德规范行事的、毫无主体性的"机器"。如他所描述的："个人就像大机器中的一个齿轮一样，其重要性决定于他的资本的多寡，……但

---

① ［美］埃希里·弗洛姆：《逃避自由》，刘林海译，国际文化出版公司 2002 年版，第 8 页。

② ［美］埃希里·弗洛姆：《健全的社会》，欧阳谦译，中国文联出版公司 1988 年版，第 132 页。

③ 同上书，第 130 页。

不管怎样，人总是一个服务于他自身之外的目标的齿轮。"① 在这样的社会模式中，人缺少安全感和归属感，社会就像一台大机器，而人的作用仅仅是大机器上的一个齿轮。没有了个人的追求和内在价值感，衡量个人价值的杠杆仅仅是他在追求经济利益的社会中拥有多少的财富，完全不考虑他作为人的本质如何。

弗洛姆从人与自然、人与人、人与社会的关系等多角度来分析现代资本主义社会中人性异化的表现，其最终目的是揭示资本主义社会对人性造成的压抑和摧残。换句话说，由于资本主义社会的市场特征，人与自然、人与人、人与社会的关系失去了平衡和它应该有的面目，产生了异化，使得人不是成为主宰自然和社会的主人，而是自然、社会及自己欲望的奴隶。人一方面积极努力地创造一切物质财富以满足自身的要求；另一方面又成为自己努力战果的牺牲品，这使人最终异化于真正的"自我"，失去了"自我"，无法在自身内部实现统一，最终产生人格的不健全，甚至精神分裂症。

正因为弗洛姆看到了人性的异化及其可能带来的严重危害，他试图构建全新的爱的伦理理论以解决这一问题。归根结底，人性的异化在其本质上体现为人无法成为自己的主人，失去了自身存在的内在价值，而仅仅成为能被外物役使的奴隶。因此，弗洛姆爱的伦理思想体系的宗旨就是为人类寻找一条切实可行的出路，以使得自身"不死在自己的刀下"。因而个体的主体性或价值成为弗洛姆理论的核心。或者，换句话说，在弗洛姆的众多著作里，他的核心目的就是给人的自我实现指明方向，以使得人人成为自己的主人。正是在这样的论调下，我们认为弗洛姆爱的伦理思想充满了浓重的人道主义气息，是名副其实的人道主义的伦理学。

（三）人性异化产生的原因及后果

在描述了人性异化的种种表现之后，弗洛姆也像其他的哲学家一样寻找人性异化产生的种种原因。对于19世纪的哲学家来说，探寻人性异化的原因是他们所热衷的议题。有的认为，人性异化源于政治自由的不充

---

① ［美］埃希里·弗洛姆：《逃避自由》，刘林海译，国际文化出版公司2002年版，第79页。

分；有的认为，人性异化源于一些人对另一些人的压榨；还有的认为，人性异化源于人的道德低劣、精神生活的空虚无聊。弗洛姆认为，以上观点都是片面的，并没有揭示出人性异化产生的真正原因。而产生人性异化的真正原因在于两个方面。

其一，人之难以克服的生存矛盾。在上文中，我们已经详细地分析了弗洛姆关于人之生存矛盾的种种表现：生与死的矛盾；人的潜能和实现的矛盾；个性与孤独感之间的矛盾。这些生存矛盾从一开始就植根于人性之中，也就是说，人从一生下来就处在生存的矛盾之中不可自拔，这是人之本性。因此，人性的异化有其必然性，它不是资本主义社会的独有现象，任何一个社会都有异化现象，只不过它在现代资本主义社会表现得尤为明显。受生存矛盾的影响，人总是在现实和理想之间挣扎。一方面，人生命的有限性决定了人无法实现自己的全部潜能；另一方面，人又竭尽全力地以各种形式与现实进行反抗和斗争。因而，出现了人的异化。

其二，现代不合理的社会结构。在弗洛姆看来，造成人性异化的客观原因在于社会不合理的结构，尤其是社会不合理的经济制度。资本主义社会的经济制度使得人失去信心，没有战胜困难的斗志。在这种制度面前，人显得懦弱。人不是社会经济制度的主宰者，相反成为它的附属物。资本主义市场经济制度下，一切都成为商品，包括人。人习惯于将自己等同于商品来衡量自身的价值，他们没有成就感，失去了原创性和主体性。并且，由于人过于沉溺于物质上的满足，而忽略了精神上的健康。追求财富、金钱和利益，享乐主义和利己主义盛行，社会制造了一大群以最大限度地追求个人利益、最大可能地拥有财富为人生目标的个体，个体的自我意识、独立意识和理性逐渐消亡。

在分析了人性异化的主要原因之后，弗洛姆又不无担忧地总结了人性异化可能给社会带来的严重后果，即社会整体的异化状态，包括以下几个方面。

1. 劳动的异化

根据马克思的理论，人的本质是在社会生产劳动过程中形成的，"异化"主要是指劳动的异化。弗洛姆赞成这一理论，他深刻地揭示出，在现代资本主义社会，劳动也产生严重的异化。劳动不再是个体实现自我的创造性劳动，而成了一种社会强制和责任。资本主义社会生产过程的真正的目的是制造最大最多的利润,而不是为了极大限度地满足人们的物质文化需求。在社会生产过程异化的过程中,工人所受到的人性摧残最大。工人的工作变得越来越单调,不需要积极的思维,没有任何积极性和创造性,仅仅成为高度机械化的社会大生产机器中的一个螺丝或齿轮,他们在心理和精神上得不到任何保护和安抚。弗洛姆引用吉力斯皮的话这样描述:"在工业中,人变成了一个随着原子管理的步调跳舞的经济原子。你的位置就在这儿,你将以这种方式坐着,你的双臂将在以 Y 为半径的范围内移动 X 英寸,你的运动时间将以毫秒计。由于计划者、微观行为研究者和科学管理者更多地剥夺了工人的思考和自由行动的权利,工作变得越来越具有重复性和机械性,生命的活力被扼杀;人的控制的需求、创造性、好奇心、独立思考都被阻止。这样做,不可避免的结果就是,工人们的逃避或反抗,以及冷漠或毁灭,精神上的退却。"[①] 在劳动异化的过程中,人成为自己亲手制造的物的奴隶,人们不再关注自身的价值和意义,整个社会都在为了物质财富而竞争和相互残杀,导致整体的情感冷漠和道德沦丧。

2. 消费行为的异化

在追求生产物质财富的同时,人类的另一个目的就是消费。弗洛姆在阐述了劳动的异化之后,便犀利地揭示了资本主义社会消费异化的种种表现,"高生产和高消费处处成了最终目的"[②]。在弗洛姆看来,消费的目的应该是满足人的需要。但在现代资本主义社会,人们消费不是因为缺少某种商品而去购买,而是为了满足自身的占有欲。消费行为本身包含了个人的理性、喜好和品位,但现代资本主义社会的消费已经丧失了它应该有的目的。它不再体现个体的理性和价值观念,而仅仅成为满足个体贪欲的手段。因此,消费不是为了满足个体的需要这一目的,而是为了满足个体贪欲的手段。

人性在消费的过程中也产生了异化,以满足占有欲为目的的消费行为使得人处于永远也无法满足的状态下。在此情况下,人的休闲活动与娱乐也成了一种异化了的消费活动,"人们在享用球赛、电影、电视、报刊、

[①] [美]埃希里·弗洛姆:《健全的社会》,王大庆等译,国际文化出版公司2007年版,第108—109页。

[②] [美]埃希里·弗洛姆:《在幻想锁链的彼岸》,张燕译,湖南人民出版社1986年版,第174页。

书籍、演说、自然景色和社会聚会，就像消费买来的商品一样，只是想要尽可能多地享受和占有文化，不能积极参与，自由享受"①。因而休闲和娱乐不是为了享受自身的快乐，而是为了将其当作商品消费，其价值也由消费过程中的价格来衡量。"在这种异化形式的快乐中，没有什么在我的体内发生，我只是消费了这个或那个东西，我也没有什么变化，唯一留下的只有我做了这件事的回忆。"②

整个社会鼓动人们盲目地消费，导致人们为了自身的占有欲和贪欲去消费，而不是在消费的过程中满足自身的需求并进行创造性的活动。人的理性、自我意识和爱的潜能等都得到了抑制，这种消费行为不仅为他们带来了不必要的经济开销，并且使得他们的人格产生了异化。如弗洛姆所指出的："这种消费趋势除了经济上的浪费之外，还使得消费者不尊重劳动和人创造的成果，使得消费者忘记了在他自己的国家和更穷的国家中，还有许多贫穷的人，对这些穷人来说，他所浪费的东西可能是最宝贵的。"③因而消费异化也使得人失去了应有的对劳动者的尊重、同情心和分享劳动成果的乐趣，他们仅仅是为了满足自身的占有欲而存在，是极端个人主义和利己主义的，而不是为了与社会同类一起分享与进步。

3. 政治生活的异化

在弗洛姆看来，现代资本主义社会的政治异化最明显地表现为形式民主，而非实质民主，是一种"空壳化"的政治生活。这种政治生活不在乎其内容有无，只在乎其形式是否完备，最典型的形式就是西方式的选举政治。在弗洛姆看来，民主选举虽然是一种不错的政治形式，但在异化了的社会是行不通的，相反，异化了的社会中的民主更加促进了社会总体的异化。他找到很多例证来说明这一政治上的异化，比如，选举中选民们的意愿，民主意味着选民能够通过这样的渠道自由地表达自己的意愿和喜好，但实际上，异化社会里的个人连基本的信念和愿望都没有，又谈何自由地表达？如弗洛姆所阐述的："如果民主意味着是个人表示自己的信念

---

① [美]埃希里·弗洛姆：《健全的社会》，王大庆等译，国际文化出版公司2007年版，第118页。

② [美]埃希里·弗洛姆：《健全的社会》，蒋重跃等译，国际文化出版公司2003年版，第119页。

③ Fromm E., *The Sane Sciety*, New York: Holt, Rinehart & Winston 1955.

和表明自己的愿望,那么前提就是他有信念,他有愿望。然而,实际情况是现代异化的人有意见和偏见,但没有信念;有爱憎心,但无愿望。他的观点和偏见、爱憎,同他的爱好一样,是由强大的宣传机器来操纵的——因为广告和他的整个异化的生活方式使他受到了这样的影响,不然强大的宣传机器也不会对他有影响的。"①

因此,所谓的政治民主仅仅是一种形式,因为缺乏个人信念和愿望,普通选民在选举的过程中无法表现出健康的理智判断,而只是被一些报纸上的数字和抽象概念牵着鼻子走。并且,弗洛姆指出,多数表决权更是促进了政治异化的发展,他说:"在我们这个强调一致性的年代里,民主的方式越发表现出这样的意味,多数人的必然是正确的,而且在道义上优于少数人的决定,因此在道义上就应当将它的意愿强加于少数人。"② 在这一观念的指导下,民主选举在实质上成了拉选票的过程。政治官僚们为了达到自己的目的,不得不在某种程度上去关注选民们的意愿,这无疑会造成选举目的的歪曲,无论政治官僚们是怀着何种目的参加选举,最终都要把自己的意志让给其实没有任何信念和愿望的选民。因此,民主投票在其根本上是异化的,真正的决策也不可能在大众选举气氛中制定出来。

4. 社会文化生活的异化

在弗洛姆看来,与政治异化如影随形的是民众社会文化生活的异化。一定的政治措施可以促进或阻碍一些价值或理想的实现,但人类精神上的健全,依赖健全的社会文化生活。然而现实是:"那些重要的宗教体系和重要的伦理体系往往是彼此攻讦,强调各自的区别,而不强调它们的相同之处,这是因为那些创立了教会、封建等级制度和政治组织的人的影响所致,而他们的活动又是基于思想家所奠定的简单的真理。"③ 这导致人们思想的异化,造成人们在理论和实践上的脱节,人们只是接受社会传授的知识,而没有形成个体独立思考的精神,从而也无法产生健康的文化。因为一个社会的文化既是人们创造出来的,又是人们用来教育和传承后代的。一个社会的文化生活应该是怎样的呢?弗洛姆提出,无论是社会文化

---

① [美]埃希里·弗洛姆:《健全的社会》,蒋重跃等译,国际文化出版公司2003年版,第289页。
② 同上书,第290页。
③ 同上书,第293页。

生活还是教育，都要力图使人们能够充分地发挥自身的主体性，真正地把握世界，使得心身统一，从而达到与世界的统一，这才是真正的健康的社会文化，如他所说的："如果人把握了世界，进而利用思维将自己和世界统一起来，那么他就创造出了哲学、神学、神话和科学。如果人利用他的感觉来表达他对世界的把握情况，那么他就创造出了艺术和礼仪，或者歌曲、舞蹈、戏剧、绘画和雕刻。"①

社会文化生活的目的不是传授人们知识性的东西，而是通过文化教育将人内在的东西启迪出来。在弗洛姆看来，一个人光有知识是不够的，有知识的人能把工作做好，能过得体面、诚实，不会为自己的未知生活而担心。尽管这样，不代表他内心得到满足。人要在内心达到满足的状态必须能够利用他自己的大脑、利用他自己的全部意识活动去把握世界。

二　人性与社会的关系

注重人性与社会的互动，可以说是弗洛姆爱的伦理思想体系的基本出发点。他试图结合弗洛伊德的生物学人性论和马克思的社会学人性论，并将心理学的研究方法纳入伦理学的研究中。也就是试图既从宏观的角度理解人性，也要从微观的角度理解人性。那么，在弗洛姆的视界里，人性与社会到底是一种怎样的关系？总的来看，弗洛姆肯定社会对人性的重要作用，但不把这种决定性的作用夸大，他一方面肯定社会环境对人性的重要作用；另一方面重在彰显人的主体性。在总体上，弗洛姆更注重人的主体性或主观能动性，更注重人是否能够发挥自身的主观能动性来改造世界，并且在改造世界的过程中达到自我人性的完善。因而人性与社会是相辅相成、相互促进的关系。一方面，人性的完善依赖良好的社会环境或结构；另一方面，人性的完善又能促进社会的良性发展。因此，二者之间的互动关系无论是对人性的完善，还是对社会的发展都具有至关重要的作用。只有二者达到和谐、平衡的关系，社会才能进步。下面我们将详细地分析二者之间的关系及互动作用。

---

①　[美]埃希里·弗洛姆：《健全的社会》，蒋重跃等译，国际文化出版公司2003年版，第296页。

(一) 社会对人性的决定性作用

在社会与人性的关系问题上，弗洛姆的基本论调是社会环境对于人性的完善具有决定性作用。在他看来，个体的人性是否完善，要看他的需要在多大程度上被所处的社会满足，要看他以什么样的方式与他人、世界联系起来。因而考察人性健康状况的时候，必须与所处的社会状况联系起来，这其实在根本上避免了过分地夸大人自身的作用。因此，对他来说，要分析人性如何完善，先需要分析如何完善社会。

在社会和人的关系中，社会应该不断地调整自身来满足人的发展和适应人的生存，使人生活在这个社会上感到真正的幸福。弗洛姆的这一观点可以说大大地背离了传统的思想。在传统文化和哲学中，一贯都是过分地强调人自身的发展、自身德性或力量的完满。但是，弗洛姆却不把这种个体自身的完善当作孤立的事物来看待。他一方面看到了人拥有发展自身的本能，人天生就有向往精神愉悦、身心充实、富有创造性等发展自身的内在力量源泉；另一方面，他又试图论证，如果不具备充分的外在条件，那么人的内在发展力量就会受挫，或者变得畸形、受压抑，甚至消失得无影无踪。

在论证了社会对人性的决定性之后，弗洛姆对西方社会的诟病进行了严厉的剖析，而这一理论也是他思想理论中极其标新立异的一点，可能跟他长期从事临床精神分析的经历有关。他的基本论调是，很多人其实是精神上健康的人，是病态的社会导致精神上健康的人看起来"不健康"。而实际上，不健康的是社会，而不是人。正是病态的社会使得那些其实在精神上健康的人"不健康"，而那些看起来适应不健康社会的"健康人"才是真正的不健康。在他看来，大多数心理学家想当然地认可自身所处的社会状态或结构，也就是说，想当然地认为社会是健康的，不存在任何问题。在此基调下分析人的精神健康，自然而然地将那些不适应社会的人或跟社会不合拍的人定义为"病人"或者没有存在价值的不健康者，相反，那些适应社会、与社会合拍的人定义为更有价值的存在。

实际情况是怎样的呢？弗洛姆进行了细致深入的分析，他认为："如果我们区分常态和精神病症两个概念，就会得出如下结论：一个所谓能适应社会的正常人远不如一个所谓人类价值角度意义上的精神病患者健康。

前者很好地适应社会,其代价是放弃自我,以便成为别人期望的样子。所有真正的个体性与自发可能都丧失了。"① 与此相反的是,那些所谓的精神病患者可能是那些在与自我的斗争中不准备彻底投降的人。从人类的价值角度看,这样的精神病患者比起那些看似精神健康的人要更为健全些。正如弗洛姆所继续描述的:"对于我们而言,精神病患者的污名似乎缺乏根据,只有从社会功能的角度来衡量它才成立。"② 因此,在弗洛姆的视角下,往往那些在世人看来病得很厉害的人,恰恰是精神上最正常、最健康的人。"在病人的身上,我们能看到某种属于人性的东西尚没有被压抑到无法与诸种文化模式相对应的程度……但是许多正常的人们只知道适应外界的需要,身上连一点自己的东西都没有,异化到变成了一件工具,一个机器人的程度,以至于感觉不到任何对立了。他们真正的感情、爱、恨都因为被压抑而枯萎了。"③

显然,弗洛姆想要证明的是,在一个异化了的社会里,衡量人的价值尺度也产生了异化。因为,社会常常为人类制定各种各样的价值尺度,而人类仅仅按照社会的价值尺度来成就自身,无视人自身内在的需求。正因为如此,人类越来越热衷于经济和技术的进步,越来越追求那些实质上对人类毫无半点益处相反却有害的东西。为了使众人更清楚地明了他所说的这个道理,弗洛姆专门打了一个比方,在纳粹制度下,一个性虐待狂是不会受到任何影响的;相反,那些天真可爱的人却不怎么适应。同样地,在当今资本主义这个异化的社会里,那些薄情寡义的人,比起那些重情重义的人更能适应这种变态的技术社会。而那些越是不能发挥自己社会功能的人却越是真正意义上的健康的人。因此,当社会本身与人性的发展相背离的时候,人性越是显得完满,越能说明人性的病态。只有当人自身的理性和爱的能力,发展到他能够"按照人道的方式来体验自然界和社会时,他才会感到自在、安全,才能成为自己生命的主人"④。

---

① [美]埃希里·弗洛姆:《逃避自由》,刘林海译,国际文化出版公司2002年版,第99页。
② 同上。
③ [美]埃希里·弗洛姆:《健全的社会》,王大庆等译,国际文化出版公司2007年版,第67页。
④ 同上书,第61页。

在确定了社会对人性的决定性作用这一基本的论调之后，弗洛姆极力地揭露现代资本主义社会种种非人道主义的本质。他所要揭示的不仅仅是资本主义制度的不合理性，更是现代资本主义制度对人性造成的压抑和摧残。我们可以说，弗洛姆对社会与人性的剖析与批判，在当时具有非常重要的时代感和现实感。总之，弗洛姆的主要观点在于阐明，我们不能以人是否适应社会的发展来定义精神健康，而是以社会是否能够促进人的健康发展来定义。因此，他在根本上是这样来规定社会与人的关系以及社会与人的健康的，他说："一个人是否精神健全，从根本上讲，并不是个人的私事，而是取决于他所处的社会结构。健全社会能拓展人所具有的爱人的能力，能促进他创造性地工作，发展他的理性和客观性，以及使其具有基于自己的生产性经验的自我统一性。"同样地，社会健康与否也要看它是否能够正确地发挥自己的功能，促进人性的健康发展，如弗洛姆继续阐述的，"社会具有两种功能：它可以促进人健康的发展，也可以阻碍人的进步。实际上，大多数社会都具备这两种功能，问题是，社会对人的积极和消极影响的程度和方向怎样"。[①]

（二）人性对社会的反作用

在上文中，我们分析了弗洛姆的社会对于人性完善的决定性作用，但是，这不等于承认弗洛姆的理论是社会决定论。实际上，弗洛姆研究核心还是在人性，即通过人性的完善来实现健全的社会。参见弗洛姆的著作：《逃避自由》（1941年）、《为自己的人》（1947年）、《精神分析与伦理学》（1954年）、《健全的社会》（1955年）、《爱的艺术》（1956年）、《在幻想锁链的彼岸》（1963年）、《人之心》（1964年）、《社会主义的人道主义》（1965年）、《占有还是存在》（1976年），我们不难发现的是，弗洛姆无时不是从人与社会的相互作用中去揭示人性的本质的，他的最终落脚点还是在于人性的完善，健全的人性才是健全社会的最终目标。

既然健全的社会对于人性具有决定性作用，那么，怎样才能拥有健全的社会呢？在弗洛姆看来，社会是人的社会，因此，最终健全的社会仍然

[①] [美] 埃希里·弗洛姆：《健全的社会》，王大庆等译，国际文化出版公司2007年版，第67页。

要落实到人。如果整个社会的人都是病态的，那又如何谈健全的社会呢？弗洛姆的独到之处是提出"社会性格"这一概念来剖析社会结构。在他看来，社会也如人一样，拥有自己的性格结构。在现代西方资本主义社会中，造成人性不健康的根本原因还是在于其不健康的社会性格结构。在弗洛姆看来，与马克思的劳动异化理论比较，社会性格结构的异化是更为深层次的异化。因此，他坚信，要改变整个西方社会，需从"社会性格"入手。

在上文中，我们已经分析了弗洛姆所提出的"社会性格"概念。弗洛姆提出这一概念的最终目的是弥补马克思主义理论的不足。在他看来，马克思虽然提出了经济基础决定上层建筑，上层建筑对经济基础具有反作用，但是二者之间到底是如何起作用的，马克思并没有能够论证完善。所以，弗洛姆提出"社会性格"这一概念来解释外在的社会结构与其社会成员到底是如何相互作用的。如他所说："一个社会的经济结构造就其成员的社会性格，使其想去做他们应该做的事情。同时，社会的性格也影响社会的经济结构，一般情况下，它起到一种凝固剂的作用，赋予社会制度更多的稳定性。但在特殊情况下，它也是炸药，会炸毁这种社会制度。"①因此，"社会性格"恰恰是我们理解人性对社会反作用的关键。

在弗洛姆看来，社会性格之所以这么重要，是由它特殊的社会功能所决定的。在一个特定的历史时期，社会结构是稳定不变的，但是在整个人类历史的长河中，却是不断发展变化的。每一个社会成员都必须遵照现存的社会制度的要求活动，这样社会才能运行下去。社会性格的功能就是使社会成员无意识地选定社会模式而行动，也就是说，社会成员自觉地按照社会性格所塑造的社会模式行动。这样，社会成员的行为就与社会的文化价值观保持高度的一致。在现代资本主义工业社会中，社会性格必须内化为人们守时守纪的内在模式。社会性格在不同的时代里具有不同的模式，比如，19世纪主要的社会性格表现为"压榨倾向"和"积累倾向"，而20世纪主要表现为"市场倾向"和"接受倾向"。

由上可见，弗洛姆的"社会性格"概念在其本质上是将社会学与心

---

① ［美］埃希里·弗洛姆：《占有还是生存》，关山译，生活·读书·新知三联书店1988年版，第141—142页。

理学的东西结合起来的研究方法，这与他的致思路线是一致的。弗洛姆的理论在其根本上是为了将马克思主义的社会学理论与弗洛伊德的心理学理论完美地结合起来。在马克思主义的理论中，弗洛姆认为其最大的缺点在于马克思虽提出了社会的经济基础决定上层建筑，上层建筑反过来作用于经济基础，但是，它们二者是如何决定，又是如何反作用的，马克思却没有证明清楚。而弗洛姆坚定地认为，马克思主义的这一理论不足，可以从心理学研究中找到答案。同时，马克思的理论也可以弥补心理学理论的不足，因此，二者之间是相互补充的关系。在这一论调下，弗洛姆的"社会性格"首先发挥的是连接社会的经济基础和上层建筑的纽带作用。

毫无疑问，"社会性格"对于整个社会的发展以及个人的发展都是举足轻重的，如他所说："社会性格的功能是在一个确定的社会中塑造和引导人们的能量，使这个社会能够正常地运转。"[①] 总之，社会性格既是整个社会得以运行的黏合剂，也是个人行为符合一定社会模式的心理力量。社会中的每一个个体都需要受到社会性格的控制，从而使得自己的所作所为符合既定的社会模式。比如，在现代资本主义社会，人们必须严格地遵从社会统一规定的作息时间，以及各种规章制度和快节奏。总之，若社会是一台"大机器"，社会中的每一个人都是这台大机器中的一个"零件"，必须调整自己的行为，与大机器的节奏相吻合。可以说，社会性格把一定的社会规则和规范内化为人内在的能量，在这一方面，社会帮助个人完成了自我肯定性；而另一方面，社会又通过集中个人的能量来完成既定的任务，从而促进或推动社会向前运行。

但是，社会性格得以起作用的前提是社会的客观环境保持不变。一旦社会的客观环境发生了改变，原有的社会性格也将不再能够起到维持社会运行的作用，而变成社会的分裂因素。因此，社会性格只在一定的阶段起作用，当旧的社会性格不再发挥积极作用的时候，新的"社会性格"就会产生。社会性格是积极主动的东西，它是不依赖于他物而独立存在的，在一定的社会时期具有相应的社会功能，在社会的经济基础和上层建筑之间起着桥梁作用。这种作用是双面的，既可以是维护社会运行的积极作

---

① [美] 埃希里·弗洛姆：《健全的社会》，王大庆等译，国际文化出版公司2007年版，第73页。

用，也可以是瓦解社会的分崩力量。如弗洛姆所描述的："性格的功能变成了一种瓦解的因素，而不是通常的稳定因素。社会性格成了炸药，而不是通常的社会的研钵。"①

三 人自身的出路

在弗洛姆的视界里，人与社会的关系就像一张"网"，千丝万缕地交织在一起，而这张"网"在其根本上体现为"社会性格"。社会性格不是一成不变的，当旧的社会性格不再适应社会的发展之时，新的社会性格就会应运而生。那么，现代资本主义社会的性格是怎样的呢？和人性的异化一样，资本主义的社会性格也产生了严重的异化，弗洛姆接下来就严厉地剖析了资本主义社会性格的异化。在弗洛姆看来，异化的社会性格有一个根本的共同点就是个体的自我消失、缺乏主体性，社会个体不是成为自己的主人，相反成为一切外在物品的奴隶。

弗洛姆详细地分析了社会性格异化产生的原因：首先，源自不合理的社会结构。社会性格是独立存在的，不是人性中所固有的，它是特定的社会经济结构的产物，并且，会随着社会经济结构的变化而变化。现代资本主义社会的经济结构就是把人变成商品，人不再具有主导自身的主体性力量。其次，社会性格的异化的产生可以归为虚假的需要。人的需要是推动社会向前发展的根本动力，正是人性中的新需要促使新的社会性格的诞生。但在资本主义社会条件下，人们并不真正地清楚自身的内在需要，他们只意识到一些虚假的需要，因而人性的需要也被扭曲了。人们所需要的不是自身内在真正所需，而是通过不停地占有来满足那些本身不能促进人自身发展的无穷欲望。再次，社会性格异化的原因在于人们重占有的生存方式。在弗洛姆看来，"占有"和"存在"代表的是两种对立的生活方式，代表的是不同的生活态度和价值取向。那种想把一切人和物据为己有的"占有方式"，通常表现为占有财富、地位、名誉和肉体，等等。在重占有的生存方式里，人与人之间的关系体现为竞争、对抗和恐惧。相反，

---

① ［美］埃希里·弗洛姆：《占有还是生存》，关山译，生活·读书·新知三联书店1988年版，第141—142页。

"存在的方式"所追求的是爱、自我奉献、自我潜能的实现以及与外界自然连成一体。因而,"存在的方式"其主要特征表现为积极主动地去创造、去生存,充分地挖掘个体的聪明、能力和才干。

在弗洛姆看来,现代资本主义社会性格异化的后果是严重的,扭曲的社会性格给社会的发展造成了种种乱象。比如,出现于19世纪西方社会的恶性竞争、囤积、剥削、崇拜权威、侵略和个人主义等。在现代资本主义社会,市场成了主要的调节者,如弗洛姆所描述的:"每个人都相信他是在为了自身利益行动的时候,实际上他已经被市场和经济机器的无形律法所主宰了,个人资本家扩大他的企业,主要并不是因为他想这么做,而是因为他不得不这么做。因为经济规律在人的背后操纵着一切,迫使他做事而不给予他任何决策的自由。"[①] 人丧失了作为主人的尊严和价值,一切都被操控在一只"看不见的手里",个人是谈不上什么自由的。在市场的操纵和控制下,利润成了一切经济活动的目的。在这样的社会生产环境中,人的心理也产生了不同程度的扭曲,如弗洛姆所描述的:"人们的生产动机不是社会的有用性,也不是工作过程中所得到的满足感,而是投资中所获得的利润。"[②] 在这一异化心理的支配下,人的生产动机不是满足人与社会所需,而是不择手段地实现利益最大化,从而导致人与人之间的竞争和剥削变得异常的激烈和冷酷。

现代资本主义社会性格异化的另一个后果是物质上的繁荣、政治上的自由和精神的病态。在弗洛姆看来,资本主义社会发展到20世纪,取得了物质上的繁荣。即使是工人阶级,也已经拥有了大量的物质财富,早已经不是传统意义上的靠出卖自身的劳动力谋生的、一无所有的"无产阶级"了。另外,工人阶级的政治地位也有了极大的提高,随着平等协作精神的发展,人们趋向于不再服从于权威。从表面上看,20世纪的资本主义社会,确实有了较大的改善。由于物质财富的繁荣,极大地改善了人们的生存状况,人性尊严也在很大的程度上得到了提升。尽管如此,弗洛姆并不认为,人们可以被表面上的物质繁华遮蔽双眼,而看不到繁华下面

---

① [美]埃希里·弗洛姆:《健全的社会》,王大庆等译,国际文化出版公司2007年版,第79页。

② 同上书,第81页。

第二章　弗洛姆构建爱的伦理思想的逻辑起点

隐藏的实际社会问题。在他看来，高度发达的物质文明，不在于社会本身，而在于科学技术的进步。就社会本身而言，并没有真正地解放人性。人不过是因为科学技术的应用而变得比原来更加自由而有能力，但在其根本上，并不能说明人性的力量已经得到了发展，相反，人们比原来更加具有依赖性，成为技术的奴隶。因此，是一种精神上的病态。

最后，现代资本主义社会性格的异化还造成数字化和抽象化的社会怪象。在现代资本主义社会生产过程中，一切都可以被看作一个抽象化了的数字，无论是工作的报酬、金钱的收支，还是劳动分工，都具有抽象的性质。工人就像一架专门从事某一重复劳动的机器，根本不需要深入生产的全过程中，所有的人都只不过是大机器中的一个"齿轮"。这种数字化和抽象化严重地影响了人和物、人和人之间的关系，正如弗洛姆所描述的，一切物品包括人自身的价值都可以被抽象化为以金钱数字形式表达的交换价值，如"一支20美分的雪茄""一架300万美元的桥梁""一块5美元的手表"和"数百万美元的灾难"等，无一不可以用一个抽象的数字代替。人和物都失去了其应该有的具体性，"在这种疯狂的状态中，他思考、计算、抽象地忙碌，离具体的生活越来越远"[①]。在抽象化和数字化的肆虐下，人们感到更加的孤独、无助和忧虑，也就更加地失去了自我认同感。

面对社会性格异化的种种恶果，弗洛姆为现代资本主义社会开出了药方，那就是，要实现健全的社会，必须有健全的社会性格。健全的社会是由人组成的共同体，祛除病态的社会性格，培养拥有健全社会性格的人才是社会真正的出路。与病态社会性格相反，具有健全社会性格的人肯定个人的价值和尊严，富有理想和创造性，以独立、自主、自爱和爱人为主要特征。在弗洛姆看来，在现代资本主义社会，这种性格结构是很罕见的，他称之为"生产性性格"。在上文中，我们已经详细地介绍了弗洛姆所提出的"生产性性格"的主要内涵，在这里不再赘述。我们在这里要着重分析的是"生产性性格"产生的条件，以及"生产性性格"和"爱"的关系。而这两个问题是我们理解弗洛姆以爱为核心的伦理思想体系的关

---

① [美]埃希里·弗洛姆：《健全的社会》，王大庆等译，国际文化出版公司2007年版，第104页。

键。

在如何培养人的"生产性性格"问题上，弗洛姆不单单从心理学的角度来寻找出路，而且统观社会的政治、经济、文化和心理等方面，提出综合性的解决方案。在《健全的社会》一书中，弗洛姆较为详细地阐述了如何培养人的"生产性性格"，从而达到精神的健全。

首先，他批判了在他之前的所有思想家所提出的社会改良的一般方法。他认为，之前的思想家确实对19世纪的资本主义社会进行了猛烈的批判，如欧文和蒲鲁东、托尔斯泰和巴枯宁、杜尔凯姆和马克思、爱因斯坦和施韦策等人，他们从不同的角度思考工业制度中人的问题。虽然他们发现人在资本主义工业社会中失去了中心地位，成为实现经济目标的工具，人与他人、自然的关系越来越疏远，人们不再过着富有价值和意义的生活。但是他们在寻找产生资本主义社会病症的原因时却不一而足，很难达成一致的看法。在弗洛姆看来，他们要么把社会的灾难归结为政治自由的缺乏，尤其是普选权的缺乏；要么强调经济因素的重要性，如马克思主义；要么强调精神和道德的匮乏才是西方社会走向衰败的主要原因，如托尔斯泰和布克哈特等人；要么主张人的痛苦是由于过多地压抑人的本能，从而造成神经症现象，如弗洛伊德。凡此种种，在弗洛姆看来，"这种只分析一方面而排除其他方面的解释是不可靠的，因此是不足取的"[①]。在另一处，他又详细地批判了人们对现代资本主义所做出的种种改革失败的原因，他说：

> 只注重一个领域的变化而排除或忽视其他领域的变化，才不会产生整个变化。事实上，这似乎正是人类进步的最大障碍之一。基督教宣扬精神的更新，忽视社会制度的变化，而没有社会制度的变化，精神更新对大多数人是不起作用的；启蒙时代把独立判断和理性视为最高的准则，它宣扬政治平等，没有看到如果社会经济体制不同时发生根本变化，政治平等不可能实现人类的友爱；社会主义忽略了人的内在变化的必要性。没有这种内在的变化，经济变革是决不会产生

---

① [美]埃希里·弗洛姆：《健全的社会》，蒋重跃等译，国际文化出版公司2003年版，第227页。

第二章　弗洛姆构建爱的伦理思想的逻辑起点

"健全社会"的。过去两千年的每一次重大变革运动，都只注重生活的一个方面而忽略其他的方面，运动提出的改革和更新是彻底的，但其结果都是以失败而告终。……"孤独发展"的几千年的失败，应该是一个很有说服力的教训。①

因此，弗洛姆提出，要达至人类社会的精神健全，必须同时兼顾社会的工业和政治体制、精神和哲学倾向、性格结构以及文化活动等。正是在这样的基础上，他提出了社会的经济、政治和文化的一系列改革措施，作为人类健全之路的综合性改良方法。在《健全的社会》一书中，弗洛姆花费了较长的篇幅探讨社会的经济、政治和文化的转型，目的是为人的精神健全创造健康的环境。这些改革措施是细致的，但不是我们在这里所要阐述的重点。我们知道，弗洛姆强调社会对人性的决定性作用，但他最终还是强调人之能动性和创造性，所以，社会的经济、政治和文化的转型对于人性的改造来说还只是一个铺垫，要真正地实现人之精神健康，养成"生产性性格"，最终还是要依靠人自身内在力量的觉醒，而这一觉醒的根本特征表现为爱和理性。他这样描述精神健康的人：

> 精神健康的人，是富有创造力而未被异化了的人；他与世界建立友爱的联系，他利用自己的理性去客观地把握现实；他觉得自己是独一无二的单一的个体，同时又感到自己和他人是同一的；他不屈从于非理性的权威的摆布，而愿意接受良心和理性的或理智的控制；只要他活着，他就会不断地再生，他把生命的赋予看作是他所得到的最宝贵的机会。②

毫无疑问，高扬人自身的价值是弗洛姆理论的核心。在他看来，人之所以为人，就是他或她能够充分地运用自身的理性来主宰自己的命运，而不是任由他人摆布。尽管如此，弗洛姆反复强调健康的社会对于健康的人

---

① [美]埃希里·弗洛姆：《健全的社会》，蒋重跃等译，国际文化出版公司2003年版，第227—228页。

② 同上书，第230页。

的重要作用，那么，健康的社会又是怎样的呢？他写道：

> 在一个健康的社会中，任何一个人都不是另一个人实现目的的手段，而永远是他自己的目的；因此在这样的社会中，如果不是为了展示自己人性力量的话，不把别人当作手段，也不把自己当作手段；在这样的社会中，人是中心，而所有的政治经济活动都服从于人的发展这一目的。在健全的社会中，像贪婪、剥削、占有、自恋这样的品质，就不可能用来获得更大的物质财富，或来提高自己的名望。在这样的社会中，按着良心去行事，被看作是根本而必要的品质，……这种社会能促使人的团结，它不仅能够而且是促使社会的成员建立起友爱的关系；一个健全的社会能促进每个人工作中的生产积极性，激发人的理智的展现，并且使人能利用集体的艺术和仪式表示自己的内心需要。①

健康的社会其本质的特征就是能够满足人真正的所需，无论是外在的物质财富，还是人自身的内在品质，其根本目的在于促进人身的发展，真正地体现为人的本质所需，而不是人满足自身各种欲望的手段。

因此，弗洛姆爱的伦理思想的理论归宿最终落实为人自我意识的觉醒、爱的能力和理智思考。人就是依靠这些力量来驾驭自身，学会去爱，学会利用自身的理智去作出正确的决策，而不是沦为技术或机器的奴隶。在人与社会的关系中，虽然弗洛姆强调社会对于人性健康的重要作用，但最终起根本作用的还是人本身，因为社会是人的社会，社会的健康依靠社会中健康的个体组成。因此，人与社会的关系，最终要落到人与人之间的关系，而人与人之间的关系，最大的纽带便是爱。正因为如此，弗洛姆在早期的著作《自为的人》《逃避自由》里面主要阐述人性的困境，而随后的《健全的社会》和《爱的艺术》则主要阐述人与社会的关系、人与人之间的关系，而这恰恰是他的爱的伦理思想的精华所在。

当然，"爱"的思想和原则并不是弗洛姆的独创，在他之前的众多哲

---

① ［美］埃希里·弗洛姆：《健全的社会》，蒋重跃等译，国际文化出版公司2003年版，第231—232页。

学家中，已经有很多人提出"爱"的概念并阐述相关思想，比如恩培多克勒、基督教思想家等。但弗洛姆的"爱的理论"有其鲜明的独到之处，这也许是他的《爱的艺术》这本著作风靡全球的主要原因。当然，在这里我们着重要阐述的不是他这本书的重要性，而是弗洛姆所提出的用以处理人与人之间关系、从而达到人性健康的"爱"的思想。我们将在接下来的几章里面详细地阐述弗洛姆有关"爱"的理论、实践和成熟的爱的表现形式等内容，并对弗洛姆以爱为核心的爱的伦理思想体系作出述评。

第三章　弗洛姆爱的伦理思想的核心：爱的理论

在上文中，我们已经简单地分析了弗洛姆的"爱"之概念。总结起来，在表现形式上，它不局限于一种情感，也不局限于"爱的对象"，而是一种能力，只有具备"生产性性格"的人才具备这种能力。在个人之"爱"的问题上，它不仅仅指人的性爱，也不单指人的自爱；在人与人之间的爱的形式上，并不局限于母爱，也不仅仅指博爱，而是各种形式都包括在内的全方位的爱；在爱的本质上，不局限于从表面现象对"爱"做感性的理解，而是从本质上对"爱"做一个深层的、理性的把握。然而，作为弗洛姆爱的伦理思想的核心概念，我们不能仅仅局限于对"爱"做字义上的描述，我们需对其整个"爱"的理论体系进行详细的分析。

在弗洛姆看来，伦理学是一门生活艺术的"应用科学"，它的建立和发展"依赖作为理论科学的心理学"。在某种意义上，如果把伦理学视为人类自我认识的一种实践应用，那么，心理学就是人类自我认识最基本的组成部分，因而伦理学和心理学是不可分割的。在确定了弗洛姆的基本研究方法之后，现代学者们常常认为，弗洛姆所提出的"爱"其本质目的在于克服弗洛伊德心理理论的局限性。普遍认为，弗洛伊德是第一个用心理学方法揭示和理解人的"总体人格"，并具体解释人类道德现象的思想家，他为人类创造科学的爱的伦理理论探索了新的途径。但是，在弗洛姆看来，科学的人道主义的伦理学不仅要看到人本身的心理结构，而且还要了解人格或人的性格之心理的和文化的、个人的和社会历史的多重意义和动态发展。实际上，弗洛姆的爱的理论包含多重的意义，宗教的、心理的、哲学的等，他所阐述的爱的理论不局限于弥补弗洛伊德心理理论的不足之处，而是试图对西方哲学思想上"爱的学说"进行有效的总结。在其理论中，我们不难发现他所提出的"爱"的理论既充满了对犹太教神爱和黑格尔、费尔巴哈等人"爱的宗教"的批判，也充满了对弗洛伊德、马尔库塞等人道主义心理学家的批判，对马克思等人提出的"爱"的理论也进行了概括。

不可否认，在弗洛姆的"爱"的理论中，包含了对之前各种哲学中"爱"的理论的批判和概括，在此基础上，弗洛姆才提出自己的爱的理论。正是在这个意义上，我们认为，弗洛姆所提出的"爱"的理论，绝对不是针对否定或批判某一个哲学家而提出，他旨在对整个西方和东方某些宗教中"爱"的理论作出批判性的总结。因此，要全面深刻地理解弗洛姆"爱"的理论，我们不得不需要将其放在整个东西方哲学史中去解读，梳理清楚它们之间的因果关系。在这一章里面，我们将详细地阐述弗洛姆对当代西方爱的模式的批判，对爱的具体形式、爱与信仰的关系的阐述，以及弗洛姆自身有关爱的解读等内容。

一 对当代西方爱的模式的批判

弗洛姆爱的理论以他对现代资本主义社会爱的模式的批判为起点。如他所描述的："每一个社会文化和环境的特殊性都对生活在这个社会的人的性格和创造力产生深远的影响，因而也对他们的爱的能力乃至价值取向产生连带性影响。如果我们要接触到西方社会文化影响下的爱，……我斗胆说，凡是客观地接触过我们西方社会生活现状的人，都会很坚决地认为，诸如博爱、母爱和性爱等爱的形式在西方社会简直堪称'罕见现象'。为什么会这样说呢？因为许多虚假做作的爱的形式从根本上说已经标志着西方社会爱的模式正在走向没落。"[1]

在弗洛姆看来，现代西方资本主义社会的主要特征集中地表现为政治自由和市场经济。以市场为调节一切社会关系的基础，其结果就是把一切人和一切物都转化为价值，而这些价值根据市场的条件公平自愿地进行各种交易。相应地，人和物品的价值由交换价值来决定，比如一双鞋子，它

---

[1] [美]埃希里·弗洛姆：《爱的艺术》，萨茹菲译，光明日报出版社2006年版，第111页。

具有可被利用的价值，但是如果在市场上无人问津，那么它本身的价值再高也会失去经济上的交换价值。对于人而言，人的能力和各种技艺成为可用以交换的劳动力，劳动力的拥有者必须根据现有的市场行情将其出售给资本的拥有者，不然，他们就无法生存。因而相对于劳动力本身的价值以及人的能力和技艺等来说，那些能支配劳动力的资本，其市场价值要高得多。在市场经济模式中，人与社会、人与人之间的关系相应地被异化了，人与人之间相互疏远，不自觉地变成了商品关系，如弗洛姆所描述的："人所能感受到自己的生命力时就本能地联想到它是一笔实际上的资本，这笔资本一旦投资到既定的市场上即要为自己实现最大的利润。因此，人与人之间的关系从本质上来说成了异化了的、根据社会机器的需求而自然地'装置'在一起的零部件关系。"①

同样地，市场经济模式下的"爱"必然地不是什么真正的"爱"，而是以各种虚假的形式粉墨登场，在其本质上也体现为各式各样的交易。比如，婚姻中的夫妻关系，在其本质上成为一种合作关系，尽管他们之间无任何精神或灵魂上的契合，但是他们彼此之间能够相互宽容、寻求合作，丈夫和妻子之间相敬如宾，在家庭的义务和职责中相互取长补短、配合默契。或者仅仅将性生活得到满足理解为爱情，这一观点确实曾经大受弗洛伊德的推崇，因为在他看来，"爱"就是一种纯粹生理性的现象，甚至把"爱"描述为一种非理性的现象。总之，无论是把异性之间的爱情看作彼此性满足的产物，还是把"爱"看作双方结伴逃避孤独的"避风港"，在其本质上都意味着西方社会中爱情走向没落的"正常"形式。其结局是造成意识上的痛苦，甚至产生堪称病理学上的精神紊乱症。

虚假形式的爱情可产生的精神紊乱症是多方面的。在弗洛姆看来，一个从小就习惯了以母亲为中心的男性长大成人之后并不总能够正常地生活。由于母亲过分地爱，或者说过分地庇护，他们常常没有办法真正地实现理性的成熟，而是一心寻找母爱的庇护。这种变异的母子关系最极端的状态就是患上严重的精神紊乱症，也就是"重新被母体吸引——他愿意

---

① [美]埃希里·弗洛姆：《爱的艺术》，萨茹菲译，光明日报出版社 2006 年版，第 114 页。

重新回到母体，甚至乐意让母体充当生命的代言人"[①]。在这种母爱环境中长大成人的男子很难具备自身的独立性，也不可能真正地爱上别的女人，他们仅仅利用一些女性来满足自己的肉欲。

另一种精神紊乱症是由专制的父爱演化而来的。比如在一个家庭中，如果父亲的角色被强化了，甚至不得不兼扮父母两种角色，父亲有可能是一个"好父亲"，但同时也可能是专横的极权主义者。父爱常常为孩子制定各种原则，如果孩子的行为让他满意，就会得到奖赏；相反，就会得到惩罚。于是，孩子从小就屈从于这种有原则、有条件的父爱，在其本质上，孩子成为父亲所控制着的原则的奴隶。在这种环境下成长的男性，他们的爱同样被异化了，在他们的意识中，不自觉地扮演着父亲的角色。他们的表现是：

> 他和自己的女人的关系则是小心翼翼并保持着一定距离的。他似乎对异性没什么感觉，甚至重男轻女，毫不尊重女性的人格，即使偶有必须和女性打交道的时候，他就会俨然一个长者对待小丫头一样，赋予"父爱"的关心。一旦娶了她，刚开始时由于他也具备了男性的性别角色，她会对他产生好的感觉，但这种好感却难以维系，一起生活久了，女性便会渐渐地感觉到嫁给这些男性只有认可把自己当作他的生活当中的第二性角色（他是丈夫兼父亲的角色），否则她对他就会越来越失望。[②]

当然，在这一异化模式里，如果恰巧双方都是依附父爱之类型，那么他们就能彼此从对方身上找到许多他们所需要的父爱，他们的婚姻也会很幸福。

还有一个更为复杂的爱的精神紊乱现象出现在从小就失去双亲的人身上，比如，有的父母本身不相爱，但是他们又都能够控制自己的情绪，在表面上做到"和平共处"。但是，在对待子女的问题上他们往往又有各自

---

① [美] 埃希里·弗洛姆：《爱的艺术》，萨茹菲译，光明日报出版社 2006 年版，第 126 页。

② 同上书，第 128 页。

的打算，并且很难达成一致。在这种家庭氛围中长大的孩子常常感到迷惑、混乱和恐惧，他们不知道父母真实的感受和打算，深不可测的家庭气氛往往在她的性格中打上空虚和神秘的烙印。结果是这种阴影会移植到她今后的"爱"里去，一旦她接触社会，她就会成为虐待狂发泄的对象。如弗洛姆所描述的："她成人乃至嫁人后，害怕安宁，害怕清净，她宁可忍受丈夫的咆哮，也不愿意看到丈夫沉着、冷静、理智地与她相处；她认为家庭中只有增加喧闹，才能清洗她身上从小就养成的一种畏惧的重负——因此，她往往会自觉不自觉地无事生非地去激怒丈夫，以期结束折磨自己的感情上空虚的阴霾。"[①]

弗洛姆继续批判了以下几种非理性的假爱形式。

第一种，偶像崇拜型。因其"偶像崇拜"的假象，这种爱又常常被称为"伟大的爱"。这种爱产生的心理机制很简单，当一个人尚未具备对自我能力进行评估的意识，或者尚未找到自己真正应该付诸努力的方向时，他就很可能倾向于把自己所喜欢的人当作偶像来崇拜。在其本质上，他不过是对自身的能力没有信心，于是性格产生异化，异化到把目标寄附于喜欢的人身上。在偶像崇拜的过程中，他或她可以任意地美化、夸大所崇拜的对象，把他们当作尽善尽美的对象来追逐，尽管在实质上可能不存在这样的对象，但他们也不会因此而气馁，因为他们的崇拜对象可以随时变换，很快就可以找到新的崇拜偶像来替代。这一类型的爱在其本质上是对自我觉醒意识和力量的剥夺，他们在被崇拜的偶像身上失去了自己，而不是实现自己。

第二种，多愁善感型。这一类型的假爱在其本质上是一种虚无缥缈的爱的幻想，它不需要任何具体的实物作为寄托，仅仅是一种伤感的情结。这类假爱形式中最普遍的做法是找到"对象代用品"来满足自己的欲望，比如从消费爱情电影、爱情小说和爱情歌曲中寄托自己爱情的体验。在那些虚构的情节中，他们常常能够"梦想成真"，如弗洛姆所阐述的：

[①] [美] 埃希里·弗洛姆：《爱的艺术》，萨茹菲译，光明日报出版社2006年版，第129页。

第三章 弗洛姆爱的伦理思想的核心：爱的理论

那些与配偶之间的亲密关系不尽如人意的男女，他们在现实中越不过那堵将他们分离两边的隔墙，假如让他们在银幕上看到有关男男女女的悲欢离合时，他们便会产生身临其境之感，继而感动得泣不成声。……更有甚者，他们还分别幻想着自己能成为他人恋爱故事中的主角。只要爱情对他们来说是一场白日之梦，他们就会鬼使神差地去分享他人的爱，但如果让他们再回到现实生活中，面对对方的面孔时，他们又变得冷漠无比了。①

多愁善感型的另一种形式便是在时空上进行幻想性的调整，通常情况下借助对以往美好时光的回忆来达成目的，尽管目前的现实已经不可能再现当时那种美好的爱的体验，尽管那些体验也未必就是真正的爱，但他们热衷于过去的体验，也热衷于幻想未来的美好，就是没有办法赋予现在以真实的内容。这种幻想式的逃避，在其本质上是爱的异化形式，那些被抽象化了的爱情就像精神鸦片一样麻醉着他们的神经，让他们暂时忘记现实生活中的痛苦。

第三种，投射型。这种类型的爱情通常把自身的缺陷投射到一定的对象身上，首先是被爱的对象；其次是自己的孩子。这一类型的人不太能够发现自己的任何缺点，但是对于对方的缺点却极其敏感。他们的表现就是永远都在指责对方，并且试图改造对方。或者表现为父母对孩子所寄予的非常无理的期望值上，这样的父母要孩子不是为了爱孩子，而是为了把他们此生所不能解答的生存问题投射到孩子身上，以期从孩子身上得到他们想要的答案。弗洛姆这样描写道：

一个人感到自己已经失去了了解自己生活意义的可能时，他就会试图从孩子的生活里找到这种生活的意义。谁知在他自己身上已经宣告失败了的东西，转移到孩子身上也是注定要失败的。前者之败，其原因在于他（她）没有意识到每一个人的生存问题只能由自己解决，而不能通过一个"替身"来解决；后者之败，其原因则是投射者本

---

① ［美］埃希里·弗洛姆：《爱的艺术》，萨茹菲译，光明日报出版社2006年版，第131页。

身恰恰缺乏引导孩子解决自己生存问题的能力。①

诚如弗洛姆所揭示的,以上发生在两性之间的爱的关系是虚伪的、异化了的爱的形式,人犹如"自动化了的机器",在其本质上不相爱,而仅仅落入各种虚假的爱的形式。爱的异化同样存在于上帝之爱中,并且其没落的程度是一样的。人们把上帝当作偶像来对待,失去了自身的生活原则和信念,失去了人生的目标和意义,他们的思维还停留在懵懂的幼年时期,没有获得真正的独立,一切还指望有一个万能的"父母"在身边相救或相助。弗洛姆这样说道:

> 不可否认这样一个事实:在西方中世纪文明及至西方宗教文化里,一般人都把上帝当作最能够帮助自己的父亲或母亲来看待;同时,他们对待上帝的虔诚态度丝毫也不含糊,他们把按照上帝的意旨去生活看作是他们生命的全部意义。所以在他们的心目当中,首要的事是如何得到上帝的"拯救",除此之外一切都是其次。②

因此,人类的上帝之爱异化了,也就是说,宗教文化异化了。最明显的做法就是日常生活与宗教价值观的分离。人们一方面希望得到上帝的"拯救";另一方面却在生活上义无反顾地寻求物质上和劳动力市场上有所作为。人性中冷漠、自私的卑劣一面成为人生存的主要动力。而在弗洛姆看来,真正的宗教文化不是与生活相分离,而是将宗教文化价值观融入生活中去,主导自己的生活。尽管在 20 世纪初期,人类的上帝之爱还没有发展到求助上帝来"完善自己的人格"的阶段,但在其实质上无异于一种精神分析疗法。人们一方面追求各方面的成功;另一方面又希望得到上帝的某种暗示,这在其本质上无异于"把上帝当作自己商业活动中的伙伴关系,而不是让人们在爱情、正义和真理中与上帝达成一致性。正如

---

① [美]埃希里·弗洛姆:《爱的艺术》,萨茹菲译,光明日报出版社 2006 年版,第 133 页。

② 同上书,第 135 页。

第三章　弗洛姆爱的伦理思想的核心：爱的理论

博爱被非人格化的公正所完全取代一样，上帝的爱已经转化成为一种现实的人们既不可望也不可即的宇宙公司董事长"①。

弗洛姆对现代西方资本主义社会爱的模式的批判是全面的，从两性之爱、母亲之爱到上帝之爱，弗洛姆对于当代西方人与人之间的关系、人的宗教文化价值观等都持否定态度。总之，在他看来，西方社会在20世纪初的整体表现是人性异化了，人与人之间的真爱消失了，取而代之的是各种虚假形式的爱。这些虚假的爱非但不能促成人完善自身，反而使人性堕落，变得自私、贪婪，失去自我。人与人之间的关系也变得冷漠、自私。即使是母子之间的爱也变成了异化的占有，母亲在子女之中充当了人生的代言人；即使是宗教信仰，也与它本来应该有的引导人提升自我、超越自我的价值观背道而驰，它与人们的实际生活相背离，其直接的表象就是人们一边崇拜着上帝，一边落入低劣现实生活的魔爪而不能自拔。

在这里我们需要提起的是，在中国现有的各种翻译版本里，译者常常把弗洛姆的"love"翻译成爱情，但实际上，在弗洛姆的爱的概念里，不仅仅包括两性之间的爱情，还包括各种形式的爱，如母爱、父爱、上帝之爱、性爱等，所以弗洛姆所写的《爱的艺术》其实是用来调整人与人之间关系的一整套纲领。但需要指出的是，弗洛姆的爱与之前哲学家们所提出的爱的原则有本质的区别。之前的哲学家们将"爱"当作具体的原则，而弗洛姆阐述的不是爱的具体原则，他分析人类之间爱的现象，并把心理学的知识融入伦理学中，从心理学的角度对人类虚假的爱进行分析，试图从中找到答案。弗洛姆的分析在一定程度上体现出主观的态势，其心理学的分析在很大程度上体现为直观的、经验性的推测，但不得不承认，他对现代资本主义社会人的心理的描述入木三分。

在批判的基础上建立自身的理论体系是近代思想家们的一贯做法，弗洛姆也不例外，他批判的实质是提出问题并解决问题。在对人性的异化、社会的异化、爱的异化等的批判中，弗洛姆理论建构的宗旨已经非常明显，他要为现代资本主义社会的各种病症开出药方，那就是学会爱。毫无疑问，弗洛姆所提出的爱的理论既是伦理的，也是心理的。在他的多部著

---

① ［美］埃希里·弗洛姆：《爱的艺术》，萨茹菲译，光明日报出版社2006年版，第137—138页。

作里包含对人性的心理学分析，但这些心理学的分析与弗洛伊德的心理学分析相比较，又有较大的不同，弗洛姆融入了很多哲学的、社会学的内容。因此，弗洛姆的爱的理论是一个综合性的理论，是他针对现代资本主义社会的种种弊病，开出的综合性良方。在下文中我们将详细地阐述弗洛姆关于爱的具体形式。

二 爱的具体形式

弗洛姆根据爱的不同对象详细地分析并论述了爱的各种具体形式，在他看来，爱不仅仅是爱某一个人，而且代表一种性格倾向，如他所阐述的：

> 爱的内涵绝不仅仅是与某一个特殊的人的关系——具体地说，爱是一种态度，一种人的性格倾向。一个人对爱的态度决定这个人同整个世界，而不是同爱的唯一"对象"的关系的发展走势。如果一个人只爱他认为值得爱的某一个人，而对身边的其他人都持麻木不仁、漠不关心的态度，那么，他的爱就不是健全的爱，而只是对其共生性的某种心理依托，这种依托也可以理解成是更高级意义上的自私。[1]

但在现实生活中，大多数人把爱等同于爱的对象，而不是把爱当作一种积极的活动，一种灵魂的力量。正因为如此，很多人认为，只要找到了合适的爱的对象，其他的就会随之而来。因此他们把爱完全寄托在一定的对象上，这种形式的爱最多只是爱的对象，而非爱本身。而爱在其本质上应该体现为爱的能力，它并不会因为爱的对象的产生而产生，也不会因为爱的对象的消失而消失。它是植根于人的本性的能力和性格倾向。当然，弗洛姆不否认可以根据爱的对象来划分不同的爱的形式，他所论述的爱的形式有以下几种。

---

[1] ［美］埃希里·弗洛姆：《爱的艺术》，萨茹菲译，光明日报出版社2006年版，第62—63页。

（一）博爱

弗洛姆认为，博爱是人类一切爱的最基本形式的爱，博爱是对全人类的爱，没有独占性。可以说，如果一个人具备了爱的能力，那么他或她就会自觉地把所有人都当作兄弟姐妹一样去爱。这是一种凝聚全人类的力量，其结局是达成人类思想的一体化。达到博爱的前提是众生平等，尽管人与人之间因为能力、知识和智慧等而存在差别，但这些差别与人的共生性本质相比是微不足道的。所以，不能只通过人的外在去衡量人，而应该深入人的本质去发现人。这样的话，人类就会在彼此身上发现许多的共性，正因为这些共性，人们没有办法不博爱，这是一种本质对本质，而非表面对表面的关系。

博爱的前提是平等，但平等不等于同等，人类常常会在彼此身上发现众多的"不平等"，有的人所拥有的能力要远远地大过另一些人，但这不意味着他们之间的爱是不对等的。因为博爱不由力量的强大或弱小来决定，彼此的帮助与被帮助都只是暂时的状态。因此，博爱是一种存在于人与人之间的态度，这种态度由其表现形式的不同而具有不同的内涵。而博爱所体现的是一种平等的态度，而不是居高临下的施舍。当然，在弗洛姆看来，对于博爱来说，更重要的基础是毫无条件地付出，这一付出基于人自身对人性的深刻理解和认识，而非其他的因素，如他所描述的：

> 就博爱而言，其基础应该建立于对无助者的爱、对穷苦人的爱和对陌生人的爱。一个人爱自己的骨肉亲人这没有什么好值得称赞的，真正值得称赞的是能爱他（她）身边的每一个人，……只有那些能达到不怀任何个人目的、也不考虑其他因素而付出的爱的境界，才是真正的博爱。[①]

弗洛姆的这一阐述在其本质上是对基督教博爱观点的转译。关于基督教的博爱，《路加福音》第六章里面这样说道：

[①] ［美］埃希里·弗洛姆：《爱的艺术》，萨茹菲译，光明日报出版社 2006 年版，第 65—66 页。

当爱你们的敌人,善待恨你们的人。诅咒你们的,要为他祝福,凌辱你们的,要为他祷告。有人打你一边的脸,把另一边也转给他打;有人拿你的外衣,连内衣也让他拿去。凡求你的,就给他;有人拿去你的东西,不用要讨回来。你们愿意人怎样对待你们,你们就应当怎样待人。如果单爱那些爱你们的人,那有什么好处呢?罪人也爱那些爱他们的人。如果只善待那些善待你们的人,那有什么好处呢?罪人也会这样行。

博爱是基督教爱的主题,主要体现为神爱。基督的训诫箴言最初以超越血缘、道德和法律的神爱形式,提倡人类皆爱的博爱观点。到中世纪,奥古斯丁确立了"圣爱"的观点,将爱完全精神化为"神在人身上的投影"。这样,基督教的博爱一方面显得更为神圣;另一方面也更容易坠入虚伪的深渊。

近代的爱之思想以康德举起"人是目的本身"的人道主义旗帜开始,到尼采则极力主张恢复人的最高地位和强有力的爱的权利,希望看到爱"使世界为之一变"这首全新的旋律,使爱重新成为最高的理念,以至于"弗洛伊德、弗洛姆和马尔库塞等爱的思想的发育全处在它的辐照之下。这又是精神的胜利,但它已不同于神爱的胜利,而是人爱的胜利了,人爱就是要布施恩惠,实施疗救"[1]。正如有学者指出的,在以上这段话里面,"敌人并非绝对的敌人,敌人也并非绝对的恶,而'爱你们的敌人'中的'爱'是出于纯粹的善,而非某种'爱好',这种爱体现了实践理性的力量,而不是基于某种道德上的优越感"[2]。这种爱最根本的地方在于意志和行为原则,而不是在于情感和同情心,只有在这种意义上,"爱你们的敌人"才是可能的。"这种诫命就是康德所理解的出于义务和责任的爱,出于意志和理性的爱,只有这种爱才是可以被命令的。"[3]

(二) 母爱

弗洛姆提出的第二种形式的爱是母爱。在上文中,我们也讨论了母爱

---

[1] 金大陆:《爱的反思》,《读书》1987 年第 9 期。
[2] 左高山:《爱你们的敌人——论基督教的敌人伦理》,《伦理学研究》2015 年第 5 期。
[3] 同上。

第三章 弗洛姆爱的伦理思想的核心：爱的理论

的异化问题，那么弗洛姆理论中的母爱究竟应该是一种怎样的爱呢？用一句话来概括，那就是，母爱是一种毫无条件的爱。这也是它与父爱的最大差别，因为父爱是一种有条件的爱。在这里我们不再单独阐述弗洛姆的父爱，而将其与母爱放在一起讨论。

毫无疑问，弗洛姆肯定母爱在一个孩子成长过程中的重要作用，尤其是对孩子人格健康的至关重要的作用。母爱是一个孩子成长过程中的一切来源，饥渴、冷暖和无微不至的爱护等都来自母亲。因此，孩子在幼儿时期最为依赖母亲，跟母亲的关系最为亲密。当然，弗洛姆也承认他所谈到的母爱和父爱都是理想类型，并不涉及现实生活中的残缺类型。母爱在一个孩子成长的过程中也分为两个不同的阶段，在孩子还不能独立的幼年时期，所感知到的母爱是无条件的被人爱，此时的孩童还不具备任何爱人的能力。直到他逐渐成人，他开始意识到需要对其无条件的被人爱进行报偿，报偿的形式是多种多样的，比如送给母亲或父亲一件"礼物"或自己独创的东西，这一观念的转变对于小孩的成长至关重要，被称为"创造爱"。从无条件的被爱到创造爱的转变是来自母爱的心灵的飞跃，母爱的给予本性激发孩童的体验爱的本质，让他体会到爱比被爱更重要，更能激发内心的欢愉。由此，他可以从孩童时期的自恋"牢笼"中走出来，真正地与他人建立起关系。

与母爱相比，父爱最大的不同在于它是有条件的爱。母爱的无条件性赋予它给予的本质，但父爱却是需要付出努力才能换得的。母爱是一种自然的爱，父爱却是通过教育孩子后天获得的。与父爱紧密相关的是社会整个环境及其经济法律制度，父亲无疑对于哪个孩子将来要继承他的财产寄予厚望。因此，父爱是有条件的，他的逻辑原则是：我爱你，那是因为你符合我的要求，你履行了做儿子的职责，你和我很像等。因此，母爱遵循的是自然原则，而父爱遵从的是顺从原则。

在弗洛姆看来，无论是母爱还是父爱，都既有积极的一面，也有消极的一面。比如，父爱的消极一面就在于它是报偿性的，必须依靠努力才能赢得，一旦达不到这种效果，很可能就失去父爱。但同时，这种报偿性也能产生积极的一面，那就是：它会刺激孩子的积极性，想办法去获得父爱。所以，一个成熟的人应该同时从母爱和父爱中获得不同的人格力量，他是母亲和父亲的综合体，从母爱那里获得人类基本的良知，从父爱那里获得德行。母爱的给予本性唤起的是孩童本真的爱,那就是,无论如何,无论发生什么事情,都夺不走我对你的爱。而父爱表现出来的是责任,那就是,如果你犯了错误,你就要为自己的错误付出代价,勇于承担责任和后果,如果你想要得到完整的父爱,你就要努力地改变你自己,逐渐达到父亲的要求。

从最初的母爱到逐渐转向寻求父爱,可以说是一个人从幼稚的孩童走向成熟的标志。如弗洛姆所阐述的:

> 一个人智力健全和性格成熟的标志,有赖于他(她)从对母亲为中心的依附到以父亲为中心的依附,以至形成独立的"自我"的性格和灵魂的组合,到这个时候,他(她)就可以与母亲分离了。如果一个人的发展不是沿着这种规律的话,那么他(她)就很有可能要患精神分裂症,从而走向失败的人生。[1]

在一个人的人生过程中,母爱和父爱无疑扮演了最为重要的角色,两者缺一不可,共同发挥作用。在孩童的成长过程中,母爱的缺失或者变异,极有可能导致父爱的凸显,这样的孩子在性格取向上会朝着法律、秩序和权威这一方向发展,但往往缺乏无条件的爱的本性。单一的母爱或父爱极易造成个性发展的失败,而这种畸形性格的形成正是不健全的影响力所致。如单一的父爱常常会导致一些精神分裂症,而单一的母爱也会出现很多临床病症,如歇斯底里、吸毒、酗酒、厌世和无主见等。

(三)性爱

与母爱相比较,性爱最大的特点是具有独占性和排他性。母爱或父爱通常具有推衍性,也就是说,如果我爱自己的孩子,那么我也会爱别人的孩子以及所有需要得到帮助的孩子。但说到性爱,性质就会完全不同,这一种类型的爱是完全排他的,其欲求是实现与异性完全彻底地"合二为一"。性爱是爱的典型形式,也是所有的爱当中最具有诱惑力但是又最不

---

[1] [美]埃希里·弗洛姆:《爱的艺术》,萨茹菲译,光明日报出版社2006年版,第61页。

第三章 弗洛姆爱的伦理思想的核心：爱的理论

可靠的形式。

毫无疑问，在克服人与人之间距离的问题上，性爱无疑是最神速的。因为，只有性爱常常可以让人闪电式地"坠入情网"，打破人与人之间的隔阂。这种超越式的奇迹几乎天天可以发生，无须作出太多的努力，双方就已经一览无余地满足对方的需求。但是问题在于，这种外在的、缺乏内心交融的肉体亲密关系会很快地消失，随着时间的推移就会逐渐地减弱，直至最后移情别恋。在弗洛姆看来，性要求的目的旨在结合，而不是仅仅满足生理上的需求。但在日常生活中，人们常常因为各种复杂的心理需求或减压行动去寻求性满足，因而它很容易和各种复杂的感情混杂在一起，并且在相互作用中互相加强。

大多数人把性要求和爱混淆在一起，因此，他们很容易推导出一种错误的结论，那就是，只要男女双方在肉体上相互需要时，他们就彼此相爱了。爱情无疑会引起性结合的愿望，在爱情的基础上产生的性质是纯洁的，不带有任何占有或被占有的野心。但如果性爱离开了爱情这个基础，那么就会沦为单纯的肉体结合，这种结合的生命力是稍纵即逝的，没有任何道德可言。因此，因为性的吸引力而产生的亲密关系只不过是幻觉，很快又会恢复到陌生的关系，彼此憎恨。

在对性爱的心理学分析中，弗洛姆提出了它的矛盾性：一方面，他提出性爱的独占性和排他性；另一方面他认为性爱是博爱的产物。对于性爱的排他性，弗洛姆认为，大多数人错误地把排他性理解为彼此互为占有的关系，所以，他们在互爱的前提下，对其他的异性无动于衷，以表示对爱的专一。但实际上，这种互爱在其本质上是一种共同的自私，最典型的表现就是将自己与所爱的人等同起来，彼此在对方身上寻找自我，以消除彼此的孤独感。表面上看起来，他们暂时逃避了孤独，并远远地脱离了与他人的关系，但是，他们在实际上是相互隔绝和互为陌生的。这种结合是短暂的，虽然具有排他性，但是随时都有可能转移到别人身上去。在这个意义上，可以说性爱是博爱的。但性爱的排他性表现为"我"只与一个人在灵魂和肉体上完全融为一体，这种一体性既包括肉体上的一体，也包括为双方的生活所承担的所有义务。在这个意义上，性爱是不可能博爱的。如弗洛姆所描述的：

如果男女双方达到了真正的相爱，那么他们的性爱就必须具备一个前提条件。即："我"要从自身本质出发去爱对方，并且也从对方的本质中去体会他（她）受到别人的爱——人在这方面的本质都是一致的：我们既是整体的一部分，又是由部分组成的一个整体。[①]

因而，性爱在弗洛姆看来具有矛盾性，这种矛盾性集中体现为排他性和博爱的博弈。一方面，人类是一个统一的整体，当人类作为整体时，没有理由不去从博爱的角度出发爱每一个人；但是从每一个具体的人出发，我们又不得不强调性爱的特定性和独一无二性，这样的特性决定了性爱不可能是博爱的，只能存在少数几个特定的人身上。因此，总结起来，有关性爱的问题应该存在两种理论："一种是认为性爱完全是两个人之间的吸引力，是两个特殊的人之间绝无仅有的、排他性的关系；另一种是认为性爱只是人的意志的行为。"[②] 关于前一种理论不难理解，后一种理论实际上把爱当作一个生命完成的对另一个生命的承诺，这与自发的、不期而遇的爱情是有差别的，它不仅仅体现为一种强烈的感情，更是一项认真的决定或一个无悔的承诺。

（四）自爱

在弗洛姆看来，自爱是一个很容易产生混淆的概念。因为在世人的概念里，美德总是意味着爱他人，而不是爱自己，爱自己常常会被认为是一种自私，是不道德的行为。将自爱当作自私来批判，源于基督教神学的自爱观念，在奥古斯丁的基督教神学中，自爱作为人类对自己的爱，意味着对上帝的背叛，其理由是自爱来自人的自由意志。在他看来，正当的爱源于人的好的意志，爱其所爱、行其所行。但人的灵魂也会发生偏离的情形，也就是人往往错误地使用了自由意志，使得意志变坏，而自爱恰恰源自这种坏的意志，被称为"错爱"。错爱一旦形成，人类就陷入无能而不能自拔。这种无能首先表现为受到欲望的折磨，在《忏悔录》一书中，奥古斯丁就详细地阐述了这一情形：

---

① ［美］埃希里·弗洛姆：《爱的艺术》，萨茹菲译，光明日报出版社2006年版，第75页。
② 同上书，第77页。

第三章 弗洛姆爱的伦理思想的核心：爱的理论

> 我并不为别人的意志所束缚，而我自己的意志却如铁链般地束缚着我。……意志朽坏，遂生情欲，顺从情欲，渐成习惯，习惯不除，变成自然了。……我开始萌发新的意志，即无条件为你服务，享受天主，享受唯一可靠的乐趣的意志，可是还没有足够的力量去压伏根深蒂固的积习。这样我便有了一新一旧的双重意志，一属于肉体，一属于精神，相互交战，这种内战撕裂了我的灵魂。①

在奥古斯丁看来，自爱的本质是与"上帝之爱"截然相反的，"上帝之爱"指的是人类对上帝的完全拥有，是全心全意地热爱上帝，不为任何外物所累，保持自己的本性。而"自爱"却是对"上帝之爱"的减损，丧失了自己的本性。

弗洛姆并没有直接分析基督教神学中否定自爱的态度，但他不同意将自爱当作自私，他认为，但凡拥有此一观点的人，在其本质上犯了这样的错误，那就是把爱人和爱己对立了起来。弗洛姆认为，在现代西方文化中，这样的观念盛行，并且未曾有人对其产生过怀疑。如他所批判的：

> 加尔文更是把自爱比作人类的"瘟疫"。弗洛伊德尽管用精神病学方面的词汇来解释自爱，但遗憾的是，他费了颇多的心思，最后得出来的判断却成了加尔文观点的"翻版"。按弗洛伊德的理论来看，自爱和自恋是等同的，自爱的形式就是把力比多都用在自己身上。自恋是人格发展的最初阶段，那些在人格定型的时期又倒退到这一个阶段的人就属于爱的无能者，而一旦自恋达到极致就会使人疯狂，甚至患上精神分裂症。②

弗洛姆在这里所要批判的是现代西方把自爱与爱人对立起来、把自爱与自私等同起来的做法。在他看来，首先这一观点存在逻辑上的错误。如果大前提是爱人是美德的，那么必然推出爱己也是一种美德，因为"我"

---

① [古罗马] 奥古斯丁：《忏悔录》，应枫译，时代文艺出版社 2002 年版，VIII.5.10。
② [美] 埃希里·弗洛姆：《爱的艺术》，萨茹菲译，光明日报出版社 2006 年版，第 78 页。

也是人，和其他人一样都是人的存在。弗洛姆使用演绎推理中的三段论简单地推翻这一逻辑。

  大前提：爱人是美德。
  小前提：我是人。
  所以爱我也是美德。

  在这一三段论中，爱人是大前提，小前提是"我是人"，那么必然推出爱我是美德。当然，我们不能说符合逻辑的即是真理，弗洛姆所要作的也不是逻辑上的论证。他赞成《圣经》中"像爱自己一样爱你的邻人"这样的观点，因为爱人如爱己恰恰证明自身的完整性和独特性，一个人对爱己的理解和爱人的理解在理论上是共通的。换句话说，爱自己的生命与爱另一个生命在本质上是一致的。

  在以上前提之下，弗洛姆认为，自爱和爱人绝不是非此即彼的选择，相反，二者在态度上是不矛盾的。因为真正意义上的爱是一种创造力的体现，爱并不局限于一种情感，而是集关怀、尊重、责任和了解于一身的能力。从这个角度讲，自爱与爱人是一致的，如果一个人不能爱人，那么他也无法自爱。因为不能爱人的人不能了解人的本质，从而也不能了解自己，他是不可能真正地爱自己的，相反，在其本质上是恨自己。

  同时，爱人也不等同于爱上某一个人，或者某一部分人。这种把爱人理解为爱某一些特定对象的做法仍然是缺乏爱的能力的体现。正如威廉·詹姆斯所提出的爱的"劳动分工"一样，"那些只会爱自己和自己的家庭却不会爱其他人，这正是缺乏爱的能力的表现。对人类的爱，绝不能像一些人所理解的那种仅是抽象的肯定，而是对一个特定而具体的人的爱的前提，尽管人类中的爱大抵是从某个具体的人那里所获取的"[①]。弗洛姆在这里所否定的是把爱人当作对具体的对象的爱，在他看来，这种爱其实并未深入爱的本质，没有真正地认识的人的本质。而爱的能力体现在对人的本质的洞察，只有当一个人真正地了解了人性，从人性的角度出发来爱人，他才会爱所有的人。

---

① ［美］埃希里·弗洛姆：《爱的艺术》，萨茹菲译，光明日报出版社2006年版，第80页。

那么，如何把自私与自爱区别开来呢？弗洛姆认为，自私的人在表面上看来更自爱，但凡自私者只对自己感兴趣，他们体会不到给予的快乐，凡事以"人不为己，天诛地灭"为信条，因为他们的人生目的就是想尽一切办法地为自己谋利益。但是自私者的爱己是没有生命力的，是空虚的，因为自私者身上所拥有的是无穷尽的占有欲，并不是创造力，因而不能体现爱的能力。

从心理学的角度对自爱进行分析，让人更为迷惑的是那些"无私"的爱的举动。在弗洛姆看来，生活中的很多"无私"领域恰恰是精神病的一种征兆。虽然，在世人看来，"无私"是一种应该备受大家赞赏的美德。因为"无私"的人通常表现为自己一无所求，他只为"别人活着"。但是，在精神分析领域，"无私"恰恰是一种精神上的病态。"无私"的人在本质上恰恰是既没有能力爱人，也没有能力让自己快乐。因为，归根结底，在"无私"者身上，通常都充满了被他自己强烈压抑着但又自己意识不到的"自私"。

最常见的"无私"乃是母亲对孩子的爱，很多母亲为了充分表达自己的"无私"，她们常常做违背自己意愿的事情。但是，事与愿违，孩子却常常不领情，他们胆小如鼠，诚惶诚恐地活着，因为他们害怕辜负母亲的一切愿望。因而这种人在其本质上失去了自我的价值感，他们终其一生地完成母亲的心愿。除了对母亲"无私"之爱的负疚，他们不能作出任何能够充分表达自己真实情感的事情。因此，这种"无私"之爱恰恰是戴上了美德的假面具，从而也迫使被爱之人戴上假面具。他们的内心从来都不具备真情实感，他们只是在相互的逢场作戏中满足"自私"的欲望。

因此，弗洛姆所提出的自爱，虽然在概念上容易同自私、自恋等混淆起来，但在本质上却与它们截然相反。自爱者恒爱人，两者是一致的。自爱的人在其本质上是熟谙人的本性，弗洛姆借用基督教神学家艾克哈特的话来说明这一道理：

> 如果你爱自己，那么你就会像爱自己一样爱所有的人；如果你爱另一个人更甚于爱自己，那么你就不会真正地爱自己；如果你以同样的程度爱所有的人也爱自己，那么你就会把所有的人当一个人来

爱——这个人既是上帝也是人。①

(五) 上帝之爱

弗洛姆对"上帝之爱"进行了追溯。在他看来,代表人类至高无上的完美存在的"上帝",其本质不过是人类自己价值的凝结。在心理上,人类把对上帝的爱和对上帝的敬畏联系在一起,这是人类试图摆脱自身能力之有限性、摆脱恐惧和孤独的方法。

在人类的幼年时期,为找到心理上的依托,摆脱自身对大自然的恐惧感,人类开始寻找与自然的各种联系来获得安全感。于是,人类开始了自身的各种幻想,从动植物崇拜,到各种金银制品崇拜,人类竭尽全力地使自己的力量和技能通过这些偶像折射出来。甚至在后来的阶段,人类开始赋予上帝以人的形象,无论是把人的力量"神格化"了,还是把神的力量"人格化",在本质上,都是试图在人与神之间找到联系。在这一阶段,人类的理性得到了极大的发展,他们所创造的"神"即是按照自己的意愿和想象创造出来的,人类以此来阐发自身对上帝的爱。

弗洛姆指出,在一定程度上,上帝之爱与父母之爱存在许多雷同的地方。在上文中,我们已经探讨了母爱和父爱以及两者之间的差异。人类的上帝之爱在最初也与母爱存在类似。也就是说,人类初期所要寻找的是一种依赖,这种依赖是毫无条件的包容与爱护,其性质等同于现实生活中的"母爱"。人类所创造的"上帝"便具有此种母性特征,因而此时的"上帝"形象大多是阴性的。人类发展到父系社会,人类之"上帝"也随之有了变化。这一点,无论是古印度文化,还是古埃及文化,抑或是古希腊文化;无论是犹太基督教,还是伊斯兰教等,都可以从中找到男性诸神的轮廓。所以,人类的"上帝之爱"在发展到一定时期之后,不可避免地遇到两种发展趋势:一种是上帝是阴性和阳性之分;另一种是一神教与多神教之分。尽管如此,在上帝的男性特征日显权威的情况下,它的母性特征还在一定程度上存在着,如天主教中的圣母玛利亚形象。

"上帝"之形象的父性和母性之分其实代表的是两种不同的自我价值观。在前文中,我们探讨的母爱,具有无条件的性质。同样,宗教的母性

---

① [美] 埃希里·弗洛姆:《爱的艺术》,萨茹菲译,光明日报出版社2006年版,第84页。

第三章 弗洛姆爱的伦理思想的核心：爱的理论

特征主要表现在将"上帝"看作一位"大地母亲"般的无私者，正如弗洛姆所描述的：

> "我"十分信赖她给予我的爱，不管"我"是如何的贫穷、如何的卑微，也不管我犯有多大的罪孽，母亲将永远爱"我"胜于爱其他的孩子；不管我遇到了什么风浪，母亲都将是"我"的避风港；如果"我"遇上坎坷，母亲都伸出手来帮助"我"，拯救"我"，饶恕"我"。①

上帝的父性特征的出现正如人自身脱离了母爱转向父爱一样，标志着人的理性的增长。在这一阶段，人类的"上帝"也像父亲一般地对待着自己的子民。也就是说，上帝所代表的是父亲般的爱，他的爱不再是绝对公平无私的，而是根据自己的喜好来衡量，若是遵从了他的原则，就会得到更多的上帝之爱，反之，将会受到惩罚。

毫无疑问，在弗洛姆看来，人类的"上帝之爱"经历了一个从幼稚到成熟的发展过程，在这一过程中所包含的人类的心理，与个人成长过程中所体会到的母爱和父爱存在类似。但人类"上帝之爱"的理性不停留在父爱阶段，最终他们意识到"上帝"在其本质上不应该具有人的形象，无论是无私的慈母形象，还是专横严厉的严父形象，代表的都是人类自身所推崇的价值观，如爱与正义。因此，最后，人类意识到上帝其实就是爱，是正义，是为人类订立道德原则的象征。这在心理上，禁止了人对上帝的一切想象，人们必须不把上帝当作人来看待，也不能把上帝当作物来看待。上帝是看不见、摸不着，但是又实际存在的，只有这样才意味着"我"真正地了解了上帝。因此，人类"上帝之爱"的发展所代表的正是人自身理性的发展，人们在对"上帝之爱"的膜拜中完成了对人自身的认识。如弗洛姆所说的：

> 人类在自身的进化过程中，已逐渐地、由表及里地把握了分辨博爱、理性和正义的能力。从这个意义上讲，人的生命除了自己赋予它

---

① ［美］埃希里·弗洛姆：《爱的艺术》，萨茹菲译，光明日报出版社 2006 年版，第 90 页。

的意义之外,其他都是虚无的。人作为一个个体而存在是孤独的,只有当他得到了他人的帮助,才能消除这种孤独。①

从以上的理论来看,"上帝之爱"的问题似乎已经解决,但其实不然。在弗洛姆看来,人类"上帝之爱"的真正缠结之处不在思维领域,而在实践领域。如他所说:

> 作为智慧的起源,思维只会把人类引向知识,但却不是把我们引向最终答案的知识。人类思维的世界处处充满了矛盾,最终把握世界的唯一可能性不在思维,而在于思维主导下的实践,抑或说在于对整个客观世界的体验。②

在弗洛姆看来,上帝无论是多么的"精妙无形",只代表人类思维中的可能性,不代表终极性的真理。终极性的真理依靠人类从生活实践中去总结、发现。因此,无论是代表理性成熟的"无神论者",如马克思、恩格斯和列宁等人,还是各种宗教形式,如婆罗门教、佛教和道教等,他们所信奉的终极性真理不是正确的信仰,而是正确的行为。在弗洛姆看来,几乎所有的宗教形式所推崇的都不是对宗教教义本身的顶礼膜拜,而是因此而形成的正确的生活方式。因此,"上帝之爱"的目的在于改造人。换句话说,人类在对"上帝之爱"中完成自我的改造。在这个意义上,上帝与"我"是一体的,"上帝之爱"与"我对自己的爱"也是一体的。在这一点上,弗洛姆同样赞同艾克哈特的宗教观点,如他所阐述的:

> 上帝始终是和我们同存一体的,由于"我"通过认识"我"自己而把上帝留在"我"的心中,又由于"我"爱上帝,因此,"我"深知上帝。这就是"我"对上帝的爱。"我"对自己的爱,是我对人

---

① [美]埃希里·弗洛姆:《爱的艺术》,萨茹菲译,光明日报出版社2006年版,第95页。
② 同上书,第101页。

世间永恒的爱的追求。①

因此,"上帝之爱"的历史也恰好是一部人类自我完善的历史,人类在对"上帝之爱"中完成了自我理性的增长。当然,"上帝之爱"会被打上各种社会的印记,在那些以压抑人性为特征的社会环境里,人对"上帝之爱"的认识也显得极其幼稚和不成熟。而人类永恒的爱的实现需在消灭了一切阶级、剥削和不平等之时,它只存在于具有高度生产力的自由和平等的社会环境里。这需要人类对"爱"的积极追求,需要整个人类充分地发挥自身的聪明才智不停地去努力。

三 爱与信仰

在上文中,我们探讨了弗洛姆关于爱的具体形式,主要包括爱情、母爱、性爱、自爱和上帝之爱。不难发现,在各种爱的具体形式里,爱本身体现的是人类自身的理性力量的增长。无论是爱情,还是上帝之爱,人类之爱所体现的不是人与人之间自发的情感,而是凭借理性能力而具有的爱的能力,而这恰恰是弗洛姆有关爱的理论的主要基调。但是我们不能回避的问题是,弗洛姆所阐述的爱和理性之间是什么关系?要回答这个问题,我们须回到基督教之爱。

在基督教的道德原则中,信仰、希望和爱被称为三主德,这三主德被西方人奉为普遍的道德信条。早在使徒时代,保罗为反对希腊传统,提出了一种新的伦理训诫:"如今尚存的有信、有望、有爱;这三样其中最大的是爱。"(《圣经》哥林多前书,13:13)在教父时期,奥古斯丁把《圣经》伦理思想概括为基督教三主德:信、望和爱,将其定位为基督教的伦理总纲。到经院哲学时期,托马斯·阿奎那将其发展为七主德:信仰、希望、爱、审慎、正义、节制和刚毅,建构了一个庞杂的基督教伦理体系。

基督教把"爱"作为最核心的信条,强调普遍平等的爱,爱不分性

---

① [美]埃希里·弗洛姆:《爱的艺术》,萨茹菲译,光明日报出版社2006年版,第104—105页。

别、年龄、种族和阶级等。但作为一神教，基督教在其本质上具有排他性，"因信称义"是它的根本特征，即总是要求信徒对绝对至上的先验自我——上帝以绝对的信仰和服从，总是宣扬自己的教义才是真正绝对的启示和真理。在《圣经·马太福音》第十二章里面就记载了这样一段话："不与我相合的，就是敌我的；不同我收聚的，就是分散的。所以我告诉你们，人一切的罪和亵渎的话，都可得赦免；惟独亵渎圣灵，总不得赦免。"可见，当信仰与爱发生冲突的时候，爱必须服从信仰，为了信仰必须牺牲爱。在《圣经》中所记载的亚伯拉罕以子献祭的故事更是典型。因而，在基督教的爱德里面，实则是不彻底的，当基督教的排他性体现为对其他不同宗教的歧视和迫害时，其爱德充满了虚伪性。正如费尔巴哈所描述的：

> 道德与宗教，信仰与爱，是直接矛盾的。谁只要爱上了上帝，谁就不再能够爱人，他对人间一切失去了兴趣。可是，反之亦然。谁只要爱上了人，真正从心里爱上了人，那他就不再能够爱上帝，不再能够拿自己热乎乎的人血徒然地在一个无限的无对象性与非现实之虚空的空间中蒸发掉。①

在弗洛姆看来，人类早期的"上帝之爱"只意味着是一种信仰，而非真正的爱。在此基础上，要思考的问题是，信仰与理性之间是否绝对对立？基于这样的思考，弗洛姆提出了"合理性信仰"和"非合理性信仰"之分，他说：

> 我所理解的非合理性信仰，就是指服从一种非理性权威的信仰（信仰一个人或者一种传道）。而合理性的信仰则相反，它是植根于一个人自身的思想或情感体验中的一种坚定的信念。合理性信仰首先不是信奉什么人或什么东西，而是一种准确的判断，这种判断符合自

---

① [德] 路德维希·费尔巴哈：《费尔巴哈哲学著作选集》（下卷），荣震华、王太庆、刘磊译，生活·读书·新知三联书店1962年版，第800页。

第三章 弗洛姆爱的伦理思想的核心：爱的理论

己真实经历上的坚定信念。①

因而，合理性信仰代表的是人的理性能力，是人经过批判性思考和观察得出的全面性的总结。任何积极的思考都是从合理性信仰开始的，与此相反，非理性信仰在其本质上是一种盲从和偏执，而合理性信仰在某种程度上可以理解为批判性信仰。在他看来，人类的一切劳动成果，科学的、人文的都是人类的合理性信仰产生的结果。

然而，合理性信仰并不仅仅体现在人的思维和判断能力方面，也体现在人际关系这一范畴。用弗洛姆的话来说：

> 信仰是任何程度的友谊或者爱情都不能缺少的特质。一个人相信另一个人，这说明他（她）已经了解了对方的基本态度的可靠性和稳定性，抑或了解了对方任何的内核或者爱。这并不是说一个人绝不能改变他人的观点和看法，而是说他（她）的基本动机是始终如一的。比如，他对人的生命和尊严的尊重——这是他自身很重要的一部分，而这一部分不是轻易就能改变的。②

从以上可以看出，弗洛姆所说的信仰在一定程度上等同于信任加信念。信仰产生的心理基础是对另一个个体的信任，但信任的持久度靠的是信念。毫无疑问，对于人类的任何形式的爱来说，信仰是不可或缺的一个条件。诚然，在"上帝之爱"的早期，人们确实也拥有过对上帝的信仰，但这种信仰既缺乏缜密的逻辑思维，也缺乏持久的信念，其在本质上不过是一时情感上的狂热，是无法体现人之本质的。

合理性信仰来源于人对自身能力的自信，"我"信任自己的能力，并同时自信自己能够唤起别人同样的爱的能力，这是对爱的可靠性的信任与信念。在本质上，相信他人意味着我们对他人潜在能力的信任。在这里，我们不得不把所涉及的一些概念加以区分，如下图所示：

---

① [美] 埃希里·弗洛姆：《爱的艺术》，萨茹菲译，光明日报出版社2006年版，第159页。
② 同上书，第160页。

```
            ┌ 非合理性信仰 ──服从──→ 权威（一个人或一种传道）
            │                      ─────────────────────
            │                         贬低人自身的能力
            │
            └ 合理性信仰 ─信任、信仰→ 理性和爱的能力（人自身的创造性潜能）
                                   ─────────────────────────────
                                        肯定人自身的能力
```

在合理性信仰中，理性占据主导地位，它是建立在自身理性力量增长基础上的爱的能力，其最明显的特征是肯定人自身的能力，它的目的在于不断地挖掘人自身的创造性潜能。相反，非合理性信仰却表现为绝对的服从，无论是服从他人，还是外在的权力，其在本质上都是贬低人自身的能力，它其实不过是人类的一种想象，即把某一物或某一种东西想象为无所不能的、能给人以力量的主宰物，它的目的不在于发展人类自身的潜力，而是心理上的依赖。

弗洛姆"合理性信仰"的提出，目的在于调和基督教爱与信仰之间的对立，达到和解，其本质与黑格尔提出的爱与信仰的和解之道是一致的。黑格尔对犹太教的批判主要集中在犹太教的"对立性"，在他看来，由于对神和宗教的盲目服从以及对人的理性的片面否定，造成犹太人与一切外在物的对立。基于"对立性"所形成的宗教，黑格尔称之为"实证性"宗教，"宗教的实证性使得犹太人只强调外在于人自身的神是绝对的权威，而忽略自身的理性和自由。'实证'宗教造成人的异化和对立，异化和对立构成犹太人的'命运'。……黑格尔以'命运'这一概念进一步表明犹太教是一种受强有力的异己权威支配的宗教，这种权威的异己力量作用在人身上即表现为分裂和对立的命运：人与自然、人与人、人与自身的分裂和对立。"[①] 与犹太教的神高不可攀相反，黑格尔认为，神性并不在无法触及的彼岸，而存在于人性之中。在他看来，人性即与"情感及偶然的生活"相联系的东西，情感主要指"爱"这种情感。真正的宗教是蕴含了"爱"的宗教，是扬弃了内在对立的宗教。"黑格尔哲学的实质和核心就是要通过概念自身的辩证运动来论证理性和信仰的统一性，把神等同于精神和理念本身，把真理说成人对上帝（绝对精神）的认识或上帝（绝对精神）在人身上的自我认识，从而实现知识与宗教、哲学与神

---

① 陈士聪：《"理性"与"信仰"相统一的新路径：黑格尔的"爱"观念》，《理论月刊》2015 年第 11 期。

学的统一。"①

弗洛姆"合理性信仰"的提出在其本质上是对黑格尔调和传统基督教理性对立的继承和发展。在黑格尔看来，在传统基督教之爱中，爱与理性也是对立的。传统的基督教以"宗教教义"和"神"为一种客观外在的权威要求信徒无条件地服从，信徒不得有任何理性思考。尽管早期黑格尔的理性概念深受康德的影响，康德所提出的"理性"要求人们无条件地服从理性所产生的绝对的"道德律令"，压制人的感性欲望，从而在人的精神内部形成感性和理性的对立。但在法兰克福时期，黑格尔坚决反对此一内在对立的理性概念，他提出"爱"，用以调和此一对立，他认为，爱是构成德行的灵魂，是道德的基础，通过爱，道德的一切片面性，道德与道德之间的对立和相互限制都会得到和解。他说："如果爱不是道德的唯一原则的话，那么每一种道德就同时是一种不道德。"② 这样，黑格尔以"爱"取代了绝对的道德律令的权威，在爱的和解里，不仅命令失掉了抽象普遍的形式，不再具有外在的客观性和约束力，而且抽象的命令也被具有丰富内容的生活所代替。爱源于生命与生活的自发性，使生命的意义变得丰满。这样，爱和解了道德律令的片面性，进而和解了传统理性的对立性。

黑格尔的爱是一种祛除了抽象道德律令形式的生命之爱，这一点在弗洛姆之爱中得到阐发，弗洛姆之"合理性信仰"概念的提出，在其本质上也是对爱与信仰、爱与理性的和解，从而达到彼此的统一。这样，爱体现在信仰与理性的对立统一之中，是一种体现自身能力的生命之爱。

四 爱的正确解读

正确定位弗洛姆的"爱"不是一件很容易的事情，早期的弗洛姆理论研究者们一直都承认他所提出的"爱"不局限为情感，而是集责任、自尊和能力等于一体的艺术，这种解读在一定程度上不能算作学术意义上

---

① 赵林：《神秘主义与理性的双重扬弃——黑格尔宗教哲学的演化与实质》，《天津社会科学》2003年第5期。

② ［德］黑格尔：《黑格尔早期著作集》（上），贺麟等译，商务印书馆1997年版，第412页。

的。尽管如此,并没有减除弗洛姆之"爱"的哲学意味。当然,弗洛姆之"爱"的反宗教意味是明显的,但是很少有学者把弗洛姆之"爱"与基督教之爱进行对比研究,并因此而分析它与基督教之"爱"的承继关系,显然,这一点我们是不能忽视的。

当然,也有现代青年学者从伦理学的角度对弗洛姆的"爱"进行定位,认为,弗洛姆错误地将人格、理性和爱等范畴当作伦理规范来对待,之所以错误是因为:首先,从传统西方哲学的视角来看,爱、理性和人格等都属于美德的范畴,如"爱是基督教三主德之一,理性是古希腊哲学四主德之一,也是基督教七主德之一。而人格虽然不被认为是一种美德,但是它属于美德的综合体。……其次,人格、理性和爱不能作为规范原则。规范作为一种标准、规则或准则,首先着重于人们对规则的遵从,意在促使善良的行为;而人格、爱、理性三者却更着重行为背后隐藏的动机。不同的行为都可以宣称自己出于理性和爱的动机"[①]。

诚然,在西方哲学史中,我们可以找到很多关于爱的理论,如恩培多克勒提出的爱恨本体学说,基督教学说中爱也占据核心地位,所以,对弗洛姆的"爱"进行定位是一件很有意义的事情。但是,简单地从规范伦理和德性伦理的视角对其进行定位未免有点主观,毕竟这是现代伦理学的区分。不可否定的是,在弗洛姆的理论中,始终是以伦理学和心理学为主题的,将他轻易地踢出规范伦理学的领域是有待商榷的,因为除了爱和理性等无善恶特点的概念之外,他还提出了"社会性格""生产性性格"等概念。很明显,在"生产性性格"这一概念中,含有浓重的规范或原则之意味,可以说,它是用来衡量个人道德的核心原则。

如果说"生产性性格"是一条原则,那么爱或爱的能力就是个体和社会的灵魂性的东西。在弗洛姆的"爱"的理论中,爱或爱的能力是随着理性的发展而发展起来的,爱的能力和理性的成熟有着很大的关系。所以,爱和理性才是内核,生产性性格是个体具备了成熟的爱的能力和理性的基础之上才能产生的,标志着个体道德的完满。弗洛姆所提出的爱之所以很难定位,问题在于他引入了很多心理学的内容,而不在于伦理学内部

[①] 曲蓉:《人格塑造的道德合理性——埃希里·弗洛姆生产性性格评述》,《道德与文明》2009年第2期。

之争。将心理学的研究方法纳入伦理学研究领域是弗洛姆力图要做到的，但在实际的研究过程中，我们无法判定弗洛姆所提出的理论是否具有合二为一的性质，毕竟从现代伦理学和心理学的学科区分的角度来讲，我们很难将两门视角不一的学科掺杂在一起。

毫无疑问，弗洛姆之"爱"是他的理论的灵魂和核心，也是我们理解他思想的关键所在。显然，我们不能从单一的角度来批评弗洛姆之"爱"的概念，综合起来评价，"爱"既具有哲学本体意味，也具有伦理学之原则意味，并且也包含心理学、社会学的内容。所以，我们认为，要理解弗洛姆的"爱"，必须从多个角度进行分析，而不是从单一的视角对其定论。因此，接下来我们要做的就是，对弗洛姆的"爱"进行全面的解读。

（一）爱是对人类生存问题的解答

在上文中，我们已经提到，弗洛姆之"爱"继承了黑格尔对生命之爱的哲学思考。实际上，弗洛姆正是从生命本身出发来思考人类之"爱"问题的，因而关于"爱"的哲学，他首先提出的命题就是：爱是对人类生存问题的解答。正如黑格尔所提出的，生命之爱与人的具体生活联系在一起，所以它是丰富多彩而又有血有肉的。弗洛姆的"爱"也正是秉着这一致思路线来考察人类"爱"的问题，因而它所涉及的东西远离"爱"的抽象形式，而与现实具体的生活紧密相连。显然，离开了神与人、灵与肉、感性和理性的矛盾，人所思考的问题自然而然地落到生与死、存在与自由等现实问题上。毫无疑问，弗洛姆之"爱"是对应现代西方上帝之爱的陨落而提出的，尽管这一人本主义哲学思想早在康德时期就已经起始，从康德提出"人是一切目的所在"开始，众多的哲学家开始把研究的视角转向人类自身。因此，上帝之爱的面纱一经揭开，人类自身的存在问题迅速成为焦点，而弗洛姆正是对应这样的时代所需展开他的爱的理论研究，如他所说："任何关于爱的理论，必以人的理论，人类生存的理论为起点，……解决人生存问题的最有效办法在于人与人之间的结合，在于人同他人的融合，在于爱。"[1]

在前文中，我们已经探讨了弗洛姆关于植根于人性的生存矛盾理论，在他看来，人从一出生开始就陷入生存的矛盾，这三种矛盾分别是：生与

---

[1] Erich Fromm, *The Art of Loving*, London: Thorson Publisher, 1957, p.22.

死的矛盾，人的内在潜能与实现的矛盾，人之个性与孤独感的矛盾。并且，弗洛姆认为，在以上三种矛盾中，最为关键和突出的是第三种矛盾。因为前面两种矛盾几乎是人不能够解决的，而第三种可以在产生之时就被立刻解决，也可以在历史发展的随后阶段予以解决。这是弗洛姆关于人之生存矛盾的基本内容，也是他的人性论的基本论调。简单地说，弗洛姆所提出的人性与人性异化等理论，都是从解答人类的生存矛盾入手的。在前文中，我们已经详细地探讨了这些问题，在这里我们所要着手解决的是，在弗洛姆之爱的理论中，爱与人性到底是怎样的关系，或者说，爱是怎样为人性的异化指点迷津的？

实际上，在黑格尔对传统基督教的批判中，上帝之爱造成了人与一切外物的对立：人与自然对立、人与人对立、人与自身对立等，黑格尔哲学的实质就是粉碎传统的上帝之爱，重塑现代西方人本主义爱的哲学。而费尔巴哈更是终其一生的努力去批判宗教，在他的《基督教的本质》《信仰的本质》《宗教的本质》《诸神世系学》等一系列著作里，都对宗教进行了无情的批判。正如有学者所总结的："基督教一贯标榜为爱的宗教，费尔巴哈严正地指出它并不是真正的爱的宗教，而是超自然主义的、属灵的利己主义宗教。它的那种无理智的爱，就其结果与功效而言，并不有别于恨。神学的精神的爱折磨着人，甚至用篝火来烧毁活的肉体，基督教的爱是一种变态的、受信仰驱使和限制的爱。"[1] 因而，费尔巴哈实际上是力主把人在宗教之中"不自觉的、颠倒的、幻想的崇拜和爱转变为自觉的、正当的、合理的崇拜和爱"[2]。

毫无疑问，费尔巴哈已经把爱提到了至高无上的地位，如他所说的："必须拿对人的爱当作唯一的真正的宗教，来代替对神的爱。"[3] 在另一处，他又说："一个新的时代需要一个新的世界观，需要一个对于人类存在的最初因素和根据的新观点，需要——倘若我们要保留'宗教'这个名词的话——一个新的宗教。"[4] 费尔巴哈所提出的爱因此被称为"爱的

---

[1] 许俊达：《费尔巴哈爱的宗教辨析》，《安徽大学学报》2005年第5期。
[2] [德]路德维希·费尔巴哈：《费尔巴哈哲学著作选集》（下卷），荣震华、王太庆、刘磊译，生活·读书·新知三联书店1962年版，第774页。
[3] 同上书，第786页。
[4] 同上书，第719页。

宗教",在抽象而费解的黑格尔主义时代,他的理论让人耳目一新,恩格斯在一定程度上曾肯定其历史合理性。但是在《1844年经济学哲学手稿》中,马克思和恩格斯对费尔巴哈的"爱的宗教"进行了激烈的批判,并同时对"真正的社会主义"进行了坚决的斗争,反对他们把现实的共产主义运动变成爱的呓语,斥责他们种种关于爱的空话。在这里,我们的重点不在于马克思对其理论的批判,我们所要着重阐述的是弗洛姆之爱与费尔巴哈"爱的宗教"之间的差别与联系。

在中国现代学者的研究里,大多数人都已经认识到费尔巴哈的"爱的宗教"本质上并不是宗教,如有学者这样总结:"大凡宗教都必有神,而爱的宗教却无须任何神灵,从这个意义上看,它根本就不是宗教,只不过借用了宗教这一词而已。"① 在这里,我们的目的不是探寻这一概念的实质,而是探寻费尔巴哈之"爱"的内涵及其与弗洛姆之"爱"的异同,以作为我们理解弗洛姆所提出的爱是对人类生存问题的解答这一论断的本质。那么在费尔巴哈的理论中,人性究竟是什么呢?如他所说的:

> 一个完善的人,必定具备思维力、意志力和心力。思维力是认识之光,意志力是品性之能力,心力是爱。理性、爱和意志力,这就是完善性,这即是最高的力,这就是作为人的最高本质,这就是人生存的目的。人之所以生存,就是为了认识,为了爱,为了愿望。②

可见,费尔巴哈的基本论调是高扬人的理性和爱的能力,如有学者这样总结:在费尔巴哈的理论中,"人是一种自我实现的存在者,他对于无限性具有不可遏止的追求(因为人遭遇了虚无),这是费尔巴哈学说中隐秘的前提。理性、爱和意志力作为人的灵魂的本质要求是人生命中的绝对命令,是人不可违逆的命运,因为它们是无限性的体现。……这就是费尔巴哈思想的根本目的"③。

---

① 张荣洁:《费尔巴哈论爱》,《北京行政学院学报》2009年第6期。
② [德]路德维希·费尔巴哈:《基督教的本质》,荣震华译,商务印书馆1984年版,第31页。
③ 高健:《在爱的名义下——试论费尔巴哈哲学思想的宗教本质》,《兰州学刊》2010年第5期。

毫无疑问，在费尔巴哈的宗教批判中，他是崇尚理性的。但是在他的爱的理论中，却闪烁着明显的感性情感色彩，这是众多的哲学家们所认同的。"爱的宗教"是纯粹情感的宗教，它剔除了一切清规戒律、教堂和教会的形式干扰，而只注重人们之间纯真的、实质的情感维系。爱的宗教"可以使人在爱中找到自己感情的满足，解开自己生命的谜，达到自己生命的终极目的，从而，在爱中获得那些基督徒在爱之外的信仰中所寻求的东西"①。费尔巴哈"抛弃以往宗教的虚幻的神的对象，但他并不抛弃宗教，不抛弃宗教中的人性的因素，不抛弃感情和幻想、诗意的对象化和人格化。在他看来，爱的情感是真正的人的感情。无论是夫妻的性爱，朋友的友爱，还是父母对子女的慈爱等，都是植根于人的本质的普遍的爱，是为了人的缘故而爱人，这种人与人之间的感情的、心灵的关系所体现的正是一种宗教的舍己献身精神，是类的实现"②。

然而，弗洛姆之"爱"不局限于人与人之间的情感，正如他对人性的分析也不局限于人本身，而是从人与社会的关系中去寻找，这一点我们在上文中已经探讨到。相比之下，尽管费尔巴哈在批判基督教爱之虚伪性的时候，强调人应该把视野转向现实生活，但他最终又把爱当作一种抽象的情感形式，本质上并没有深入社会生活领域。然而，弗洛姆之"爱"却是直指社会现实的，无论是对于人性，还是社会，他都力图从事实中寻找答案，而不是仅仅做抽象的思辨论证。

因此，对于哲学家来说，现实的问题是，既然在神与人之争的这场战役里，人性最终胜出，那么究竟什么是人性呢？正如费尔巴哈所论证的，理性、爱和意志力等是人性的根本体现，但这些仅仅是对人的抽象把握，并没有道出人性的本质。而弗洛姆对这一问题的解答是很认真的，相对于黑格尔、费尔巴哈等人的纯粹哲学思辨，他的眼光却直指社会现实。在《健全的社会》《爱的艺术》等书中，弗洛姆对于人类的生存状况、人自身的生存矛盾等做了详细的分析。关于人性，他不赞成对人性做纯粹的哲学思辨，而应该加入心理学的内容，如他所阐述的：

---

① ［德］路德维希·费尔巴哈：《费尔巴哈哲学著作选集》（下卷），荣震华、王太庆、刘磊译，生活·读书·新知三联书店1962年版，第243页。
② 许俊达：《费尔巴哈爱的宗教辨析》，《安徽大学学报》2005年第5期。

第三章　弗洛姆爱的伦理思想的核心：爱的理论

"人"的定义不仅仅局限于解剖学和生理学，其成员还具有共同的基本心理特征，控制他们的精神和情感的普遍规律，以及完满解决人的存在问题的共同目标。事实上，我们对于人的认识仍然很不完全，还不能够从心理学的角度为"人"下一个令人满意的定义。最终正确地描绘出称之为"人性"的东西是"人学"的任务。而"人性"不过是人的诸多表现形式的一种——通常是病理学的一种——这一错误的定义经常被用来维护一个特殊类型的社会，认为这个社会是人类精神构成的必然产物。①

从这一段话可以看出，弗洛姆认识到人性分析中不能缺少心理学的成分，这也可以说是对纯粹哲学思辨的补充。但毫无疑问的是，研究人性的根本任务，是要从众多的人之中找出人之共同特征，揭示人性发展的固有规律，这是解决人之生存问题的根本目标，而这离不开社会整体的文化特征。弗洛姆承认社会文化环境对人性的重要作用，在前文中，我们已经有所阐述。但是弗洛姆并不认为肯定社会文化环境的重要作用，就能否定人自身的作用，相反，应该在更高的程度上肯定人自身的能力。如他所说的："我们必须从众多表现形式中推断出全人类的共同本质，不论是正常的还是变态的，我们能够在不同的个人和文化中观察它们。进一步的任务就是认识潜藏在人性中的规律，以及揭示人性发展的固有目标。"② 因此，社会文化对人性的形成具有重要的作用，但是任何一种确定的文化中的人只是人性的一种表现形式之一，而研究人性的根本任务是总结出全人类的共同人性。在弗洛姆看来，如果仅仅拘泥于一定的社会文化环境，是不太可能的，因为人对环境具有超乎寻常的适应性，如他所说：

与动物相比，人确实表现出一种几乎是无限的可塑性；正如他能吃几乎任何东西，实际上可以在任何一种气候条件下生存，……不论在什么精神条件下他都能够继续生活下去。……几乎不存在人类不能

---

① [美]埃希里·弗洛姆：《健全的社会》，蒋重跃等译，国际文化出版公司2003年版，第10—11页。

② [美]埃希里·弗洛姆：《健全的社会》，孙恺祥译，上海译文出版社2011年版，第20页。

够做的事情,不能够习惯的事情。所有这些观点似乎都证实了一个命题,那就是没有对所有人都适用的称之为人性的东西,这意味着实际上不存在作为一个种属的"人",除了在生理上和解剖学的意义上。①

显然,尽管社会文化环境对人性的养成具有重要作用,但这不等于说人性所代表的就是他所处的社会的本性,毕竟,不同的社会文化环境塑造不同的人,依此类推,东方人有东方人的本性,西方人有西方人的本性。因此,根据社会文化环境推出的人性势必只是人性的一种表现形式,不属于具有普遍价值的人性规律。并且,如弗洛姆进一步提出的,就同一个社会文化环境而言,如果是一个病态的社会,那么,可以说病态社会中的人的共同特征代表人的本性吗?显然是不能的,这也正是他把精神分析的方法纳入伦理学研究的主要原因,不言而喻,其目的在于弥补只从人生理的和社会的两方面来解释人的做法,在这一点上,他引用了弗洛伊德的观点来阐明:

> 我并不认为把精神分析的方法运用于文明社会完全是异想天开或注定毫无结果。但是我们应该非常谨慎,不要忘记我们只是在使用类比的方法,不论是对人还是对概念,把他们从其产生和成熟的地方硬拖出来是十分危险的,而且对"机体神经症"的诊断将会遇到一个特殊的困难。在个人神经症的诊断中,我们能够从病人与他们所处的环境(我们姑且认为是"正常"的)的比照出发作出判断。对于患有同样病症的社会却没有可以用来比照的背景,而必须使用其他的方法。就我们所知道的方法而言,极为敏锐的社会神经症的分析将有什么用,因为没有人能够迫使社会采取这种诊断方式。尽管存在这些困难,我们还是希望有一天有人敢于进入文明社会的病理学这一研究主题。②

弗洛姆主要的立论在于对弗洛伊德所提出的"社会精神病"这一观

---

① [美]埃希里·弗洛姆:《健全的社会》,蒋重跃等译,国际文化出版公司2003年版,第15页。
② 同上书,第17页。

点的认同。显然，如果说人的本质属性是其社会属性，那么社会是病态的，由此而总结出来的人性也是正确的吗？正因为如此，学界对于弗洛姆的理论的评价几乎达成一致，那就是，弗洛姆实际上是试图把马克思的社会人性论与弗洛伊德的精神分析理论结合在一起来研究人性。这一点也是有据可循的，弗洛姆对于弗洛伊德的精神分析理论和马克思的社会人性理论确实都有过深入的研究，也正因为如此，他被列为"西方马克思主义"，也被列为"弗洛伊德的马克思主义"等。

弗洛姆在《马克思关于人的概念》一书中论述道，虽然马克思把人的属性分为自然属性和社会属性，但显然他更强调人的社会属性，如马克思所说："应当避免再把'社会'当作抽象固定下来去和个体对立。个体是社会的存在。"① 依照马克思的观点，个体和社会是相互印证的，个体生活必然具有社会性，而社会生活是真实的个体的生活所形成的，在另一处，他又说："人类的个体的和族类的生活并不是个别的，尽管——而且这是必然的——个体生活的定在方式是族类生活的一个或较为特殊或较为普遍的方式或族类生活方式是一个较特殊的或较为普遍的个体生活。"②

在弗洛姆看来，人不仅要站在特定"社会"（其实质是指不同的民族和国家）的立场上来评价自己的行为是否符合社会的善恶标准，而且要超越特定的社会善恶标准，站在更高的立场上来评价自己所处的"社会"本身是否道德，是否合乎人性，这个更高的立场就是"人类"，如他所说的：要"从普遍人的价值观点出发来认识社会的动力，批判地评估自己的社会"③。从这里可以看出，弗洛姆把马克思所说的社会理解成特定的社会，本质上是指特定的国家或民族，而他所认为的"社会"并非局限于民族和国家，而是只有站在这样的代表全人类的"社会"立场上来认识人性，才能真正地解决人类生存的困境。

尽管马克思等人对于黑格尔、费尔巴哈等人的爱的理论进行过激烈的批判，但弗洛姆还是坚持在继承马克思主义哲学的基础上，继续把费尔巴哈等人的爱的理论完善到底，而这也许是他建构其爱的伦理学体系的初

---

① ［德］马克思：《1844年经济学哲学手稿》，人民出版社2002年版，第88页。
② 同上书，第88—89页。
③ ［美］埃希里·弗洛姆：《在幻想锁链的彼岸》，张燕译，湖南人民出版社1986年版，第136页。

衷。这一方面是因为他认为弗洛伊德、马克思等人的理论都存在不完善之处；另一方面出于他对现实社会状况的思考，试图找到一条更为切实的出路。在《健全的社会》和《爱的艺术》等著作中，他便着手分析人类的实际生存状况以及人自身所不能解决的生存矛盾等问题，而这些问题最终依靠个体和社会的共同作用、依靠个体的内在潜能的提升去克服，这种能力或潜能实际上体现为个体的爱的能力，因而他说：

> 只有一种情感既能够满足人们与世界结合的需要，而且同时又能使人获得整体性与个性的统一，这种情感就是爱。爱就是在保持自身完整性与独立性的前提下，与外在的某人某物的结合。这是一种分享与交流的体验，它使人能充分展示其内在的能动性。①

事实上，贯穿于弗洛姆爱的伦理思想始终的是人类的生存问题，无论是他对于社会整体结构的思考，还是对于人自身人性异化的思考，都深刻地说明他所领会到的核心问题是人之生存。在他看来，在西方伦理学思想史中，无论是本体论、知识论还是心理理论，要解决的都是人的生存问题，寻求人类的福祉是其终极追求。然而，面对20世纪的西方世界，人类的生存问题在本质上面临更大的困境。首先，能源和资源的稀缺及其所引发的各种纷争；其次，环境污染、核威胁、人与他人的疏离；最后，人的价值感、意义的丧失和幸福感的缺失等。而这些问题的始作俑者都是人类自身，要解决人类生存的困境，伦理学的立足点应更具开放性的眼光。每一个个体都应该尊重和考量作为社会整体的一员的利益和幸福，意识到社会成员之间的休戚相关、不可分离的关系。弗洛姆正是站在20世纪人类所处的真实情境中，建构他的爱的伦理思想。

（二）爱的本质是给予

在上文中，我们已经分析了弗洛姆关于"爱是人类生存问题的解答"这一命题，这一命题在其本质上是对人性的深入思考。在弗洛姆看来，人

---

① ［美］埃希里·弗洛姆：《健全的社会》，蒋重跃等译，国际文化出版公司2003年版，第26页。

第三章 弗洛姆爱的伦理思想的核心：爱的理论

性就植根于人之生存的基本矛盾，这三种矛盾分别是：生与死的矛盾，人的内在潜能与实现的矛盾，人之个性与孤独感的矛盾。在以上三种矛盾中，前面两种矛盾几乎是人不能够解决的，因而人的生存矛盾的解决实际上就落实到第三种，即人之个性自由与孤独感之矛盾，在前文中，我们已经有所阐述，其基本观点是：人在发展自身个性的同时，其孤独感也油然而生。每当人的个性和独立性增强之时，意味着他对于自然、他人和社会的联系的更大程度的放弃，从而意味着其孤独感也越来越浓。因而人处在极其的矛盾之中：一方面要脱离与自然、他人和社会的关系来发展自身的个性或独立性；另一方面又要克服因为孤独而产生的恐惧感，寻求与自然、他人和社会的联系。

关于人的生存矛盾，弗洛姆说："不管是什么时代，也不管生活在什么样的社会文化背景下，凡为人者，都无法回避两个很现实的问题：人究竟应该如何克服如上所说的孤独感和恐惧感？如何超越个人生活的领地，实现人类社会的真正和谐？"[①] 显然，在弗洛姆看来，对于以上问题的回答方式是各种各样的，不管是哪个国家、哪个民族的历史，在其本质上都是一部爱的历史。这样的问题不可能存在先天的答案，而是要从人类古老的发展历史中去寻求答案。然而，在现代西方社会的现实生活中，克服分离和孤独感有多种方式和途径：首先，通过酒精、毒品、药物甚至乱性达到某种紊乱状态从而暂时忘记孤独；其次，通过屈从于某个人或某一群体来掩盖分离之苦；最后，通过使自己成为工作狂、成为生产机器的附庸来摆脱分离和孤独感等。然而，在弗洛姆看来，以上克服分离和孤独感的方式只是对人类生存问题片面的、消极的解答，它们在本质上导致人的尊严和个性的丧失。对人类生存问题的全面解答在于实现人与人之间融合的爱的能力，只有爱才能把人从孤独的"牢笼"中解放出来，同时又保持人的尊严和个性。

与之前众多爱的形式相比，弗洛姆的独到之处在于，他提出爱的哲学，同时并不把它当作一个纯粹的、抽象的概念，而是具体地、详细地解释了什么是爱，也就是爱的最本质的、最核心的表现是什么，当然也包括了爱的实践，我们将一一地阐述。

---

① [美] 埃希里·弗洛姆：《爱的艺术》，萨茹菲译，光明日报出版社 2006 年版，第 16 页。

那么，什么是爱呢？弗洛姆首先肯定的是，"爱是人的一种主动的能力，是一种突破使人与人分离的那些屏障的能力，一种把他和他人联合起来的能力"①。这一定义充分地表明爱的本质特征是主动性，换句话说，爱是人的一种主动能力，一种积极的行动，而不是消极的情绪。那么，这种主动性表现在哪里呢？弗洛姆指出，爱突出表现为它是一种给予，而不是接受。"给予"，不是我们在日常生活中所意指的丧失某物，只有那些性格发展不健全，具有索取倾向的人才会在给予时有这种感受。对于具有生产性性格的人来说，"给予"具有完全不同的意义。"给予"不意味着失去或丧失，而是个人能力的集中表现。正是在"给予的行为中，我体会到了自己的强大、富有、能力"②。给予体现的是人内在的活力与能力。因此，"爱是一种'给予'，而不考虑'拥有'。"③

在肯定了"给予"是爱的本质特征之后，弗洛姆着手阐述的问题是什么是"给予"？从常人的角度出发，"给予"似乎是一件很简单的事情，那就是把自己拥有的东西让给别人。从人格上讲，就是作出自我牺牲，成全别人。然而，在弗洛姆看来，"给予"在本质上并没有这么简单，根据他的分析，在人格结构不完善的情形下，人们所理解的"给予"常常与接受、索取、贪婪、掠夺之类的词联系起来，甚至认为"给予"和买卖在本质上是相同的。比如那些商人，就把"给予"理解为交换，如果不是交换，一味地"给"，而没有"得"，那就是地地道道的欺骗。拥有此种"给予"观念的人，在其行动中会断然拒绝给予别人任何东西。当然，以上这样的鉴别并不难，难在如何鉴别"给予"和"自我牺牲"的不同之处。在弗洛姆看来，社会上也存在很多自我牺牲的美德行为，很多人甚至把这种行为与"给予"等同起来，但实际上，并非如此，如他所说：

> 他们认为，正因为"给予"是一种痛苦的事情，所以他才应该那么去做，而且也只有那么做，才能体现出他的价值。"给予"的德行就是事先要做好牺牲的准备，"给予"比"接受"好——这一准则

---

① ［美］埃希里·弗洛姆：《爱的艺术》，刘福堂译，安徽文艺出版社1986年版，第17页。
② 同上书，第19页。
③ ［美］埃希里·弗洛姆：《爱的艺术》，萨茹菲译，光明日报出版社2006年版，第32页。

第三章　弗洛姆爱的伦理思想的核心：爱的理论

似乎在告诉人们这样一个"道理"：人宁可忍受损失也不要去体验快乐。①

显然，弗洛姆不赞成把"给予"看作对自我的损害，如果一个人在给予别人的时候，把它当作"牺牲个人"，那么，在本质上，他并没有体会到给予的快乐。真正的"给予"不是此消彼长，而是共同丰富。一方面，"给予"意味着自我力量的增长和人格的完善，通过"给予"让个体的生命价值和活力体现出来；另一方面，通过"给予"，丰富了他人的生命感，引起他人爱人的能力。也就是说，"给予"不只是意味着一方对另一方的馈赠，更应该是通过"给予"，让他人也同时获得爱的能力，如弗洛姆所说的：

> 真正的"给予"，必然能接受到回馈的东西。而在这种"互为"中，双方都因为唤醒了内在的某种生命力而感到无比的欣慰，而且都在"给予"的行为中诞生了新的力量。如果把"给予"放在爱中来解释，那就意味着：爱的"给予"可以缔造爱的升华，没有爱的"给予"，则没有爱的创造。②

因此，无论是物质上的还是精神上的，抑或是情感、性爱中的"给予"都不意味着单方的奉献，而是双方在"给予"中互爱，因而爱的"给予"是一种能够激起对方生命之爱的能力，能够唤起对方之爱的爱。而取得这一能力的前提是具备生产性性格倾向，只有这样，"他才能克服依赖性和自恋症出现在自己的身上，才能摈弃剥削别人或只当守财奴的欲求，并能从中找到对自己人性力量的自信心，以及所要达到某种目的的勇气。"③

弗洛姆的"给予"在本质上对应于他所提出的"占有"生存方式，"爱的给予"是人类的正确生存方式，但实际生活中，人们的生存方式却

---

① ［美］埃希里·弗洛姆：《爱的艺术》，萨茹菲译，光明日报出版社2006年版，第33页。
② 同上书，第36页。
③ 同上书，第37页。

是重"占有"的。在《爱的艺术》这本著作里面,弗洛姆就批判了人类错误的生存方式以及"爱的给予"的重要性。20年后,弗洛姆在身体非常不好的情况下艰难地写下了《占有还是存在》(1976年)这本书,从某种意义上说,这本书是弗洛姆对自己60年学术思想的概括和总结。在《占有还是存在》一书中,他着重对两种基本的性格导向:重占有(To Have)和重生存(To Be)作了分析。这两个概念是对两种生存方式的概括,或者说是对利己和利他这两种性格类型的概括,具有社会批判性质。简单地说,"占有"代表的是一种恶的生存方式,现代西方社会中一切恶的现象都被归结为"占有"这一范畴;而"存在"代表的是一种善的生存方式,理想社会和"新人"的要素都归结于"存在"这一范畴。正因为如此,《占有还是存在》这本书的德文版副标题为"一个新社会的精神基础",鲜明地表达出弗洛姆对现实生活的批判和对未来社会的构想。

弗洛姆认为,重占有和重存在是两种不同的性格结构,决定着人的思想、情感和行为。前者常常把与世界的关系视为一种占有关系,表现为占有包括其自身在内的一切,这种性格结构注重外在物质,具有消极、静止、僵死的特征;后者不重在"占有",而是欢乐和建设性地利用自我的能力,与世界融为一体,这种性格结构重人,具有变化、积极、运动的特征。实际上,弗洛姆所提出的"重占有"和"重存在"的概念并不是他所独创的,之前的宗教哲学家和马克思就对人类生存的占有特点有过激烈的批判,在这里不再一一赘述,我们重在阐明弗洛姆的相关理论。

弗洛姆在《爱的艺术》《占有还是存在》等书中激烈地批判了现代社会的种种弊端。他认为,建立在私有制、利润和强权三大支柱之上的西方工业社会就是"重占有"心理性格导向的温床,"重占有"这种生存方式归根结底源于资本主义私有制,在这种体制下,人们的人生目标就是追求金钱、荣誉和消费,人成为其占有物的奴隶。西方人重视的不是自身的"使用价值",而是他的"交换价值";关心的不是生活和幸福,而是他在"人的商品市场上"是否畅销。这种性格的最高目标是全面顺从,即"你希望我成为什么样的,我就成为什么样的";他们不断地追求生产效率而不知道为什么需要这样做;他们对别人既没有恨也没有爱,与他人、与自我失去了紧密的联系;对一切外物抱无所谓的态度,他们唯一的人生信条就是:无论什么情况都要正常运转。弗洛姆认为,"占有"和"存在"这

第三章　弗洛姆爱的伦理思想的核心：爱的理论

两种生存方式也是马克思关于"新人"思想的核心，两者是对立的。前者对物感兴趣，物指的是具体的、可描述的一切外物，人的幸福在于强过他人，在于占领、掠夺和杀戮的能力；而后者是人的一种经历，这种经历是无法描述的，以爱、给予和分享为其根本特征。

（三）爱是需要学习的

在前文中，我们已经探讨了弗洛姆的爱与人之生存之间的关联，他提出了"爱是对人类生存问题的解答""爱的本质是给予"等命题。弗洛姆正是从人之生存出发来构建爱的理论，他的爱之概念既脱离了形而上学之意味，也不局限为一种情感。如果一定要给弗洛姆之爱下一个定义，那么使用"科学"一词应该更为确切，也就是说，在他那里，爱更是一门科学，这门科学既具有理论上的知识，也需要付出实践上的努力，更需要将其上升为一门艺术。正是在这样的基调下，弗洛姆提出他的第三个爱的命题：爱是需要学习的。

爱是需要学习的，这在本质上首先承认爱是一门知识，知识既拒绝盲从，也拒绝为激情所操控，而是受人之理性主导的。弗洛姆高度赞扬理性的价值，如他所说："人类最大的天赋无非就是理性。人既能充分意识到自我存在的生命体，同时也了解他人（包括亲友和同伴）的过去的事实和未来的发展走向。"[1] 因此，爱是伴随人类的理性能力的发展而发展起来的，在前文中，我们也已经作出相关的阐述。因而，爱在弗洛姆这里，既冲出了神人之争的范畴，也冲出了理性与情感之争的范畴。那么，我们的问题是，弗洛姆之爱最终的归宿在哪里？在前文中，我们已经探讨过弗洛姆之生产性性格的内涵，并提出爱与生产性性格之关系问题，那么我们无法回避对此问题的解答。在生产性性格中，无疑爱是其集中的表现，如弗洛姆所提出的，爱、理性和意志是生产性性格的三大特征，其中以"爱"为核心。那么，爱与性格之间产生了关系，如果我们不能将爱直接等同于性格，它本身不具备道德或善恶的意味，正如弗洛姆所提出的，坏人也有爱，那么，爱在其本质上只能等同于一门培养人之生产性性格的"科学"，它集知识、理性、意志与道德为一体，最后上升为一门艺术。

---

[1] ［美］埃希里·弗洛姆：《爱的艺术》，萨茹菲译，光明日报出版社2006年版，第14页。

因此,爱是以知识为出发点的,这是弗洛姆提出"爱是需要学习的"这一命题的前提。诚然,知识是历史性的,是人类在历史发展的过程中所积淀的,正因为如此,弗洛姆提出"学习"一词作为掌握爱的知识的前提,如他所说:

> 要探寻爱的含义,就必须从学习入手。学习的第一个步骤是要明确爱情是一门艺术。如果我们要想学会如何去爱,就必须像学其他的艺术门类一样循序渐进。诸如学习音乐、绘画、雕塑,以及医疗等艺术和技术,丝毫不能含糊。①

可见,在弗洛姆看来,爱之学习也同其他的技艺学习一样,需要循序渐进,需要学习的功力。在这里我们不得不对"学习"一词进行必要的追溯,实际上,在东西方思想史上,"学"是一个非常重要的概念。在中国哲学史上,"学"是贯穿中国哲学思想史的一个概念,从孔子、孟子和荀子等伟大的先秦儒家哲学家开始,到宋明理学,到近现代的哲学家,学在个体道德品格的塑造中,占据着非常重要的作用。在西方,"学"是伴随着理性思考而进行的,注重理性思辨和逻辑推理是西方哲学的特点。因而,弗洛姆提出"爱是需要学习的"这一命题,在一定程度上表明,他不赞成把爱当作一种先天的能力,而是一种通过后天努力才能获得的品质或能力。正因为如此,他在《爱的艺术》这本书中开篇就提出了"爱是一门艺术吗?"这样的问题,如果答案是肯定的,那么首要的条件是要学习,也就是学会怎样去爱。

在此基础上,弗洛姆对现代西方有关爱的认识误区进行了批判。他认为,在爱的问题上,存在三种认识误区。

第一种误区是把自己置于爱的被动地位,其具体表现是,在爱的面前常常问这样的问题:"我被对方爱了吗?"而根本不去思考自己是否已经具备了爱的能力。正因为如此,他们的目标不是提升自己的爱的能力,而是想尽一切办法让自己成为"值得被爱的人"。于是,男人们会竭尽所能地去取得名利或权力并以此作为证明自己值得被爱的依据;而女人们则会

---

① [美] 埃希里·弗洛姆:《爱的艺术》,萨茹菲译,光明日报出版社2006年版,第9页。

第三章 弗洛姆爱的伦理思想的核心：爱的理论

在自己的容貌、身材及服饰打扮等方面费尽心思，以使得自己值得被爱。所以，为了值得被爱，他们殚精竭虑，为的就是获得"具有被爱的资格"，这在本质上，无异于对"赢得了人心以及对异性具有吸引力这两种能力的综合评价"[①]。

对爱的认识的第二种误区在于把爱的对象凌驾于爱的能力之上，也就是说，他们认为应该先有对象，才有爱。依此类推，就会产生这样的结论：爱其实并不难，难的是没有爱的对象。在弗洛姆看来，这种观念的根源还是在于工业文明的形成和发展。在传统的爱的文化中，人们的爱往往都是不能离经叛道，不能自己做主的，往往都是由父母做主门当户对地结成婚姻，先有婚姻，后谈恋爱。这种传统的爱的形式在工业文明时代受到严重的冲击，集中表现为掀起了"浪漫式爱情"，其主要特点就是自由性。然而，自由恋爱是基于对对方条件的考察，也就是说，在决定爱还是不爱之前，先对爱的对象的价值进行综合评估，然后才决定爱还是不爱。因而，在这一逻辑里，是先有爱的对象，然后才有爱。正因为如此，爱就相应地体现为一种"等价交换"，也就是说，衡量彼此之间爱的程度的原则并非对方本身的价值，而是彼此在"爱的市场上"受欢迎的程度。用一个通俗的词语来表达就是：魅力。正如弗洛姆所描述的：

> "魅力"的程度直接影响在爱的"市场"上的受众程度。需要指出的是，"魅力"虽然是个让人动容的词，但或多或少带有时尚的意味，时尚是非人格的，仅仅是一个人的生理条件和精神气质的杂糅而已。[②]

第三个误区在于无法区分"永恒"和"即时"的内涵，甚至混淆了二者的关系。弗洛姆批判，在现实的西方社会，太多人把爱等同于性的需要，这是出于与异性交合欲望的爱，这样的爱会"随着性欲的到来而到

---

① ［美］埃希里·弗洛姆：《爱的艺术》，萨茹菲译，光明日报出版社2006年版，第5页。
② 同上书，第6页。

来,又随着性欲的消退而消退"①。在本质上,这一类型的爱是不可能长久的,随着彼此了解的深入,原来的亲密关系就会越来越淡漠,甚至产生对立、失望和厌倦。

以上三种爱的误区,究其根本原因在于未能认识到爱的真正含义,未能认识到爱需要从学习入手。在这里不得不提出的是,弗洛姆在这里单单拿出异性之间的爱情这一种爱的形式来说明问题,而这也是为何很多人把他的爱的理论局限为爱情哲学的主要原因。但实际上,弗洛姆的爱远远超出爱情的范畴,在上文中,我们已经探讨过他的爱的形式,在这里,我们不再赘述。不管弗洛姆是出自何种原因以异性之间的爱情为例来说明"爱是需要学习的"这一命题,我们的目的只在于证明这一命题的科学性。

毫无疑问,爱的学习不是一件容易的事情,既需要掌握一定的理论知识,还需要具体的实践操作。如弗洛姆所说的:"只有通过不断的实践活动,把你所学的理论知识和亲历实践的经验融合在一起,由此形成'自我'的感觉(这是任何一门艺术和技术都必须具备的要素),直到你感到你的技艺已经很出众了,这时候你才有资格说自己已经出师了。"② 可见,弗洛姆在这里是极力强调爱的实践的重要性,而他的这一观点其实也来自对马克思理论的批判与继承。在这里,我们不得不对"实践"一词进行分析,也就是说,对弗洛姆所提出的爱的实践究竟具有怎样的思想渊源进行必要的追溯,以理解弗洛姆所提出的爱的实践的真正意图,以及爱的实践本身所包含的哲学维度。

在西方哲学史上,把理论活动看作优于实践以至脱离实践的活动是历来的做法。在古希腊时期,体现为当时亚里士多德对知识的分类,在他看来,理论知识属于智慧的最高层次,其他学科和技艺则是低于它的次一级的知识。并且,理论知识的研究不以实用为目的,仅仅出于为求知而求知的目的。在众多知识形式里面,哲学是一门自由的科学,它的研究对象是神或思想,只有形而上学的静观才能达到思想的最高境界。近代哲学研究仍然把认识看作静观的,人的实践作为伦理活动不是对神的爱,就是走向

---

① [美]埃希里·弗洛姆:《爱的艺术》,萨茹菲译,光明日报出版社2006年版,第8页。
② 同上书,第9页。

以情欲为基础的功利主义。康德修正了传统哲学中的"理论高于实践以至脱离实践"的教条，提出"实践高于理论"的主张。他指出，实践理性和理论理性是同一的，只是二者方向相反。理论理性解决认识问题，它只管现象界，实践理性则说明行为问题，行为来自意志，意志发自心灵，心灵属于本体界，构成了理论与实践的区别和对立。马克思扬弃了康德的实践理性概念，提出具有新的内涵的"实践"概念。马克思的实践概念有广义和狭义之分。"广义的实践概念是指人的一切感性活动（除去单纯的直观和思维），狭义的实践概念或指涉生产劳动，或指涉改变世界的革命活动（政治革命或社会革命）。"① 可见，是否诉诸改变世界的实践活动是马克思哲学中"实践"概念的精髓部分，而这也正是马克思主义哲学思想与其他一切哲学思想的差异所在，正如他写道："哲学家们只是用不同的方式解释世界，问题在于改变世界。"② 因而，在"实践"这一概念上，我们无法回避康德与马克思主义哲学，可以说，"康德开创了主体论思维和研究方式，建构了西方近代第一个具有典型性和转折意义的实践哲学，康德的实践哲学以自由为核心，将主体性问题研究由认识论提高到主体论的高度，使之由纯粹的认识问题升华为道德实践问题。"③ 而对于两者的差别，有学者提出："实践概念在康德和马克思各自哲学领域中占有重要的地位，所不同的是，康德的实践是人内心中的道德修养，而马克思的实践是人认识世界和改造世界的活动。"④

考察弗洛姆所说的"爱的实践"学说，他的"实践"概念恰恰涵括了康德所注重的人内在道德修养和马克思所侧重的人的认识世界和改造世界两个方面的内涵。那么，在弗洛姆所提出的"爱是需要学习的"这一命题里面，他提出了理论与实践相结合的方法。在上文中，我们已经考察了马克思等人的"实践"概念，以及理性与实践相结合的方法。我们暂且不讨论马克思主义哲学中理论与实践是如何实现统一的，在这里，我们只讨论弗洛姆的"爱的实践"概念中具体包括什么内涵。实际上，他的"爱的实践"既包括以爱的理论为基础来进行的个体道德修养，又包括人

---

① 俞吾金：《康德是通向马克思的桥梁》，《复旦学报》2009 年第 4 期。
② 《马克思恩格斯全集》（第 3 卷），人民出版社 1960 年版，第 57 页。
③ 欧阳康、张明仓：《康德实践哲学及其意义探析》，《河北学刊》2008 年第 5 期。
④ 胡纯华：《从实践概念看康德哲学对马克思的影响》，《学理论》2014 年第 4 期。

类认识世界和改造世界的具体活动。前者仍然属于理论学习的范畴，后者才是真正的实践。在第四章里面，我们将着重阐述弗洛姆爱的具体实践，在这一章里面，我们只探讨弗洛姆作为爱的道德修养的实践活动。

显然，把爱付诸实践是一件不容易的事情，在弗洛姆看来，太多人想知道"爱的实践"的秘诀。尽管每个人在实际生活中都接受过一些爱的教育，并且也身体力行地经历过一些爱的体验，但这只是初步的入门知识，要达到领会爱的艺术的地步，还需要进一步实践。只有通过实践，才能得到有关爱的深刻知识。简单地说，弗洛姆首先交代的其实是爱的实践方法。那么，爱的实践需要哪些必要条件呢？弗洛姆提出，爱的实践首先需要有规范，他说："这里所指的'规范'，并非是像实践一门特殊技巧的艺术所要求的基本功规范（比如学习音乐、美术等艺术专业被要求每天坚持练习一定的时间或次数），而是贯穿一个人的一生的规范。"① 其次，爱的实践需要专心投入；最后，需要耐心。在这三个条件都具备的情况下，爱的实践才能开始进行规范训练，而这才是关键的一步。

如果说弗洛姆之爱是通往生产性性格的桥梁，那么爱的实践在其本质上等同于人格修养及其方法。弗洛姆把爱当作一门科学，把爱的实践当作具体的社会行为。这样，他的爱完全超出了传统意义上的理性、情感范畴。同时，他不局限于把爱当作一种德性，在上文中，我们已经提到，弗洛姆之爱本身不具有道德意味，因为坏人也具有爱的情感。因而，在他这里，爱只有健康的爱和不健康的爱之分，健康的爱才是通达生产性性格的桥梁。

早在康德就遇到"爱"的难题，他不赞成以"爱"这种情感为道德行为的动机。因为他认为，首先，"爱"作为一种情感具有特殊性、相对性，而不具有普遍性，但作为义务之根基的道德法则是具有普遍性的，因而爱不能成为道德义务。其次，义务或责任应当具有一定的强制性，而爱这种情感是不能强制的，"作为情感的爱"不能构成人们的义务或责任，如他所说的："爱是感知的事情，不是意愿的事情，而且我能够爱，不是因为我愿意，但更不是因为我应当（被强制去爱）。因此，一种爱的义务是

---

① ［美］埃希里·弗洛姆：《爱的艺术》，萨茹菲译，光明日报出版社 2006 年版，第 142 页。

第三章 弗洛姆爱的伦理思想的核心：爱的理论

胡说八道。"① 因而，作为坚持认为"道德行为应当是从义务出发"的义务论伦理学家，康德要在理论上站稳脚跟，就必须把"爱"这种情感排除在道德行为的动机之外。然而，康德的理论在当时是与基督教"上帝之爱"相违背的，作为上帝之诫命的圣爱是否能构成道德义务呢？"为了解决这一问题，康德采取的办法就是对爱本身作出区分：一种是作为情感的爱，它和爱好、欲望、兴趣等同属一类，康德称之为'病理学的爱'；另一种则是作为义务或责任的爱，它是和上帝之诫命相关的爱，也是和人类意志和理性相关的爱，康德称之为'实践性的爱'。"② 如他所说的："无疑由此我们才可以理解《圣经》上的经文，里面命令我们要爱邻人，甚至要爱我们的敌人。因为爱作为一种爱好是无法被命令的，但是出于义务的善行，即使根本没有任何爱好驱使我们去实行之，甚至还被自然的、难以抑制的反感所抵制，却是实践的（praktische）而非病理学的（pathologische）爱，它在于意志，而不在于情感偏好，在于行为的原则，而不在于温柔的同情心；但唯独这种实践性的爱能被命令。"③ "病理学的爱"指的是依赖于感性的，或由感性冲动所规定的，具有生理情绪性质的爱，在其本质上等同于"作为情感的爱"。由于它出于情感偏好或同情心，所以是无法被命令的。在康德看来，只有"实践性的爱"是一种出于义务的善意和善行，是作为上帝之诫命或某种规范出现的作为义务的爱，从而才具有强制性和必然性，也才具有道德性，是人人都应当如此去做的行为规范。

在弗洛姆这里，爱的学习是通过爱的规范训练完成的。显然，弗洛姆在这一问题上继承了康德"实践性的爱"这一观点，如他所说：

> 西方人向来就以散漫著称，对规范观念的理解也令人遗憾（对包括道德在内的其他观念也是如此），规范对于他们来说的确是一件痛苦的事情，正因为如此，所以更有必要对西方人进行规范教育。而东方人早就认识到规范对人的身心健康是有好处的，也是有利于人格

---

① 李秋零主编：《康德著作全集》第6卷之"道德形而上学"，中国人民大学出版社2007年版，第414页。
② 张传有：《作为情感的爱与作为义务的爱》，《哲学研究》2012年第5期。
③ Kant, *Practical Philosophy*, The Cambridge Edition of the Works of Immanuel Kant, Cambridge University Press, 1996, p.54.

发展的。因此，即使开始的时候会遇到一定的阻力，但他们也会毫无抱怨地坚持下去。①

在爱的规范训练中，既需要专心投入，又需要耐心。相比之下，我们确实难以发现，在弗洛姆爱的实践中排斥情感的成分，尽管他反对将爱当作纯粹的情感对待。实际上，康德关于爱的情感与义务之分，在弗洛姆这里又实现了一定程度的合二为一。不同的是，弗洛姆所提倡的是爱的情感中健康、积极的成分，而不是不健康、消极的成分。因而，在另一处，他又指出，"爱在于积极的活动"，所谓"积极的活动"，"并不是非要干点什么，而是指人的内心的活动，是人的创造能力的积极性的发挥。爱是人认识外部世界的一项活动内容"②。可见，弗洛姆之爱的实践已经不在情感和义务问题上纠缠，从个体的道德修养直接转向认识世界和改造世界的活动，而这在本质上，是对马克思主义哲学中"实践"观念的继承，我们将在第四章详细探讨相关的内容。

（四）爱是一种艺术

在上文中，我们已经探讨了弗洛姆"爱是对人类生存问题的解答""爱的本质是给予""爱是需要学习的"等命题，对弗洛姆之爱有了比较深入的认识。但是如果要理解弗洛姆之爱的最终归宿，或者说，要理解弗洛姆之爱的根本宗旨，我们还需要对其进一步分析。毫无疑问，弗洛姆之爱的最终归宿是把爱上升为一种艺术。诚然，在前文中，我们已经知道，弗洛姆之爱已经脱离情感之爱与义务之爱的纠葛，在他这里，爱既是一种积极的情感，又是带有普遍道德价值的义务或道德规范。我们也讨论到，弗洛姆之爱是通达"生产性性格"的桥梁，最终目的是为社会培养具有"生产性性格"的人，然后实现社会整体的健全。在《爱的艺术》这部著作里，弗洛姆开篇就是提出这样的疑问：爱是一门艺术吗？答案是肯定的，然后，他非常详细地阐述了爱的理论和实践方法，最终需要证明的是

---

① ［美］埃希里·弗洛姆：《爱的艺术》，萨茹菲译，光明日报出版社2006年版，第146—147页。

② 同上书，第167页。

第三章 弗洛姆爱的伦理思想的核心：爱的理论

爱是一门艺术。显然，弗洛姆之爱已经脱离了宗教与哲学之争的窠臼，但如果不抛弃爱作为积极情感这一观点，他必须为自己的理论另辟蹊径。这也是为何弗洛姆不把自己的书命名为"爱的宗教"和"爱的哲学"，而是"爱的艺术"。从整本书的构架来看，这本书里面既包含了爱的哲学，也包含了爱的心理学，这正对应了弗洛姆对伦理学研究的根本方法，即把心理学的研究方法纳入伦理学。因而，"爱"在弗洛姆这里已经是一门具体的科学，而我们知道，任何一门具体的科学最终都要上升为艺术，因而，弗洛姆之"爱"既是知识性的，又是道德性的，最终是一门集伦理学与心理学、理论与实践、知识与品德、个人与社会于一体的现代科学。

具体来说，弗洛姆"爱的艺术"实际上是要把心理学的代表人物弗洛伊德的理论和注重社会经济文化理论的马克思主义哲学有效地结合起来。在一定程度上，我们可以将弗洛姆之"爱的艺术"看作伦理学和心理学的交叉学科。那么，弗洛姆是如何做到将这两门学科进行交叉的呢？我们知道，弗洛姆对现代西方伦理学忽略心理学研究成果的现状深感遗憾，他坚定地认为，科学伦理学得以建立的基础和主要目标是"塑造完美的人格"，而这恰恰是心理学尤其是社会心理学所要研究的东西。那么，在理论建构中，心理学的研究究竟可以为伦理学的研究提供何种支持与帮助呢？弗洛姆提出："心理学不仅必定揭穿伪伦理学判断，而且可以超越这一点而成为建立客观有效的行为规范的基础。"[1] 从这句话可以看出，从弗洛姆的视角出发，心理学的研究恰恰是用以检验伦理价值判断的标准，它通过对人的内在欲望动机、心理情态的分析来证明伦理价值判断的真假，为客观有效的伦理规范提供内在的人格标准。这一点，正如万俊人所指出的："在弗洛姆看来，建立客观有效的伦理规范不是一种社会经济文化的外在规定，而是以人的品格和人格为根据的内在立体规定。对于权力主义的伦理学来说，伦理规范是外在化的、非人性的；但对于人道主义的伦理学来说恰恰相反。"[2] 可以看出，人既作为制定伦理规范的主体，也作为遵从伦理规范的客体，这两者得以实现都源自人本身的成熟人格。

---

[1] [美]埃希里·弗洛姆：《自为的人》，万俊人等译，国际文化出版公司1988年版，第1页。

[2] 万俊人：《弗洛姆的品格学及其伦理意义》，《江汉论坛》1989年第7期。

因而，人道主义的伦理学的任务不仅仅停留在为社会提供有效的社会规范，更在于为社会培养具有正伦理价值的"完美的人"，而这需要从人本身的内在人格着手解决。正因为如此，心理学有关人格的研究正好为伦理学的价值判断和规范的建构提供必要的科学基础。

综合马克思和弗洛伊德的思想可以说是法兰克福学派的传统，奥地利学者赖希早在1929年就发表了《辩证唯物主义和精神分析》一文，开启了这一理论综合的先河。此后，法兰克福学派创始人霍克海默不满足于仅仅对社会进行政治和经济方面的批判，还希望从心理学角度对社会进行分析研究，在理论上，他试图将自身的批判理论建构成为一门社会心理学。这一尝试后来成了法兰克福学派社会批判理论的基本课题。其中比较突出的是马尔库塞和弗洛姆，后世常常把他们归为"弗洛伊德马克思主义"的代表人物。弗洛姆的《在幻想锁链的彼岸》[1]（1962年）一书中集中地探讨了二者理论综合的问题，被后世誉为将二者理论进行综合的"纲领性著作"。除了这一著作，弗洛姆还撰写了《马克思关于人的概念》[2]（1961年）和《弗洛伊德思想的贡献与局限》（1986年）[3] 等著作，非常详细地探讨了这两位巨人的理论及其综合问题；而马尔库塞的《爱欲与文明——对弗洛伊德思想的哲学探讨》[4]（1955年）一书也阐述了同样的问题。弗洛姆在青年时期就接受了弗洛伊德心理学的熏陶，做过三十多年精神分析医生。他对马克思和弗洛伊德二人的思想都比较认同，但在做了认真的比较分析之后，他认为，虽然二者都可以被视为"现时代的设计师"，但"马克思是一位具有世界历史意义的人物，就这点而言，弗洛伊德

---

[1] [美] 埃希里·弗洛姆：《在幻想锁链的彼岸》，张燕译，湖南人民出版社1986年版。

[2] [美] 埃希里·弗洛姆：《马克思关于人的概念》，见《西方学者论〈1844年经济学哲学手稿〉》，复旦大学哲学系现代西方哲学研究室编译，复旦大学出版社1983年版。

[3] [美] 埃希里·弗洛姆：《弗洛伊德思想的贡献与局限》，申荷永译，湖南人民出版社1986年版。

[4] [美] 马尔库塞：《爱欲与文明——对弗洛伊德思想的哲学探讨》，黄勇、薛民译，上海译文出版社2005年版。

第三章 弗洛姆爱的伦理思想的核心：爱的理论

是不能与马克思相提并论的"①。在弗洛姆的著作中，他对马克思主义哲学的推崇是很明显的，主要表现为赞同马克思从社会文化的角度对人的本质加以规定。弗洛姆主要诉诸对马克思早期著作《1844年经济学哲学手稿》的研究，他认为，马克思主义在其本质上是一种人道主义，它的目标是实现"人道主义的社会主义"，如弗洛姆写道："马克思的目的不是仅限于工人阶级的解放，而是通过恢复一切人的未异化的从而是自由的能动性，使人获得解放，并达到那样一个社会，在那里，目的是人，而不是产品，人不再是'畸形的'，而是充分发展的人。"② 弗洛姆对弗洛伊德的理论却予以较多的批评和否定，主要表现为不同意弗洛伊德从纯粹生理的角度解释人，但对弗洛伊德所提出的潜意识理论和心理学的研究方法是十分认可的。在这样的认识前提下，弗洛姆试图对二人的理论加以综合，各自取长补短，以建构起一个更为完美的人道主义理论体系，即实现既从社会整体的角度研究人，又从个体的角度分析人，达到社会与个体的完美结合。

对于弗洛姆以及整个法兰克福学派所做的努力，后世学者提出的最大疑问是：他们究竟怎样才能实现弗洛伊德和马克思主义理论的综合？这样的理论综合，其理论基础在哪里？有没有科学依据？在中国的改革开放初期，学者们对弗洛姆的这一举动持有较多的批判和否定，其主要理由是弗洛姆试图在理论上超越马克思主义似乎是一个幻想。甚至有学者认为，弗洛姆的见解仅仅是"对马克思主义的某种偏见"③。20世纪末期，中国的弗洛姆研究基本上都是在这一论调中进行，在这里就不再一一列举。自21世纪初期，众多学者开始更为中肯地评价弗洛姆以及马尔库塞等人的理论综合，从更为宽容和广阔的角度挖掘其思想中的科学成分，尤其是关于人的本质和人的全面发展问题，现代学者更多地承认人性中的心理因

---

① [美] 埃希里·弗洛姆：《在幻想锁链的彼岸》，张燕译，湖南人民出版社1986年版，第10页。

② [美] 埃希里·弗洛姆：《马克思关于人的概念》，见《西方学者论〈1844年经济学哲学手稿〉》，复旦大学哲学系现代西方哲学研究室编译，复旦大学出版社1983年版，第62页。

③ 张国珍：《一本歪曲马克思主义的书——评弗洛姆〈在幻想锁链的彼岸〉》，《湖南师大社会科学学报》1987年第8期。

素，而不局限于人性中的社会因素。我们重点探讨弗洛姆怎样实现弗洛伊德和马克思理论的综合。

后世学者普遍认为，在弗洛姆的《在幻想锁链的彼岸》一书中，他详细地阐述了二者理论得以综合的共同基础，或者说，之所以综合他们二者的思想，是因为他们的思想具有的共同土壤。他将这一共同思想概括为三句话："1. 我们必须怀疑一切；2. 人所具有的我都具有；3. 真理会使你获得自由。"① 这三句话所要表达的思想是承认马克思和弗洛伊德都对现世的理论持批判精神，虽然二者探索的侧重点不同，马克思侧重于从社会关系中探索人的本质，弗洛伊德则诉诸人的潜意识，但二者都谋求占有人的全部本质的人道主义；并且二者都试图通过对人的病态分析来实现人的解放，马克思诉诸劳动的异化，弗洛伊德诉诸人的精神病理的分析；其目的都在于祛除人性的异化或病态现象，达到人的全面发展。除了以上共同的思想之外，弗洛姆还试图强调弗洛伊德和马克思在研究方法上的一致性，即都运用动力学和辩证的方法来研究社会现实，不同之处仅在于分别运用于个人与社会两个不同的领域。动力学方法上，主要通过过去和现在发生的表象，挖掘隐藏在人们背后起作用的潜在力量，并根据这些力量的存在和变化来预测事物的未来发展趋势。辩证方法上，马克思将其运用到社会中去，使他的理论成为一种矛盾社会学，即生产力和生产关系、经济基础和上层建筑、阶级矛盾和阶级斗争等的矛盾关系；弗洛伊德建构的则是一种矛盾心理学，他提出意识和无意识、自我与本我、生本能和死本能等一系列的矛盾心理概念，将人看作由矛盾着的各种心理力量组成的精神实体。

尽管弗洛姆阐述了二者理论的诸多一致性，但其中最为主要的一致性是人道主义和人性的思想，二者都拥有解放全人类的坚强决心。马克思反对剥削人的社会秩序，追求摆脱异化的全面发展的社会；弗洛伊德则从人的思维过程、印象和感情等出发，反对社会习俗势力，捍卫人的自然欲望。两个人的宗旨都在于实现全人类的解放，实现人的本质或全面发展。在弗洛姆看来，马克思主义哲学过

---

① [美] 埃希里·弗洛姆：《在幻想锁链的彼岸》，张燕译，湖南人民出版社1986年版，第12页。

第三章　弗洛姆爱的伦理思想的核心：爱的理论

于强调社会的政治和经济方面，而忽略了人之感情和行为动机因素，如他写道："但在马克思主义的概念中也缺少一些东西。我们不仅必须考虑经济动机和社会动机，而且还必须考虑人民表达出了什么感情，什么内在的可能性，不管它们与社会经济因素的联系有多么密切。换句话说，人的行动不仅仅出于经济利益，而且还出于深深扎根于'人本身的状态'和人的存在所固有的天赋中的内在需要、感情、目的。"① 因而在探索人的内在需要、感情、行为动机和性格等方面，马克思主义哲学确实存在很大的研究空白。而弗洛伊德则恰恰相反，过多地将人性研究定在生理的和心理的基础之上，将研究人的视角局限于个体和家庭这一狭小的视域之中，而忽略了人是社会中的人这一基本事实。弗洛姆对于弗洛伊德的这一研究局限反应强烈，他写道："这种理论局限性太大，我想要认识完整的人、具体的人的结构，不仅仅以家庭，而是以社会中的人为认识对象。弗洛伊德学说的基础是家庭。"② 因而，在弗洛姆看来，将二者的理论进行综合势在必行，弗洛伊德的理论局限再大，在弥补马克思主义哲学的不足方面，恰恰起到了关键性的作用。在此认识前提下，弗洛姆提出了旨在综合二者理论的两个核心概念：社会性格和社会无意识，以弥补马克思主义哲学的研究空白。

在上文中，我们已经探讨了"社会性格"这一概念，在这里不再赘述。然而，弗洛姆的"社会无意识"概念究竟拥有怎样的内涵呢？实际上，弗洛姆非常推崇弗洛伊德所提出的"潜意识"或"无意识"概念，他说："在弗洛伊德的发现中，确实没有比无意识这个发现更为重要的了。"③ 弗洛姆大力支持弗洛伊德所提出的这一概念，并从多方面论证这一概念存在的科学性，于是加以改造和发展，提出了自己的"社会无意识"概念。这一概念修正了弗洛伊德局限于生物学上的本能来解释人的精神活动和行为根源的做法，而是更着眼于社会结构来研究人的无意识活

---

① ［美］埃希里·弗洛姆：《说爱——一位精神分析学家的人生视角》，王建朗、胡晓春译，安徽人民出版社1987年版，第203—204页。
② ［美］埃希里·弗洛姆：《病人是最健康的人》，《时报》1980年3月21日。
③ ［美］埃希里·弗洛姆：《在幻想锁链的彼岸》，张燕译，湖南人民出版社1986年版，第94页。

动和意识活动,他说:"从形式上讲,什么是无意识,什么是意识,取决于社会的结构,以及这个社会所产生的感觉和思维形式。"① 因而,弗洛姆所理解的"无意识"是一种"社会的无意识",而不局限于个体的"无意识",用他自己的话来讲,"社会无意识"这一概念,是指:"那些被压抑的领域,这些领域对于一个社会的最大多数成员来说,都是相同的。当一个具有特殊矛盾的社会有效地发挥作用的时候,这些共同的被压抑的因素正是该社会所不容许它的成员们意识到的内容。"② 因此"人们把社会承认的那些陈腐的思想视为真正、现实的、健全的思想,那些不符合这些陈词滥调的思想却被当做是无意识被拒斥在意识之外"③。而且"任何一个特定社会中的不合理之处都必然会导致该社会成员对自己许多感觉和观察意识的压抑,一个社会越是不能代表该社会全体成员的利益,这种必然性就越大"④。可见,弗洛姆所提出的"社会无意识"是人类意识中被压抑的成分,在一定程度上,社会意识反映的是社会生活中虚假的内容,而社会无意识反映的恰恰是社会的真实内容,这些内容是不被社会认可和提倡的,但是又符合真实人性的内容。人作为社会存在的一部分,为了使自己与社会存在一致,不得不压抑自己的真实意识,因而,社会无意识是被压抑的。另外,"社会无意识"代表的是社会的一种病态,社会结构越不合理,人们受占统治地位的社会意识的压抑就越严重,社会无意识的范围就会越大。并且,"社会无意识"决定了"个人无意识"的内容,每个社会都为自身的成员提供了共同的"社会无意识",因而"社会无意识"相当于社会所特有的思想和情感,它能根据是否符合社会的需要来决定哪些思想和情感属于社会意识层次,哪些思想和情感属于"社会无意识"层次。

在这里,我们并不是要探讨弗洛姆的"社会无意识"理论及其科学性。事实上,在中国改革开放初期的研究中,大多数学者对于弗洛姆的各种理论都持有怀疑态度,他们的出发点和落脚点都出于对马克思主义哲学

---

① [美]埃希里·弗洛姆:《在幻想锁链的彼岸》,张燕译,湖南人民出版社1986年版,第134页。
② 同上书,第93页。
③ 同上书,第133页。
④ 同上书,第128页。

第三章 弗洛姆爱的伦理思想的核心：爱的理论

的坚定信念，因而对于那些试图超越马克思主义哲学的理论势必存在怀疑和惶恐。不得不承认的是，21世纪之后的弗洛姆理论研究中，其态度要中肯得多，尤其是社会心理学方面，大多数理论都是以弗洛伊德和弗洛姆的理论为参照进路的。我们所要讨论的重点是，弗洛姆所谓的"综合马克思主义哲学和弗洛伊德理论"的做法是否科学？弗洛姆又是在何种程度上提出"爱是一门艺术"这样一个命题，它代表的是何种意蕴？一般来说，学者们是积极地认同弗洛姆在超越弗洛伊德理论上的贡献，如王亚冰总结："无论看他的思想，还是看他的术语，弗洛姆都是一个弗洛伊德主义者，但他又作为一个社会学家和社会心理学家，更注重从社会这个宏观的大的切面来解剖社会的结构及人格问题，提出了一种分析人的新视野，大大超越了弗洛伊德的局限，把精神分析从一种微观的心理学理论发展成一种宏观的社会理论。"[①] 可见，弗洛姆理论相对于弗洛伊德理论的优越性主要体现在他从社会历史文化的角度来理解人性。而这一点恰恰是马克思主义哲学的卓越成就，因而用马克思主义哲学的理论来弥补弗洛伊德理论的不足没有任何疑义，而这样的理论发展或修正其实在新弗洛伊德主义那里已经很完备，在弗洛伊德的众多弟子中，荣格、阿德勒和霍妮等人都是从社会文化的角度来解释人性，以修正和发展弗洛伊德理论的不足。尽管如此，在修正和完善马克思主义哲学这一观点上，中国现代学者始终不肯让步，普遍认为，无论弗洛姆如何用心良苦地调和马克思与弗洛伊德的学说，"最后，他毕竟还是倾向弗洛伊德，有意无意地用被他改造过的弗洛伊德理论再来改造马克思主义。弗洛姆就是这样尴尬地处于马克思与弗洛伊德之间"[②]。这一论断多出自对弗洛姆"社会无意识"理论的批判。

然而，如果说弗洛姆所提出的"社会性格"这一概念主要用以完善弗洛伊德的理论，那么，"社会无意识"这一概念便主要是针对马克思主义哲学而提出的。对于这一理论本身的科学性，后世学者作了较多的分析。在弗洛姆的理论中，"社会无意识"概念是与"社会意识"概念相伴

[①] 王亚冰：《弗洛姆对弗洛伊德的继承和发展》，《四川师范大学学报》1992年第4期。
[②] 吴立昌：《尴尬地处于马克思和弗洛伊德之间——从弗洛姆的〈爱的艺术〉说开去》，《上海大学学报》1995年第1期。

而生并存在的。在他看来,"社会无意识"支配着"社会意识"的产生和发展。在马克思主义哲学中,社会存在决定了社会意识,社会意识反作用于社会存在。在弗洛姆看来,真正起到反作用的是支配"社会意识"的"社会无意识",这是一种隐匿的、不被人察觉的意识,它决定了社会意识,并且,在社会意识中只有一部分会反作用于社会存在。虽然,改革开放早期很多学者提出,弗洛姆的异化、社会无意识等概念其实质是歪曲了马克思主义哲学,但之后的许多研究者认为这些概念还是值得进一步研究的,有关弗洛姆理论的研究也越来越进入更开放和更宽容的模式。

那么,弗洛姆又是在何种程度上提出"爱是一门艺术"这样一个命题,它代表的是何种意蕴?在弗洛姆所建构的人道主义体系中,"社会性格"和"社会无意识"等概念只是理论的基石,他的理论归宿是在全社会培养具有"生产性性格"的人,而爱是"生产性性格"的核心体现。换句话说,"生产性性格"不是人自生的,也不是某种外在力量强加于人的,而是通过"爱"这样一种创造性活动来实现的。弗洛姆首先否定"爱是一种情感"这样的命题,进而论证"爱"所应该有的本质规定。在这一点上,康德也曾经试图对"爱"的本质作出论证,康德反对将情感性规定的"爱"当作道德行为的动机,理由是爱作为一种情感本身具有特殊性和相对性,不具有普遍性,但是道德法则却必须是具有普遍性的道德义务,因而爱不具备这一特性。另外,具有义务本质的道德法则必须是强制的,而"爱"作为情感是不能被强制的,他说:"爱是感知的事情,不是意愿的事情,而且我能够爱,不是因为我愿意,但更不是因为我应当(被强制去爱)。因此,一种爱的义务是胡说八道。"[1] 康德的这一论断与当时作为主流意识形态的基督教将"爱"作为一切道德行为出发点的做法大相径庭,为了解决这一矛盾,康德的办法就是将爱进行区分,即作为情感的爱和作为义务的爱,前者与人的爱好、欲望和兴趣等是同类,是感性的、具有生理情绪性质的爱;后者与人类的意志和理性相关,是"实践性的爱",这是一种出于义务的善良意志和行为,是作为上帝之诫命或

---

[1] [德]康德:《道德形而上学》,载李秋零主编《康德著作全集》第6卷之"道德形而上学",中国人民大学出版社2007年版,第414页。

第三章 弗洛姆爱的伦理思想的核心：爱的理论

某种规范出现的"作为义务的爱"，从而才具有强制性和必然性，也才具有道德性。

当然，在这里，我们并不是要详细讨论康德关于"爱"的理论，我们旨在阐明弗洛姆之"爱"的意蕴。显然，弗洛姆之"爱"有别于西方哲学史中任何一位哲学家的"爱"。在康德那里，爱有情感和义务之分，其目的在于证明"爱"如何才能转化为道德行为，也就是如何实现知行合一的问题，作为义务的爱是实践性的，因而有效地解决了知行不合的问题。显然，弗洛姆也看到伦理学中的这一关键问题，他的做法是将爱从道德的义务上升为道德的主体性，因而爱既不是作为情感的爱，也不是作为义务的爱，而是作为道德人格的爱，更具体一点就是作为"生产性性格"的爱。这样的爱既不局限为兴趣、爱好等情绪特征的感性之爱，也不局限为具有强制性的义务之爱，而是上升为人的内在人格力量或能力，是人的道德主体性的本质体现，如他说："爱不是强加于人的一种职责，而是人本身的力量，正是有了这种力量，他才能与世界发生联系，使这个世界真正成为人的世界。"[1] 并且，"爱的能力是依爱者的性格发展而定。一个人如果要具有爱的能力，先决条件是他已经达到了以创发性的爱为主的性格发展方向"[2]。可以看出，弗洛姆之"爱"是一种道德人格，是随着个体人格的完善而产生的，因而它本身是一个动态的发展过程，每个人的爱的能力都不是先天就具有或者先天就完备的，换句话说，爱是伴随着人的社会化和成熟度而产生的，它意味着个体积极地参与各种具有创造性的社会活动并在活动中完善自我的人格，如弗洛姆所说："爱是主动的活动，而不是被动的投靠，它是'站立于'，而不是'坠入'。以最普通的说法，爱的主动性可以这样表达：爱首要的意义是给予，而非接受。"[3] 另外，在弗洛姆看来，爱的能力既依赖个体的成熟度，也离不开个体所生活的社会文化环境，而这也正是弗洛姆所要论证的重点，如何通过人与社会的互动作用达到两者的共同完善，这是一个社会所要慎重思考的问题，如他所说："如果爱是成熟的、生产性性格所具有的一种能力，那么个体的爱的

---

[1] Erich Fromm, *Man for Himself*, New York: Holt 1967, p. 14.

[2] Erich Fromm, *The Art of Loving*, London: Thorson Publisher, 1957, p. 38.

[3] Ibid., p. 25.

能力要依赖他所生活于其中的社会文化所能给予的影响而定。论及现代西方文化中的爱，我们不得不追问：西方的社会文明结构以及由此产生的精神文化是否有助于爱的发展？"① 人类的整个文明史都在寻找这样一种东西：即如何使得个体具备爱的能力，而社会文化又可以促进这种爱的能力的产生，这触及人类的整个生存问题。弗洛姆的解决方案就是"爱"，这是人与社会共同完善的路径。弗洛姆之爱不局限为理论，更在于实践。在《爱的艺术》这本书里面，他就重点提出爱的实践问题，而这恰恰是他所提出的"爱是一门艺术"这一命题与众不同的地方，也就是说，弗洛姆不仅承认爱是实践的，并且提出了具体的爱的实践方案，我们将在下一章探讨这一问题。

---

① Erich Fromm, *The Art of Loving*, London：Thorson Publisher, 1957, p. 72.

第四章　爱的实践

在上一章中，我们探讨了弗洛姆之爱的理论。弗洛姆阐述爱的理论，主要目的在于引导人们对爱进行正确的解读，在他看来，主要包括四个方面：爱是对人类生存问题的解答，爱的本质是给予，爱是需要学习的，爱是一种艺术。总结起来，弗洛姆之爱不局限为一种情感，也不局限为外在的强制性的义务，这一点与康德存在本质区别。在基督教作为主流意识形态的时代，哲学家对作为上帝之诫命的"基督教之爱"是不是道德的进行了发问。为了解决这一难题，康德对爱的形式做了两种区分：作为情感的爱和作为义务的爱。前者是基于主观情感的感性的爱，其在本质上与个人的兴趣、爱好和欲望等是同类的，这样的爱不具备普遍性，也不具备强制性，因而不能被当作道德行为的源泉，康德称之为"病理性的爱"；后者既代表了上帝的诫命，也代表了人类的理性和意志，是一种"实践性的爱"，是出于义务的善良意志或行为，是作为上帝之诫命或者某种道德规范出现的爱，因而具有强制性和普遍性。因而从"作为情感的爱"而出发的爱，不具备成为道德行为的可能性；而从"作为义务的爱"出发而产生的"实践性的爱"，才有可能成为道德行为。在上文中，我们已经探讨了弗洛姆之爱不局限为情感，也不是外在强制性的义务，那么他是如何解释"爱"之道德性和实践性的呢？实际上，在他看来，爱是一种个体的道德人格，是个人因为人格上的完美而具有的道德主体性，它体现为个体的人格魅力，人与人之间相爱是出于彼此的人格相吸，这种爱不局限于异性之间，而是泛指世界上所有人之间的爱。这种爱是内聚于人自身的能力和能量，它不需要借助任何外在的力量来产生道德行为，因而既具有普遍性，也具有实践性。

在上文中，我们已经探讨了康德之"作为义务的爱"虽然具有实践性，但这一实践性仍然只局限为一种爱的道德修养，而不是真正地进入伦理道德实践领域。但弗洛姆之"爱"的实践性却是直指人类道德实践领域的，爱作为个体道德主体性的体现，是一种伦理道德的爱，其主要目的就是用来指导人类道德生活实践。在《爱的艺术》一书中，弗洛姆除了阐述了爱的理论，更重要的是着重指出了"爱是一门实践艺术"，并详细地探讨了有关爱的实践问题。当然，从弗洛姆的爱的伦理体系的整体构架中，我们不难发现，弗洛姆终其一生都在寻找如何实现人与社会同时完善的答案。他提供的答案就是"爱"，因而弗洛姆之"爱"是直指人与社会的道德实践。并且，无论是个体的完善，还是社会的变革，他都给出了具体的实践指导方案。在这一章里面，笔者具体从四个方面来阐述弗洛姆之"爱的实践"：人与自然的关系，人与人的关系，人与自我的关系，人与社会的关系。弗洛姆正是诉诸这些关系来阐述爱的实践问题，换句话说，弗洛姆之"爱的实践"就是用以调节人类社会中所蕴含的各种关系，从而使得个体和社会都达到和谐，最终实现"人道主义的社会主义"。

一 人与自然的关系

弗洛姆非常清醒地认识到，人类的生存是离不开自然的，因而，他的人本主义伦理体系中蕴含了深刻的生态伦理道德原则，讨论的核心问题就是人与自然的关系。换句话说，弗洛姆关于人性与社会的思考就是从人与自然的关系开始的。在他看来，人与自然的关系从一开始就存在悖论：一方面，人就是自然的一部分，人与自然是不能分离的，人的生活处境无一不与自然界发生着各种关系，虽然人与动物的生存存在本质差别，但是人始终与动物一样离不开自然，需要从自然中获取生存的资料，如他所说："就人的躯体和生理机能而言，人属于动物世界。"[1] 另一方面，人作为社会存在物，又必须脱离自然、超越自然。人虽然处在生物进化的最高级阶段，但人是自然中最柔弱的存在，"他缺乏对自然的本能适应，缺乏体

---

[1] [美] 埃希里·弗洛姆：《健全的社会》，欧阳谦译，中国文联出版公司1988年版，第20页。

力,他生下来就是所有动物中最无能的"①。因为他力不若牛,走不若马。这样的生理缺陷使得他必须逃离自然,也就是摆脱自然的束缚,从而获得人类自身的解放和自由,自由才是人之本性。因而人与自然的关系从一开始就是这样的悖论关系,这是由人存在的两分性决定的,是人的生存矛盾。他既要依赖自然,又要脱离自然。人的生理缺陷迫使人不得不逃离自然,这是人对自然的反抗,也就是人为争取自身的自由,成为社会的人的决定性胜利。从人本身来讲,从自然人到社会文化人的转变,这是一次巨大的进步。但与此同时,人类也付出了惨重的代价,那就是造成人与自然的分离。人类离开自然的怀抱,他要"通过使世界变成一个人的世界,使自己变成一个真正的人,而创造一个新的家园"②。人类的理智促使人类不断地认识自我,创造属于自己的家园,正是人类这种自我意识的觉醒,从而使人成为真正的独立实体,成为自己的主人,创造了自身的社会文化历史,因而弗洛姆说:"人在生物学上的弱点,恰恰是人类文化产生的条件。"③ 人摆脱自然的束缚,自由地创造属于自己的文化,正是在这种创造中人感受到了自我力量的增长和自我存在的价值。然而也正是人的社会性引发了人与自然之间的紧张关系,造成人与自然的分离,甚至造成生态危机的爆发。

在弗洛姆的整体思想构架里,爱是个体人格完善和道德主体性的集中体现,也是用以解决各种社会问题、协调各种关系的主要手段。在人与自然的矛盾关系中,我们不得不承认,弗洛姆的理论诉诸人自身的存在来揭示二者的矛盾关系是非常深刻的。那么,在此基础上,弗洛姆又是如何论证他的爱的伦理思想在解决这一问题上的先进性呢?下面我们将着重阐述这一问题。

(一)"人道主义"与"人类中心主义"

弗洛姆之爱的伦理思想彰显的是人的主体性,这也是西方人道主义传

---

① [美]埃希里·弗洛姆:《健全的社会》,欧阳谦译,中国文联出版公司1988年版,第22页。
② 同上书,第23页。
③ [美]埃希里·弗洛姆:《逃避自由》,刘林海译,国际文化出版公司2002年版,第22页。

统的主旨，但是在 20 世纪的西方社会，曾经引发了学界关于"人道主义"和"人类中心主义"的一场激烈争论。因而，要透彻地理解弗洛姆人与自然的矛盾关系，首先要了解这一场争论的焦点及其意义。这一场争论来自戴维·埃伦费尔德的《人道主义的僭妄》① 一书，在书中，他将生态危机的"精神基础"归根于西方人道主义思想，认为人道主义是现代世界性的宗教，它编造了一个关于"人"的神话，即相信人是无所不能的。该书的主要观点和论断是：人能控制自己的心灵，也能控制自己的身体，还能控制周围的环境。正是人类这种意识形态中的痼疾，使得人类自身狂妄自大，一步步将自己推向毁灭的边缘。这一论断在学界中引起了巨大的反响，激发了人们对"人道主义"和"人类中心主义"的尖锐批判。其争论的焦点围绕着以下问题展开：如何实现人类的根本利益？自然本身是否具有内在价值？人类是否应该对自然负有伦理责任？传统的"人类中心主义"将人置于各种社会实践活动的中心位置，主张"以人为万物的尺度，一切从人的利益出发，为人的利益服务"；其主要弊端是：在人和自然的关系上，将自然置于被动和被奴役的境地，滋生了人对自然的随意性、掠夺性和不负责任性，形成了人与自然的二元对立关系，在学界，也招致人们对"人类中心主义"这一思潮的强烈批判。

毫无疑问，"人道主义"和"人类中心主义"二者之间存在密切的理论联系。"人道主义"最初倡导的就是"自由、平等和博爱"等民主思想，是针对人类自身的解放而提出的，主张祛除社会中人对人的压迫与剥削，其中心思想是"人的发现""自我意识的觉醒"和"重视人的内在价值"等。普遍认为，"人道主义"对"人类中心主义"的影响是深刻的，甚至可以将其视为"人类中心主义"的思想基础。二者的共同点都在于将人作为主体置于人类社会生活实践活动的中心，肯定人的自我价值，主张"人就是最高的目的"。但是，二者之间也存在本质差别。"人道主义"最初是针对人类社会中人与人不平等的关系提出的，旨在反对人对人的压迫与剥削，它最初关注的重点是人与人之间的和谐关系。如卢风所指出的："人道主义无论是否打着宗教的旗号，无论在美国还是在西方其他国

---

① [美]戴维·埃伦费尔德：《人道主义的僭妄》，李云龙译，国际文化出版公司 1988 年版。

家，都是世俗化社会或世俗主义的意识形态。从神学意识形态走向世俗主义的人道主义意识形态就是'人的发现'，也就是主体性的觉醒。"① 可以说，西方社会从中世纪直到 20 世纪上半叶，反对专制政治的存在一直是人类争取解放和自由的主要目标，而专制政治的实质往往是一小部分人凭借垄断的权力、暴力以及欺骗性的意识形态，对另一部分人进行人身压迫、思想统治和经济剥削。人道主义作为反对专制政治和封建等级制的思想武器，力主"人就是最高目的"或"勿可把人当作手段"，这是维护基本人权的口号。换句话说，人道主义的基本宗旨是：在人类共同体内，不允许任何人以别人为手段来达到自己的目的。

然而，若把"人就是最高目的"推广到人类共同体之外的人与自然的关系中，就会滑向"人类中心主义"，其宗旨是从人的根本利益出发，将人看作最终的目的。其实质是，过分地夸大人自身的主体性，在主客二分的认识论或意识形态中，将人的主体性提升到至高无上的地位，而宇宙中其他一切存在皆为客体。人类凭借自身的理性发明——科技力量，以征服者的姿态矗立于自然之林，拼命地开发、掠夺自然资源，肆意地捕杀动物。人类似乎无所不能、无所惧怕。但是，人类终究需要为自己的自高自大付出沉重的代价，及至 20 世纪五六十年代，环境污染、生态平衡的破坏、自然资源的枯竭和全球性的生态危机等种种问题让人们清醒地意识到，凭借科技力量征服自然是有限度的，人与自然的和谐相处是更值得人类关注的问题，人类必须走出"人类中心主义"。

弗洛姆从一开始就关注到了人与自然的紧张关系。在他看来，在现代人的视域中，自然是人自由前进路途中的重要障碍物，在现代思想家主客二分的认识思维模式中，自然无辜地成为自由的对立物，他们坚信，人类只有冲破大自然的束缚才能越来越自由。因而，在现代文明中，"战胜自然界的奴役"和"战胜自然界自发力量的奴役"是其基本的主题。但是，正当人类还沉浸在因征服和统治自然而获得的"自由之喜悦"时，殊不知自然已经着手向人类发起了疯狂的报复。频繁爆发的生态危机就是人与自然关系异化的最好见证，也即是人类盲目追求自由所付出的沉痛代价。

---

① 卢风：《人道主义、人类中心主义与主体主义》，《湖南师范大学社会科学学报》1997 年第 2 期。

在《逃避自由》一书中，弗洛姆一针见血地指出："人们自然会觉得传统的束缚消灭得越多，获得的自由也就越大。然而，我们没有真正认识到，虽然人除掉了自由的旧敌，但性质不同的新敌又出现了。"① 而这个"新敌"，便是已经异化了的人与自然的关系。反思人类社会的历史，我们不得不承认，在人类征服和改造自然的过程中，确实为自己创造了巨大的财富，满足了自身的各种生存需要，然而也正是人类这种无限主宰自然力量的狂妄，将人类自身推向新的"生存绝境"之中。

在上文中，我们已经探讨了弗洛姆关于人之"存在的两分性"，也就是说，在弗洛姆看来，人与自然的矛盾关系是必然的，这种必然性植根于人"生存的两歧"，如弗洛姆所描述的："人永远无法摆脱他存在的两分性：他无法从他的心灵中消灭他自身，即令他应该如此；而只要他还活着，他也无法从他的肉体上消灭他自身，——他的肉体使他要活着。"② 可以说，在弗洛姆的认识中，人"存在的两分性"决定了人与自然关系的悖论：一方面，人是自然的一部分，自然是人生存不可或缺的根基；另一方面，人作为社会存在，又必须超越自然，从而造成人与自然的分离。在分离的过程中，自然势必成了人主宰和驾驭的对象，从而使得人在迈向自由的历史进程中不可避免地造成对自然的损害。正是在这个意义上，我们认为，相较于传统的人道主义，弗洛姆的人道主义拥有新的内涵，具体表现为他不再局限于人与人之间的关系、人类社会的政治和经济制度等来谈自由，而注意到人之生存与文化之间的悖论。也就是说，社会文化使得人具有了自我的意识，展开了人类自身对自我与自由的追求，因而正是文化使人成为真正意义上的人，是文化使人获得了自由。但是，文化固然使人类超越了动物界，却又是以牺牲自然为前提的，作为人生存根基的自然被异化为文化的对立物，成为社会历史文化发展的巨大障碍。而与"人类中心主义"相比较，弗洛姆的人道主义并不一味地强调人的中心地位，而更着重于如何通过健康的人格来化解人与自然的冲突。在他看来，社会历史文化固然使得人获得了自由，拥有了真正的人性，但健康的人性反过

---

① [美]埃希里·弗洛姆：《逃避自由》，刘林海译，国际文化出版公司2002年版，第76页。

② [美]埃希里·弗洛姆：《自为的人》，万俊人等译，国际文化出版公司1988年版，第35页。

来又"塑造了人生活的社会环境"。① 可以说,弗洛姆不是孤立地看待人与自然的关系,而是将人与自然、社会三者联系起来的。并且,弗洛姆将人与自然的冲突同个体的人格联系起来,其理论核心之实质在于:"不健全的人格才是生态危机产生的根源。因而,要化解现代社会人与自然的冲突不是要回到自然,也不是要消灭自由,而是要重塑新型健康的人格。"②

弗洛姆正是通过"人格"这一概念来解释各种关系的,他认为,"个体必须通过某种形式与他人相联系,而这种特殊的关系性的形式便是他品格的表现",因而,正是品格决定了个体的行为方式,品格可定义为"一种(相对持久的)形式,通过这种形式,人的能量得以在同化和社会化的过程中流通"。③ 因而,作为社会存在,个体的人格体现为人与外部世界的联系,而这种外部联系也包括人与自然的联系。要了解人与自然冲突的根源,就必须对个体的人格进行深入的分析。在上文中,我们已经讨论过了弗洛姆关于生产性性格与非生产性性格的区分,非生产性性格是一种不健康的人格,主要包括接受型、剥削型、囤积型和市场型四种类型。尽管这四种人格类型具体的表现形式各异,但它们的共同之处在于,都将自我与他人、他物置于外在的对立关系之中,并由此而产生对"他者"的占有。弗洛姆认为,不健全的人格不仅使"自我"易陷入孤立之中,而且更容易使个体在物质世界中迷失"自我"。现代文明所造就的人就是这种"非生产性人",这是一种病态的人格。拥有这种病态人格的人,不懂得正确地处理自身和他人、他物的关系。关于个体的自由,更是简单地将其理解为摆脱他物的束缚或对他物的占有,人与自然的关系正是在现代"非生产性性格"的控制下被异化了。

在弗洛姆看来,健全的人格就是"生产性性格"。要协调好人与自然的关系,化解人与自然的冲突,就必须塑造个体健全的人格。在《自为的人》一书中,弗洛姆认为,所谓的健全的人格是指人的所有其他活动都要服从于"人的全部潜能的生长和发展"这一目的。人不

---

① [美]埃希里·弗洛姆:《健全的社会》,欧阳谦译,中国文联出版公司1988年版,第79页。
② 吴兴华:《弗洛姆对人与自然关系的人性论反思》,《吉首大学学报》2015年第1期。
③ [美]埃希里·弗洛姆:《自为的人》,万俊人等译,国际文化出版公司1988年版,第51页。

仅是一种理性的和社会的动物,还是一种生产性动物,从事物质性生产劳动是人区别于动物的特质。人正是在改造世界的物质性生产活动中使自身的潜能得以充分实现。当然,人能够实现自己潜能的前提是人必须是自由的。在弗洛姆看来,个体只要拥有了"生产性性格",作为主体的人在与其客体——自然的相处中,就必然不会把它视为自身掠夺和占有的对象。"生产性的人"会通过生产性的劳动,"使自身与自然联系起来,与自然成为一体而又不淹没在自然中"①。也只有在拥有"生产性性格"的健全社会中,人才能与自然回归于融洽相处的状态,正是在这种融洽的关系中,"人不仅不再是他物的奴役者,同样自身也不再受他物的奴役,展现的是人的潜能的充分发展,而这恰恰又是人的自由实现的体现。所以说,自由与自然并不存在天然的对立,在健全的人格中,二者恰恰是相通的"②。

从以上可见,弗洛姆在人与自然关系问题上,他的"人道主义"既不同于"传统人道主义",也有别于"人类中心主义"。除此之外,弗洛姆还看到了,人类在认识和改造世界的过程中,通过生产性的物质劳动为人类社会创造一切可享用的财富。而在这一过程中,技术发挥了至关重要的决定性作用。与此同时,人类享用自身所创造的物质财富又体现为不同的消费形式,这两者从不同的角度反映了人与自然的关系。因此,人之以爱为核心的"生产性性格"是通过对这两者的微观调控来实现人与自然的和谐共处的。在下文中,我们将详细地探讨弗洛姆的技术观和消费观,以及二者对人与自然的关系所造成的重要影响。换句话说,在人与自然的关系里面,如何树立正确的技术观和消费观将直接决定人对自然的态度和方式。而对人自身来说,是利用技术和消费来丰富和发展自己,还是被技术和消费奴役,这是需要慎重思考并作出选择的重大问题。

---

① [美]埃希里·弗洛姆:《健全的社会》,欧阳谦译,中国文联出版公司1988年版,第66页。

② 吴兴华:《弗洛姆对人与自然关系的人性论反思》,《吉首大学学报》2015年第1期。

（二）技术的异化及其消除

20世纪末，哲学家们面对日趋恶劣的生态环境不禁发问：为什么人在获得对自然的最辉煌胜利的同时，却成了自己生产力的囚徒，陷入毁灭自己的危险之中呢？对于这一问题，弗洛姆提供的答案是：这是技术非人道化发展的结果。人类在发展科学技术的过程中，他们能够利用对这些科学技术知识的掌握来驾驭自然，并由此获得了人类物质财富的巨大成功。但是，由于片面地强调物质生产和消费，人类迷失了自我，丧失了生命的本真意义和价值。同时，人类由于过于依赖技术和物质的价值，也丧失了宗教信仰以及与此相关的种种人道主义的价值，人变成了他所创造出来的"机器"的支配物。在弗洛姆看来，技术非人道主义化，导致人精神上的不健全，如他所描述的，精神健全具有以下特征："能够去爱和创造，摆脱了对氏族和土地的乱伦依恋，通过把自我看作自身力量的主体和代理者而建立一种自我意识，认清内在和外在的现实，即促进客观性和理性。"[①]而科学技术却使人倾向于"占有的生存方式"，形成以占有为主的"社会性格"，由此而缺乏爱和创造能力，在心理上，"西方人现在处于一种无能力体验情感的人格分裂状态。因而感到忧虑、抑郁和绝望"[②]。因而在弗洛姆看来，技术的非人道主义还表现为技术导致人的极度不自由、人的生存方式的堕落、社会的不健全、人与社会关系的异化等种种弊病。

那么，如何看待技术本身呢？在现代西方社会，存在三种不同的技术观：第一种认为，就技术增强人类在自然中的生存能力的本质而言，任何技术都是人道的。毫无疑问，正是科学技术的发展与进步，提高了人类在自然中的生存能力，确立并增强了人的主体性地位，使得人最终与动物彻底地区分开来。因而，人类在自身的历史发展过程中，其最大的胜利和进步在于掌握并拥有各种科学技术，在一定程度上，可以说，技术的本质就是人的本质。正因为如此，现代社会中的很多技术史学家们指出，技术的推广和应用及其文化的传承，乃是人类生存模式中必不可少的要素，并

---

① ［美］埃希里·弗洛姆：《健全的社会》，欧阳谦译，中国文联出版公司1988年版，第67页。

② ［美］埃希里·弗洛姆：《弗洛姆著作精选——人性·社会·拯救》，黄颂杰整编，上海人民出版社1989年版，第368页。

且,技术为一切人类社会所实践。可以说,人类是自然中唯一能够用制造出的工具制造另一些工具的生物,如果缺乏这些生活实践中必不可少的工具,人类反而就是一个十分脆弱的物种,如上文所说的,"力不若牛,走不若马"。在弗洛姆看来,这是人与生俱来的有限性。对于整个人类社会而言,也不存在一个不需要技术就可以维持的人类社会,正如有科学家所指出的:"人类自身的进化成功,在很大程度上是有幸掌握了工具的制造和使用并使之传承下去,因此,人类进化史的基础是技术史。"[①] 从这个视角来看,科学技术无论是对于整个人类社会的发展,还是对于人自身的进步,都是人道的。

第二种技术观认为:就科学技术相对于自然本身而言,任何科学技术都是非人道的,它只会导致人与自然关系的异化,因为任何科学技术都是作为自然的对立物而存在的,它最终只会危及人类自身的生存环境。因而,技术拥有与生俱来的反自然性。技术在改变自然的同时,必然带来自然的破坏,世界上不存在什么绝对安全的技术。人类发明科学技术的初衷就是为了增强自身征服自然和改造自然的能力,换句话说,科学技术本身就是以干扰、破坏自然为客观基础和前提的,渗透着人为性和社会性,而自然的本来面目应该是非人为性和非社会性的。因而,人正是通过连续不断的技术力量来"否定"自然,这种"否定"是人通过自我意识的增长与发挥,有意识、有目的地把"自然事物"转变成"超自然事物"而实现的。如海德格尔(Martin Heidegger)将技术的这种反自然性描述为一种"促逼"(Herausfordern),在他看来,在现代科学技术中真正起支配作用的东西乃是一种"促逼",这种"促逼"要求自然提供本身能够被开采和储藏的能量,这意味着自然被迫以物质性、功能性的方式存在。现代科学技术不再是服从自然的安排,而是控制、支配自然,迫使自然满足人类所有的要求。在现代科学技术"促逼"下,自然不再是"是其所是"的存在,也就是说,"土地不再是土地,植物不再是植物,动物不再是动物,甚至莱茵河不再是莱茵河"。它们在本质上变成了可统计、可统治的单纯性物质材料,不再是自然的真实存在,因而,"在技术的统治下,不

---

① [美]詹姆斯·E.麦克莱伦、[美]哈罗德·多恩:《世界史上的科学技术》,王鸣阳译,上海科技教育出版社2003年版,第9页。

仅自然受到促逼，人也受到促逼，而且唯就人本身已经受到促逼，自然才受到促逼。也就是说，一切技术本身都内含着反自然的性质"①，因而是非人道的。

第三种技术观认为：由于标准的不确定性或双重性，同样的技术在不同的标准衡量下会出现既人道又不人道的情况，这说明以"人道"标准来衡量技术是没有意义的。并且，在实践中，不得不区分出技术与技术的应用，正如布坎南和博迪（Buchanan and Boddy）所言："一个给定的技术创新因素没有为预言它的应用所带来的社会、心理、组织和经济的后果而提供足够的基础，更多的是取决于技术怎样被使用。"② 马里奥·邦格（Mario Bunge）也指出："大多数工业产品是道德中立的，就这种意义而言，它们可以被用于好的或者坏的方面。一把刀可能用来切大块的面包，也可能用来割断喉咙；一种具有强大功效的药物既可以治愈疾病，也可以杀死人。"③ 因而，使用"人道"这一标准对技术进行衡量确实非常不科学，即使存在所谓的"不人道的技术"，那也不是技术的人道或不人道的问题，而是应用技术的人及其社会的人道或不人道的问题。施瓦茨在《过度巧妙》一书中曾指出，一个问题的解决会产生一批新的问题，这些问题最终会处在之前的解决之外而变得扑朔迷离，最终难以解决。这一复杂的过程可以概括为技术—社会发展五步骤："1. 由于相互联系和封闭体系的局限性，一种技术—社会解决永远都不完满，因此是一种准解决；2. 每种准解决都会产生新的、余留的技术—社会问题；3. 新问题的激增速度快于发现解决方法的速度；4. 每种后继的余留问题都比前面的问题难解决；5. 在一个技术发达的社会里；未解决的、余留的技术—社会问题会聚到一处，在那里，技术解决根本不可能了。"④ 因此，试图通过"人道化的技术"来建设一个健全的社会是不科学的。

---

① 盛国荣、金钟哲：《工业生态学的技术维度审视》，《科学技术与辩证法》2007年第3期。

② 转引自盛国荣《技术人性化：埃里希·弗洛姆的技术社会思想——兼评弗洛姆的技术人性化思想》，《兰州学刊》2009年第9期。

③ 同上。

④ 同上。

以上三种技术观代表的是技术社会人们对于技术的不同价值观，而弗洛姆则是从更微观的角度对技术进行分析，他是从人对技术的微观心理来分析技术伦理。可以说，在现代技术社会，将科学技术的进步与发展看作最高价值，不仅根源于人们过分地看重人之智力或智能的观念，而且根源于人们对凝聚了人之智能的"机械化、无生命的东西"以及"人造的东西"所产生的情感上的依赖和迷醉。从心理学的角度，这种对无生命物的迷醉，其更极端的形式是对"死亡"和"衰败"（decay）的迷醉，这种迷醉甚至可能导致以不太激烈的形式"漠视生命"而不是"尊敬生命"。长此以往，越来越多的人会被这种类似赌博的生命形式所迷惑，而不去关注真正的人（man in system）本身。在一些科学家的预测中，与人的思维、情感及功能几乎没有太多差别的"计算机人"很有可能被造出来。弗洛姆认为："最重要的不是这样的一个'计算机人'是否能被造出来的问题，而是为什么在这个历史时期，这样的想法变得如此流行。事实上，在这个时期，没有任何事情比将现存的人改造成更理智、更和谐、更热爱和平的人更重要的事情了。"[①] 因而，弗洛姆关注的仍然是人自身心理的病态，这一病态心理正是技术的异化所导致。换句话说，在现代技术社会，人关注技术的变革及其力量甚于关注自身的发展与完善，"计算机人"是人的这一病态心理的极端反映，它表明的是，人们对于技术的迷醉甚至到了希望通过技术来制造自身更完美的替代物这一可怕程度，而不是通过自身内在人性力量的完善来达到这一目的。

近代科学以观察和认识自然为目的，并将此视为控制和改造自然的先决条件。日新月异的科学条件使人类原先所梦想的许多"技术乌托邦"转化为现实（比如飞行），也引发了人们对科学的许多思考。弗洛姆认为，经过几个世纪的发展，人们需要树立起一种全然不同的科学观——关于人的"人文主义科学"，并且将其看作重建社会的艺术和实用主义科学的基础。弗洛姆指出，如果当今资本主义社会中的自然科学所占据的优先地位能够转让给以人及其发展为核心的"人文主义科学"，那么，人类就有可能处理好人与自然的关系，为自己赢得生存的机会。他进而提出，实

---

① Erich Fromm, *The Revolution of Hope: Toward a Humanized Technology*, New York: Harpe and Row Publishers, 1968, p.43.

现这一目标的前提是："必须有许多受过良好教育和训练并关心人类命运的优秀男女意识到：确立新的人文主义科学的目的，不是去寻求人对自然界的统治，而是寻求人对技术、对非理性的社会力量和制度的统治，因为正是这些东西威胁着我们人类的生存。"[1] 可以说，弗洛姆的这一信念直指人类的生存，他的宗旨在于通过新型的科学观最终实现"新人类"，如高亮华所总结的，在弗洛姆的"人文主义科学"里，他所要表达的中心思想是："如果我们像对技术乌托邦那样，也倾注同样多的力量、智慧和热情，那么，关于弥塞亚时代的人的乌托邦——一种没有经济强制、战争和阶级斗争的，人们团结与和平地生活在一起的新人类也将借助新的人道主义科学成为现实。"[2] 因而，弗洛姆的最终目的是要建立起以"爱"为核心的伦理学，促成一个"健全的社会"，而这一"健全的社会"是实现人的全面、健康、自由发展的主要保障和基础，而这其中必不可少的一点就是唤醒人的自我意识，摆脱日益形成的技术对人自身的奴役和控制，如刘敏所指出的："在对技术社会的改造中，最主要的一点就是唤醒人们的意识，使其尽快摆脱对技术的盲目崇拜和过分依赖，恢复人的创造力和主观能动性，从而，重新将机器、技术和整个社会系统置于人的控制之下。"[3]

（三）消费的异化及其消除

在弗洛姆看来，除了"技术"，另一个造成人与自然关系紧张的至关重要的因素就是"消费"。在人类的社会实践活动中，与生产相对应的就是消费，可以说，有生产就有消费，消费反过来又刺激了生产，二者之间存在千丝万缕的关系。然而，对于"消费"或者"消费主义"的批判一直是法兰克福学派的理论重点，如马尔库塞所描述和批判的，第二次世界大战之后，随着科技的进步与经济的增长，现代资本主义社会各阶层的消

---

[1] ［美］埃希里·弗洛姆：《占有还是生存》，关山译，生活·读书·新知三联书店1988年版，第185页。

[2] 高亮华：《希望的革命——弗洛姆论技术的人道化》，《自然辩证法研究》1997年第2期。

[3] 刘敏：《技术与人性——弗洛姆技术人道化思想研究》，《自然辩证法通讯》2005年第5期。

费水平确实进步明显。不仅统治者、资本家们过着富裕的物质生活,而且普通老百姓的物质消费水平也明显得到了提高,"工人和他的老板享受同样的电视节目并游览同样的娱乐场所,打字员打扮得象她的雇主的女儿一样花枝招展,黑人挣到了一辆卡德拉牌汽车"①。然而,物质上的丰富并没有使人们在精神上更幸福,相反,"消费异化"使西方人变成了迷失自我、只懂得贪婪占有的"消费人"。尽管他们锦衣玉食,但他们的消费活动是被动的,颠倒了人与物之间的关系,他们"在商品中识别出自身,他们在他们的汽车、高保真音响设备、错层式房屋、厨房设备中找到自己的灵魂"②。物质生活的繁荣和高消费的水平并不意味着人自身主体性的提高,相反,人们在"异化消费"中沦为"物"的奴隶,他们的生活目的局限为单纯性的物质欲望的满足,活着只是为了消费商品。马尔库塞认为,这种由于实行"强迫性的消费"所带来的人与物之间关系的颠倒,人的本质的异化,比马克思在《1844年经济学哲学手稿》中所描述的由于"劳动的异化"所导致的人性异化严重得多。他在《单向度的人》一书中提出,当代工业社会最大的病症就是"使人变成了单向度的人",即"丧失了对现存社会进行否定和批判"这一"第二向度"。而丧失了合理地批判社会现实的能力,也就丧失了理性、自由、美和欢乐生活的习惯。

弗洛姆对于现代资本主义社会中"消费异化"现象的批判继承了法兰克福学派的传统,他认为,垄断资本主义发展到现时代已导致两大严重问题:"过度生产"和"过度消费"。前者使技术规模变得越来越庞大,能源需求量变得越来越多,生产与人口变得越来越集中,生产职能变得越来越专业化;而后者则使整个社会的消费欲望变得越来越膨胀,正日益超过自然所能承受的限度。同时,弗洛姆也赞成马克思对于异化消费的批判。马克思批判的当代资本主义社会的重要特征是:资本家操纵了人们的消费,从而使其产生一种"被强加的需要"。这样,一方面可以刺激异化生产,使资本主义积累和再投资无限地扩张下去;另一方面又可以让人们在无限的消费中消除对"异化劳动"的不满,麻痹人们摧毁腐朽资本主

---

① [美]赫伯特·马尔库塞:《单向度的人》,张峰、吕世平译,重庆出版社1988年版,第9页。

② 同上书,第6页。

义的斗志。因而，当代资本主义不仅加剧了人自身的异化，也加剧了人与自然之间的紧张关系。在弗洛姆看来，马克思关于"经济危机引起资本主义必然崩溃"的预言迄今未能在现代西方社会成真，是因为当代资本主义社会利用"高生产、高消费"的生产方式延缓了经济危机，正是现代资本主义生产方式使得"消费"变成了满足"生产"的手段，人不是消费的主人，而是消费的奴隶。

在《占有还是存在》一书中，弗洛姆对现代资本主义社会的"消费主义"或"消费异化"现象产生的原因及其解决方案进行了详细的论述。他认为，"消费异化"产生的深层原因是人们的生存方式。他将人们的生存方式分为"占有的生存方式"和"存在的生存方式"，并对其进行了深刻的哲学分析，而"消费异化"正是源于人们"占有的生存方式"。他写道："占有和存在是两种基本的经验方式，它们各自的力量决定着个人的性格与各种不同类型的社会性格之间的区别。"[①] 在弗洛姆看来，正是生存方式决定了个人的性格，进而决定了个人的"社会性格"。在这两种生存方式中，"占有的生存方式"是不健康的，它忽视人的真实自我，追求外在的虚假表象，最终导致人性的异化，人与自然关系的对立；而"存在的生存方式"才是人们应该追求的生存方式，"存在指的是真实的存在，它与虚假的、幻想中所产生的图像相反"[②]。在人自身中，存在这两种生存方式的倾向，各自的根源不同，表现方式也不同；并且，二者的关系正如人的生存矛盾一样存在悖论，如弗洛姆所描述的："人本身有两种倾向：一种是占有的倾向，其力量说到底根源于人渴望生存这一生物因素；另一种是存在——分享、风险和牺牲的倾向，其力量根源于人类生存的特殊状况和渴望通过与他们的统一来克服自身孤独感的内在需求。从每一个人所具有的这两种矛盾的欲望中我们可以看出，社会的结构、价值观和规范决定着哪种欲望占据主导地位。"[③] 因而，无论是"占有的生存方式"，还是"存在的生存方式"其实都根源于人的本性，到底是哪一种方式占据主导地位才是最重要的，而这离不开个体所处的社会结构和价值规

---

① ［美］埃希里·弗洛姆：《弗洛姆著作精选——人性·社会·拯救》，黄颂杰整编，上海人民出版社1989年版，第608页。

② 同上书，第631页。

③ 同上书，第637页。

范。也就是说，社会可以通过调整自身的结构和设定一定的价值规范引导人们树立起正确的生存方式。

弗洛姆批判，正是不健康的"占有的生存方式"使得人们与自身分离，与自然对立，他写道："在占有这一生存方式中，我与我所拥有的物之间不存在生命关系。它和我都成了物，……占有这一生存方式并不是通过主体与客体之间一种有生命力的、创造性的过程而确立起来的；它使客体和主体都成为物。两者之间是一种僵死的关系，而不是有生命力的关系。"① 可见，"占有的生存方式"使得人将自我"物化"，人也沦为物，而不是能够主宰万物的主体。正是这种主体性的丧失，使得人丧失了生命力和创造性，无法实现真正的自我。如弗洛姆在另一处写道："我们的自我成了财产追求中最重要的对象，……自我成了我们各种真实特质和虚假特质的混合物，前者包括知识和技能，后者则是我们围绕现实的核心捏造出来的。但问题的关键不在于自我的内容是什么，而在于自我被认为是我们每个人所拥有的物品，而这一'物品'正是我们认识本身的基础。"② 人的真实自我逐渐被各种虚假的外象所取代，这种虚假的外象就是人们所能拥有的各种物品。从表面上看，似乎个人所占有的物品越多，越能证明个人的身份。因而人不是通过真实的自我来认识自身，而是通过各种外在的东西来获得对自我的认同感。在弗洛姆看来，现代资本主义是社会的"大多数消费都使人消极，对速度和新鲜事物的需求只能通过消费主义得到满足，这种需求反映了人的不安宁的心理和与自身的内在分离；人们会渐渐地意识到，不停地寻求下一件事情或使用最新鲜的玩意儿乃是人避免同自己或他人隔绝的手段"③。因而，"消费主义"在其本质上是一种心理的病态，人们只不过妄想通过过度的消费行为来填补自身的空虚，或寻求避免与他人分离的孤独。因而，消费最终满足的不是人本身应该有的需求，而是利用消费来虚构无法真正实现的自我，通过消费金钱、地位和名声等来不停地满足虚构自我的假象，而真实的自我却在各种表象中迷失了。

---

① ［美］埃希里·弗洛姆：《弗洛姆著作精选——人性·社会·拯救》，黄颂杰整编，上海人民出版社1989年版，第625页。
② 同上书，第619页。
③ 同上书，第648页。

由上可见,"占有的生存方式"是产生消费异化,从而导致人性异化的重要原因,那么,如何才能祛除人们不健康的"占有的生存方式",树立健康的"存在的生存方式"呢?弗洛姆提出两种解决方案,第一种方案是宏观调控社会生产的目的,他写道:"假如一个社会的原则是获取利润和财产的话,这个社会只能产生以占有为核心的社会性格,这一占主导地位的模式一旦被确立,没有人会希望成为一个局外人或一个被社会抛弃的人。为了避免冒这个风险,每一个人都会随大流,而大多数人的共同之处只是他们彼此勾心斗角。"[1] 在弗洛姆看来,以占有为目的的生存方式,或以占有为目的的"消费主义",与整个社会大生产的目的有关,如果一个社会能够及时地调控自身的生产模式,不以获取利润和财产为目的,而只是以满足人的需求为目的,就不会出现人们以占有为目的的生存方式或性格特点。因而他呼吁:"只有当我们能够断然制止大企业的股东和董事会根据盈利和扩张来决定生产的权利时,才可能有健康的消费。"[2] 第二种方案则是从社会的个体入手,大力开展个体消费观教育,通过教育和宣传改变个体的消费观,从而达到改变个体的社会性格的目的,他写道:"政府可以通过给予令人满意的商品的生产和服务设施以补贴的办法来大大推进这一教育过程,直到这些商品的生产和服务设施有利可图为止。同时要开展一场大规模的宣传健康消费的教育运动来配合这些努力。……只要各方共同努力,激起人们健康消费的欲望,消费模式是可以改变的。"[3]

总结起来,弗洛姆是从揭示"过度生产""过度消费"的恶劣本质开始,来揭示现代资本主义社会的消费异化现象。在他看来,这一异化现象产生的深层根源是人性的异化。在消费的过程中,由于人性的异化造成人消费是为了占有,而不是为了生存,"占有的生存方式"是"消费异化"和"消费主义"产生的根本原因,而正确的消费理念应该是把消费当作满足自己生存目的的手段。因而,在一个社会中,"只有当越来越多的人希望改变他们的消费模式和生活方式时,才会出现健康的消费。而且也只

---

[1] [美]埃希里·弗洛姆:《弗洛姆著作精选——人性·社会·拯救》,黄颂杰整编,上海人民出版社1989年版,第638页。

[2] 同上书,第649页。

[3] 同上书,第648页。

有当社会为人民提供一种比现在人们所习惯的、更吸引人的消费模式时，健康的消费才是可行的。"① 健康的消费模式需要个体与社会的共同努力，唯有如此，才能在整个社会范围内树立起健康的生存模式，从而改善人类生存的状况，消除人与自然之间的对立关系，防止自然环境被过度开采、利用，达到人与自然共同发展与和谐共处。

二 人与人的关系

西方人道主义传统从一开始就诉诸人与人之间的关系，其宗旨是提倡"把人本身当作目的"，反对一切压迫人、剥削人的"把人当作手段"的做法，这基本上代表了西方早期人道主义传统的论调。但弗洛姆并不将反对人对人的压迫，或者说反对"把人当作手段"的做法看作他"人道主义"的目标，虽然他赞同早期人道主义哲学家们的"平等"思想，如他所说："西方启蒙运动中的哲学思辨者实为平等立意在发展人的个性条件上树立了榜样。康德对此就有过很明确的阐述。他认为每个人都不可能成为实现他人目标的工具，人本身就是一个'自我'的目标，每个人都必须平等相待，而不是只服务于他人。以此而论，人人都是在为实现自己的目标而努力。和启蒙运动的思辨相仿，各种流派的社会主义思想家把平等的定义理解成是消除剥削，废除人对人的利用和人使用人，不管这种使用是'残酷'的还是'人道'的。"② 在弗洛姆"人道主义"的思想中，他并不将人对人之间的压迫作为主要议题，而是仍然诉诸人自身的"生存悖论"来阐述人与人之间的关系。

在弗洛姆看来，在人与自然的关系中，人类因为过分地彰显了自身的主体性地位而造成人与自然的紧张关系，导致人最终失去了自我，成为物质生产和消费的奴隶。在人与人之间的关系中，"生存悖论"仍然占据主导作用。在上文中，我们讨论了弗洛姆的人性论，他提出了人之"生存矛盾"中的三个表现：生与死的矛盾，人的内在潜能和实现的矛盾，发

---

① ［美］埃希里·弗洛姆：《弗洛姆著作精选——人性·社会·拯救》，黄颂杰整编，上海人民出版社1989年版，第648页。
② ［美］埃希里·弗洛姆：《爱的艺术》，萨茹菲译，光明日报出版社2006年版，第23页。

展个性与孤独感的矛盾。在这三者之中,前两者是无法解决的,只有第三个矛盾,即"发展个性与孤独感的矛盾"是可以解决的。在弗洛姆看来,要通透地理解并把握人与人之间的关系,必须从人的这一生存矛盾入手。值得提出的是,弗洛姆并不像传统的人道主义哲学家那样,从一开始就诉诸社会的政治制度来讨论人与人之间的关系,而更多地从心理学的角度对人性进行剖析。在《爱的艺术》和《逃避自由》等多部著作中,弗洛姆从心理学和伦理学的角度试图对人与人之间关系的实然状态和应然状态作出分析并提出解救方案。在他看来,人脱离了与自然的联系,一方面,意味着人的自我意识与自我力量的增长,自身主体性地位的提升;另一方面,意味着人落入无穷的孤独之中。因而为了脱离孤独,人需要同他人建立起联系来肯定自身的存在。但无论是采取性交、群体纵欲,还是群居的方式来排解,都无法使人真正地摆脱孤独。相反,这些排解孤独的方式使得人失去了真正的自我和自由,而陷入其所制造的各种桎梏关系的"牢笼"。因而,弗洛姆最终提出,对这一人类生存问题的解答的"最准确的答案应该是:人与人之间的协调和每一个人都能与群体融为一体所能体现出来的爱的价值"[1]。

因此,在协调人与人之间的关系方面,爱的实践仍然是其主要解决方式,可以说,它在本质上是一种"爱的解救"。在上文中,我们已经探讨了弗洛姆根据不同的爱的对象划分出来的各种爱的具体形式,包括性爱、父爱、母爱、自爱、博爱和上帝之爱等。实际上,弗洛姆所提出的每一种不同具体形式的爱并不一一对应于某一种人与人之间的关系,相反,它们是交叉或者说重叠存在的。比如在夫妻关系中,性爱和博爱会交互起作用,而在亲子关系中,父爱、母爱和博爱交互起作用。而在所泛指的人与人之间的关系中,博爱,或者说上帝之爱占据主导地位。不管怎样,弗洛姆在其人与人之间的关系问题上提出了自身独特的见解。这些见解综合了心理学和伦理学的知识,他的目的在于为世人提供切实可行的解决手段。在人与人之间的关系里面,我们将从两性关系、亲子关系、人与上帝的关系这三个方面来探讨弗洛姆所提出的"爱的解救"。

---

[1] [美]埃希里·弗洛姆:《爱的艺术》,萨茹菲译,光明日报出版社2006年版,第27页。

(一) 两性关系

弗洛姆在《爱的艺术》这部著作里主要谈及人与人之间爱的理论与实践，而在众多的关系里面，两性关系是其起始部分。换句话说，人与人之间的关系是从两性关系开始的，弗洛姆引用《圣经》中亚当和夏娃的传说来阐明这一道理，他这样写道："《圣经》中就有过亚当和夏娃因为吃了辨别善恶之树的果子后，他们就犯下了与耶和华作对的滔天之罪。当他俩违命偷吃了禁果之后，就完全脱离了动物界和大自然的原始和谐，于是被耶和华贬入人间，于是他俩不得不'再生'为人。"① 在神造论中，人脱离了与自然的原始依附之后，便开始了真正的人的历史。人一旦走出了这一步，就永远不可能再回到象征自然天堂的"伊甸园"中去，而被迫不停地挖掘自身的智慧，创造新的人际和谐，以取代那种原先与自然融为一体的生存方式。

然而，人的孤独也是与生俱来的，弗洛姆认为，正如《圣经》中所阐述的，当亚当和夏娃以人的面目出现之后，"却猛然发现自己赤裸着身体，于是羞愧难当"②。那么，他们为何要羞愧难当呢？在弗洛姆看来，理解这句话的要点在于："当男女双方在彼此以性角色的差异来区分自己和对方后，也就产生了距离感——知道双方因为性别不同而有意地疏远，直至分离，直至陌生。"③ 因而，即使是上帝从亚当身上取一段肋骨创造了女人，仍然摆脱不了彼此因分离而产生的孤独，他们之间的羞愧、恐惧和负罪都源于彼此还没有学会爱对方。因而，两性之间彼此分离之后，自始至终地需要努力学会怎样再次"合二为一"，并且弗洛姆将其看作世间一切创造力的源泉。在弗洛姆看来，人与人之间的结合除了关系到人类生存的基本要求之外，更需要关注两性之间的生理的和心理的结合。弗洛姆认为，正如《圣经》中所描述的："起先男人和女人本是一体，但这种一体被分割成两个部分。从那以后，世间的所有男人就四处寻找丢掉了的女人那部分，为的是让这两个部分重新结合成一体。"④ 因而，两性结合不

---

① ［美］埃希里·弗洛姆：《爱的艺术》，萨茹菲译，光明日报出版社2006年版，第15页。
② 同上。
③ 同上。
④ 同上书，第46页。

仅是人之生存的需要，而且是人之为人的需要，人最终需要在两性结合中学会爱并成就彼此。因为在弗洛姆看来，在每一个人身上都有阴阳截然相反的两极。从生理上看，无论是男性，还是女性，都拥有异性的荷尔蒙；而从心理上看，他们也具备了两性兼有的机能。比如，他们都具备接纳对方和洞察对方的天性，他们也都具备肉体交合和精神依托的本性。因此，两性之间，无论是男性还是女性，"只有在阴阳两极结合中才能彼此找到人格中内在的一致"[1]。因而，两性结合在其本质上等于人自身的一次"再生"。也就是说，虽然两性之间从最开始的一体到分离，再从分离到"合二为一"，这一个过程不代表人重新找回自己，而是实现自我的"再生"。在这一"再生"过程中，人实现了自身生理和心理的双重成长与质的飞跃。也正因为如此，弗洛姆提出"阴阳两极是一切创造力的源泉"这一重要理论。因为人不仅在两极结合中成就了自身，并因此而得以"生儿育女"，实现了生理上的创造力，而且在男欢女爱中，个体的灵魂也都会获得升华。

尽管如此，在现实生活中，两性结合却并不是那么的理想。在弗洛姆看来，无论是哲学家的阐释，还是普通人的理解，两性结合的艺术至今都没有完全被掌握。毫无疑问，在弗洛姆所提出的爱的具体形式中，性爱是专门针对两性关系而提出的，在上文中，我们已经探讨了弗洛姆提出的"性爱"这一形式，它与母爱或博爱等爱的形式的主要不同之处在于它是专一的、排他的。换句话说，性爱所追求的是与异性完全彻底地实现"合二为一"，它的对象是独一无二的，并不包括所有人在内。然而，在弗洛姆看来，性爱与真正的两性之爱是有差别的。他首先极度地反对弗洛伊德将两性之爱仅仅看作性爱的升华，他认为弗洛伊德的错误就在于没有意识到性欲求是人对爱的渴望以及与人相结合的一种表现。也就是说，弗洛伊德仅仅把性爱看作解除或减轻人体内因为化学反应而产生的紧张压力的手段，其功能犹如人渴了就迫不及待地喝水这么简单。弗洛姆认为弗洛伊德这一揭示过于肤浅，因为这种对性爱的理论无异于将性爱的作用等同于手淫，弗洛伊德的错误在于"没有看到人之阴阳的两极性以及要求通

---

[1] ［美］埃希里·弗洛姆：《爱的艺术》，萨茹菲译，光明日报出版社2006年版，第47页。

过结合消除两极对立的渴望"①。因而，对于像弗洛伊德这样的哲学家所提出的性爱理论，弗洛姆是极力批判的，正如他所总结的："我对弗洛伊德理论提出的批评，决不是因为他过分强调性的作用，而是因为他对性的阐述缺乏深刻的现实作用。……他从哲学观出发，只把性解释为纯生理性的。所以我认为把弗洛伊德的伟大发现从生理学领域扩展到生物学和生存学领域去，在深化他的思想的同时也纠正他的不足，这是很有必要的。"②

不仅哲学家的性爱观点备受批判，现实生活中人们的性爱理念与真正应该有的两性之爱也相去甚远。正如弗洛姆的理论初衷是把弗洛伊德的理论从生理学领域扩展到生存论领域中去，他始终立足于人的生存悖论来理解各种关系，而两性关系之间的矛盾也始于人之生存矛盾。可以说，两性结合是人逃避孤独，与他人建立联系的最直接而有力的办法，因而常常是"闪电式进行"，性爱即标志着原来分离的两个人由此而结合在一起。这一结合不仅仅意味着满足生理上的需求，或为了解除肉体上的某种焦虑或压力。但在弗洛姆看来，大多数人将性要求与性爱混淆在一起，以为只要有肉体上的结合，他们就相爱了，而实际上，如果肉体的结合没有以爱作为基础，这种结合是缺乏德性的，并不能使两性真正结合在一起。相反，随着性吸引力的迅速消失，而变得相互憎恨，最终成为陌生人。因此，真正的两性之爱不是肉体的，而是灵魂的，如弗洛姆所描述的："如果男女双方达到了真正的相爱，那么他们的性爱就必须具备一个前提条件。即：'我'要从自身本质出发去爱对方，并且也从对方的本质中去体会他（她）受到别人的爱——人在这方面的本质都是一致的。我们既是整体的一部分，又是由部分组成的一个整体。"③

然而，弗洛姆提出，在性爱中无法避免博爱与自私的矛盾。一方面，性爱如果不是博爱的，就会陷入纯粹肉体结合的危险，而这种结合的生命力是稍纵即逝的。因而性爱应该是博爱的产物，"它既表现在爱的肉体关系中，也表现在爱的非肉体关系中"④；另一方面，性爱虽然属于博爱的产物，却是绝对自私和排他的，因而身处恋爱关系的男女常常体现为对其

---

① ［美］埃希里·弗洛姆：《爱的艺术》，萨茹菲译，光明日报出版社2006年版，第50页。
② 同上书，第52页。
③ 同上书，第75页。
④ 同上书，第74页。

他异性的无动于衷,以表示他们对爱的专一。但在弗洛姆看来,这种专一无异于"共同的自私"。虽然他们都试图通过爱从对方身上寻找自我,通过把一个人扩展成两个人来消解由于孤独而带来的恐惧感,但实际上,他们的结合仍然是外在的,因为他们随时都可以"移情别恋",即与另外的异性实现肉体的结合。因此,"性爱的排他性主要表现在'我'只和一个人在灵魂上和肉体上完全地融为一体。这种一体,也包括了在性结合的基础上对对方的生活承担所有的义务。所以,性爱很难成为博爱意义上的延续"①。因而,性爱本身是博爱与自私的矛盾体,正因为如此,常常会出现两种不同的两性观,"一种是认为性爱完全是两个人之间的吸引力,是两个特殊的人之间绝无仅有的、排他性的联系;另一种是认为性爱只是人的意志行为"②。在弗洛姆看来,这两种两性观都有其理论支撑,因而也导致人们在夫妻关系上的不同结果:有的人认为夫妻关系一旦出现裂痕,就应该立即分道扬镳;另一些人却认为无论在什么情况下夫妻关系都不能被解除。

因此,两性关系中的矛盾也正如人之生存矛盾一样不容易解除,这也是自古以来两性关系很难处理的主要原因。在弗洛姆看来,两性关系中的"合二为一"并非一件容易的事情,性爱在其中只发挥了一小部分的作用,而真正的两性之爱应该是发自人之本质和灵魂的,是双方人格的结合,他这样说道:"这种爱是在保留自己应有的人格尊严以及独立的个性条件下的结合。爱本身是一种主观能动性的东西,它在保持自己个性的条件下拉近了与他人情感上的距离,使彼此合二为一。爱能产生一种积极的力量,这种力量可以冲破任何的高墙或樊篱,使得人与人心心相印;爱还可以使人克服孤独和分离感,但在结合的同时又保持着对自己尊严的忠诚和自身价值的肯定。真正的爱是让两个不同的生命结合在了一起,却并没有让彼此失去自己本来的个性与面目。"③ 因而,只有在个体独立人格与个性条件下产生的"合二为一"才是真正的两性结合,它在本质上比单纯的性爱要高级得多,是一种对自身价值的肯定,在此基础上建立起与异

---

① [美]埃希里·弗洛姆:《爱的艺术》,萨茹菲译,光明日报出版社2006年版,第75页。
② 同上书,第77页。
③ 同上书,第30页。

性的关系深刻而持久,代表了具有创造性的积极力量,不仅体现在生理上,而且体现在心理上,因此,意味着双方发自内心的契合与成长,这样的两性之爱是彼此促进,不是"共同的自私",最终实现真正的"合二为一"。在另一处,弗洛姆又写道:"爱基于这样一个前提:男女双方达到内心的相互交流,并且从中完整地感觉到自己的存在,两个人都从他们各自原有的生存状态里发生结合,同时他们又能够'由彼及此'地体验自己。……两个人都要从'合二为一'的生存实体中去体验自己的存在,他(她)与他们是先有本体才有一体的,而不是忽略了本体的存在而和对方结成一体。"① 因而,两性之爱的根本在于既"合二为一",又不因对方而失去自我。

(二) 亲子关系

如果说两性关系的最终目的是实现"合二为一",那么亲子关系的最终目的却是实现"一分为二"。如弗洛姆所阐述的:"性爱标志着原来两个分离的人由此结合在一起;而在母爱则体现了原来一体的两个人由此分开而生活了。"② 从最开始同为一体的母子关系,到脱离母体成为生理上独立的个体,再到成为精神上或人格上独立的个体,这是亲子关系最为关键的一步。在前文中,我们已经探讨了父爱、母爱和博爱等爱的具体形式,其中谈到了一些关于亲子之间爱的问题,但我们只谈到了"是什么"的问题,没有论及"应该怎样"的问题。在这一部分,我们将详细地讨论弗洛姆有关正确处理亲子关系的实践性问题。在前文中,我们探讨了弗洛姆之母爱的特点,即母爱是无条件性的,相比之下,父爱却是有条件性的爱,这是两者最主要的差别。那么,在亲子关系中,父爱和母爱分别扮演了何种角色?发挥了多大的作用?正确的、健康的亲子关系应该是怎样的呢?事实上,尽管弗洛姆肯定母爱和父爱的关键作用,但对于现实生活中的亲子关系,他并不抱乐观的态度,其中的关键问题在于母子之间如何实现真正的分离,这体现在两个方面:一方面,母亲是否摆脱自恋和专横

---

① [美]埃希里·弗洛姆:《爱的艺术》,萨茹菲译,光明日报出版社2006年版,第134页。
② 同上书,第70页。

跋扈，克服将孩子当作自己的私有财物来占有的心理；另一方面，孩子是否摆脱"恋母"情结，成为真正的具有独立人格的个体。对于母爱来说，虽然它常常体现为一种自然的本能，但也正因为如此而掩盖了母爱所可能具有的自私本性，而使亲子关系变得困难重重。如弗洛姆所说："事实证明，许多母亲在关键时刻都成了失败者。那些自恋的女性、专横跋扈的女性在她们的孩子尚小的时候，姑且在疼爱孩子方面做得很称职，但是当孩子要离开她的时候，那种自私的本相便会溢于言表。"[1] 因而在亲子关系中，最关键的问题是如何实现彼此的分离，这种分离不限于生理上的，更是心理上的分离。只有这样，才是真正出自爱的亲子关系，如弗洛姆自己所总结的："要检验一个母亲是不是真正地爱孩子，就要看她是否能忍受与孩子的分离。"[2]

当然，在亲子关系中，父爱和母爱发挥着不同的作用，并且缺一不可。在弗洛姆看来，父爱和母爱对于孩子来说，代表着不同的道德意义，母爱代表的是天然的良知，而父爱却代表着后天获得的德行。因而，母爱的无条件性体现在，它是天然无条件的，也就是说，在任何情况下，都夺不走母亲对孩子的爱。但父爱却是极其有条件的，只有孩子在德行上达到父爱的要求，他才能获得父爱的认可。因而，父爱和母爱在表现形式上互为矛盾体，但是对于孩子的身心健康却缺一不可，如弗洛姆所指出的："如果一个人只秉承了父亲的德行，那么这个人很可能会因为过于苛刻而缺乏人性；如果这个人只具备了母亲的良知，那么这个人就会有失去自我判断力的危险，并因此阻碍自己个性的发展。"[3] 因此，一个心智健全和性格成熟的个体，其成长和成熟的过程有着其自身的规律，其成熟的标志"有赖于他（她）从对母亲为中心的依附到以父亲为中心的依附，以至形成独立的'自我'的性格与灵魂的组合，到这个时候，他（她）就可以与父母亲分离了"[4]。在弗洛姆看来，如果一个孩子的成长规律不是沿着这一规律进行的话，很可能会患上精神分裂症，从而走向失败的人生。当然，弗洛姆对于这一问题并没有继续作出更为深入的探讨，他的目的在于

---

[1] ［美］埃希里·弗洛姆：《爱的艺术》，萨茹菲译，光明日报出版社2006年版，第70页。
[2] 同上书，第71页。
[3] 同上书，第61页。
[4] 同上。

阐明正确的爱对于健康亲子关系的重要性，而不是挖掘由此而产生的精神分裂症患者的病因及其对策。所以，真正关键的问题在于如何区分出真正的父爱和母爱与那些貌似父爱和母爱的自私情感，因为只有真正的爱才能帮助孩子形成独立的人格。

尽管父爱和母爱对亲子关系都很重要，但二者在孩子成长的过程中如何平衡协调发挥作用才是关键，任何一方失衡都是极其不利的。弗洛姆将其大致上分为两种极端情况：第一种是父爱的缺失，在家庭中，由于缺乏男子气概的父亲，或对孩子的成长不感兴趣的父亲，会导致孩子一直依附在母爱关系上而无法自拔。这样的孩子性格往往会很娇惯而专横跋扈，无法自立。过分地依恋母亲，甚至导致"恋母情结"，使得他处处需要被保护、被照顾，他没有办法塑造自身男子汉模式的父亲般的性格和品性，比如守纪、创造性、独立和驾驭生活的能力等方面。相反，他试图寻找的就是"母亲"的感觉，寻找的对象有时候是别的女性，有时候是有权有势的男性。另一种情况却是母爱的冷漠，导致孩子从寻求母爱保护的需求转移到父亲身上，过分依附父爱的孩子很容易变成单一地向着父亲性格倾向发展的人，这样的孩子成年后更倾向于忠诚法律、秩序和权威等原则。如果他的父亲是一个有权有势的独裁者，那么会加速他的这一性格的形成。总之，在弗洛姆看来，这两种极端情况都是父爱或母爱的失衡而导致的。在孩子的成长过程中，单一的父爱或单一的母爱都会导致个性发展的失败，甚至导致畸形的不健全性格，如弗洛姆所描述的："相关的调查似乎也可以表明：某些精神分裂症的临床形式，多产生于单一的对父亲的依附，而另一些临床病状——如歇斯底里、吸毒、酗酒、厌世、无主见等，则和他从小就单一地对母亲的依附有关。"[①] 当然，弗洛姆的目的不是要去解释神经症患者的病态反应及原因，这是弗洛伊德致力于完成的事情，而弗洛姆的主旨在于为世人指点如何发展健全人格的迷津。

显然，在亲子关系中，父爱和母爱各自发挥着重要作用，两者需要协同一致，共同发展。对于母爱来说，最关键之处在于对孩子的生活和需求作出毫无条件的肯定，母爱要赋予孩子对未来美好生活的向往，而不仅仅是活着这么简单的愿望，如弗洛姆所描述的：母爱就存在于对孩子幼小时

---

① [美]埃希里·弗洛姆：《爱的艺术》，萨茹菲译，光明日报出版社2006年版，第62页。

期的生存肯定中，这种肯定包括两个方面：一是维护其幼小生命的成长；二是引导孩子热爱生活，灌输给他（她）独立生活的意识，使他（她）感受到生活的美好。弗洛姆本人承认这一思想其实源于《圣经》，里面就有这样的象征性故事："乐园是上帝所许的土地（这种土地就是象征着母亲的意味），这片土地'既富饶又肥沃'，她像母亲一样拥有蜂蜜般的乳汁。"① 在这里，弗洛姆的理解是，如果乳汁是对人生命的关心和肯定，那么蜂蜜则象征着生活本身的甘美，对生活的热爱和活在世上的幸福。在这个意义上，母爱不应该仅仅体现为把自己摆在母亲这个位置上，否则她的作用无异于一个只知道关心孩子生活的保姆。母爱更应该传达热爱生活的精神，她自己首先应该是一个热爱生活的积极乐观的人，然后再把这样的乐观和热爱潜移默化地传递给孩子。

然而，在弗洛姆看来，现实生活中的母爱却不容乐观。母爱常常因为其无私性和无条件性而显得伟大，这也是自人类产生以来就一直把母爱看作最高形式的感情和最神圣的爱的主要原因。但真理却往往隐藏在假象之后，弗洛姆认为，母爱的伟大最值得肯定的不在于出自自然本能的爱，而是人的智力因素和心理因素。在母爱关系中，一方面，由于母子之间完全不平等的关系而使母爱单方面的付出显得极其伟大和高尚；但另一方面也极易导致由于母爱而产生的自恋，如弗洛姆所说的："有了孩子的母亲往往会产生一种自我陶醉的心理，因此她会一直把孩子看作是自身的一部分，以至母亲对孩子付出的爱以及那份情愫就很可能成为她自恋的一种途径。"② 这种自恋的恶果就是滋生母爱不自觉的占有欲和权力欲，因此，在这样的母爱影响下的孩子，所获得的不是个体独立的人格，而是自然地成为母亲实施自身占有欲和权力欲的客体。真正的母爱应该超越自恋，并且，通过自身的母爱为自己的生命注入新的价值和意义。从这个意义上来说，母爱的关键之处不仅仅在于无私地给予爱和关心，更是一次心理的成长。在孩子的成长过程中，母子的互动成长不仅促成了孩子的创造性能力，更促成了母亲自身的人格完善。也只有达到这一境界的母爱，才算得上真正地实现了母子二者的"一分为二"。真正的母爱也不限于对自己孩

---

① ［美］埃希里·弗洛姆：《爱的艺术》，萨茹菲译，光明日报出版社2006年版，第67页。
② 同上书，第69页。

子独占性的爱，而更体现为博爱的精神。也就是说，一个真正的母亲不仅仅体现为出自自然本能地爱自己的孩子，更体现为一种爱自己的丈夫、爱他人的孩子和爱陌生人，直至爱整个全人类的这样的博爱精神，深刻领会这样的博爱精神的女性才是真正的母亲。

综上所述，父爱和母爱在亲子关系中各自发挥不同的作用，却又需要相互协调、共同促进。在弗洛姆看来，最好的父母搭配就是："母亲不去阻碍孩子的个性发展，不鼓励孩子纤弱无能；母亲应该对他的独立生活抱有信心，不要把自己的焦虑不安的情绪传染给孩子；她应该希望孩子终有一天能够脱离自己。父爱应该对孩子提出一定的原则期望值，并以此督促孩子在品质上向上进取；父爱应该是宽容和耐心兼而有之的，而不是咄咄逼人跟独裁者似的；应该使成长中的孩子逐渐地对自己的创造能力和抗逆能力树立起自信心，直至最后孩子能成为主宰自己命运的主人，使其脱离母亲的襁褓和父亲的威严。"[①] 从这段话可以看出，在孩子成人的过程中，母爱的作用在于从心理上引导孩子积极向上地乐观生活，重在培养孩子的独立精神；父爱的作用在于从伦理上引导孩子获得优良品质，成为善于跟他人和谐相处的道德主体。在亲子关系中，父爱和母爱最终要促成的是孩子独立的人格，也就是能够成为主宰自己命运的主人，只有这样，才是真正地实现了母子的"一分为二"，而不是生理上与母体分离，心理上却寄生于父母之爱的假主体。

另外，在弗洛姆看来，亲子关系与两性关系之间也存在联系。于成年男性来说，与母体实现真正的分离也为日后健康的两性关系打下良好的基础，否则，恋母情结只会使得一些成年男性无法理解和实施真正的两性之爱。这样的成年男子虽然在生理上已经成人，但在心理上却像个孩子一样黏着自己的母亲，这直接地导致他们"只会利用一些女性来满足自己的肉欲，此外不可能真正地爱上别的女子。他没有也不愿意自由和独立，充其量只是一个废人或者是一个罪犯"[②]。因而，母爱既可能是生活的创造者，也可能是人生的毁灭者。在亲子关系中，如果母爱不能正常、健康地发挥积极作用，利用母爱创造生命的奇迹，那么它将直接地夺走孩子真正

---

① ［美］埃希里·弗洛姆：《爱的艺术》，萨茹菲译，光明日报出版社2006年版，第60页。
② 同上书，第126页。

的生命价值与意义。同样地，父爱的本质在于为孩子树立起原则和道德榜样，但不正确的父爱同样也影响到孩子日后的两性关系，如弗洛姆描述的："他和自己的女人的关系则是小心翼翼并保持着一定距离的。他似乎对异性没什么感觉，甚至重男轻女，毫不尊重女性的人格，即使偶有必须和女性打交道的时候，他就会俨然一个长者对待小丫头一样，赋予'父爱'的关心。"① 因而，不正确的父爱造就的是另一个咄咄逼人的父爱角色，这样的畸形性格无法真正地与异性建立起平等、尊重的两性关系。相反，他只会时时地展现自己的父爱本色，当然，如果对方恰好是一个寻求父爱依附的女子，他们的两性关系或婚姻也能因此而幸福。

在上文中，我们提到，弗洛姆无意对"爱的精神紊乱症"作出过多的探讨，他的宗旨在于为世人指出健全之爱的道路。但实际上，在对西方各种假爱形式的批判中，他还是提到了各种病态两性关系和亲子关系的表现。其中值得一提的是他所提到的"爱的投射机制"。这一投射机制可以体现在两性关系中，也可以体现在亲子关系中。在两性关系中，个体的主要做法就是回避自身的各种缺陷，而把矛头指向自己的配偶。他们从来不承认自己是有缺点的，但是对于他人的缺点，哪怕是一点点微不足道的、鸡毛蒜皮的缺点都会产生本能的敏感，他们所考虑的事情永远都是如何改造和指责对方。在亲子关系中，投射机制常常反映在父母对子女寄予某些非常无理的期望上面，他们的主观愿望并不是真正地要一个孩子，而是把他们自身无法解答的生存问题投射到孩子身上。比如，某些人一旦自己失去了生活的意义时，就寄希望于从孩子的生活中找到自己生活的意义；或者是在自己身上宣告失败了的目标，希望在孩子的身上得以实现。因此，孩子在父母眼中充其量只是一个"替身"，孩子从未能够成为一个真正的独立主体去创造自己的生活。这种投射的最终结果大多是以失败告终，其原因在于投射者本身不具备引导孩子解决自己生存问题的能力。更有甚者，是把这一投射机制运用到婚姻当中，也就是说，一些父母明明感情已经不复存在，却将婚姻的意义和幸福投射到孩子身上，打着"一切为了孩子"的旗号来维持本来不幸的婚姻，这些都是需要在两性关系和亲子

---

① ［美］埃希里·弗洛姆：《爱的艺术》，萨茹菲译，光明日报出版社 2006 年版，第 128 页。

关系中尽力避免的。弗洛姆同时指出，人们很容易犯的一个错误就是认为爱就不会存在冲突，认为冲突对爱的双方没有任何好处。而实际上，真正的爱不是避免冲突，而是如何对待冲突。因为日常生活中的小冲突正是为了澄清彼此之间真正的冲突而产生的，因此，理性地对待日常小冲突，才能真正地化解彼此之间的矛盾，达到双方思想意识或心灵的净化和融合。

（三）人与他人之间的关系

在上文中，我们已经探讨了两性关系和亲子关系。在人与人之间的关系中，除了亲缘关系和血缘关系，就是普通的人与人之间的关系了。在中西方伦理思想史中，如何处理人与人之间的关系是其核心议题。其中中国传统文化中以"仁"为核心的伦理原则和西方基督教文化中以"爱"为核心的原则备受人们推崇。然而，在这个问题上，弗洛姆也更倾向于从心理学的角度予以合理的解释和分析。在他看来，要深刻理解人与人之间的关系，仍然还是从人的生存角度出发来分析人的处境和需求。弗洛姆认为，人从一出生开始，就走了一条不归路，无法再回到自然和谐的"伊甸园"，只能"不断挖掘自己的智慧，用一种新的人际和谐，去替代原始祖先的那种与自然的和谐"[①]。尽管如此，人类世界却是陌生而又不确定的，人类的生存本身就是一场斗争，即使是死亡，也是知道它是必然发生，但死期却是无法确定的事情。但人最大的幸运就在于他能够发挥自己的理智、才能去认识自我，认识他人和世界，了解事物的过去和预知其未来发展的方向。尽管如此，人的认识还是有限的，人之理性的有限性让人常常感叹事物发展之客观规律的强大与难以把握，并因此而感到自身的孤立无援和与世隔绝，如弗洛姆所描述的："他深深地意识到在社会和自然的巨大力量面前自己是多么的渺小，以至他对自己很多的欲念都感到力不从心，生活就像一个无形的圈子把他囚禁于其中——不管他堪不堪忍受。"[②] 这种不堪重负的压力最终通过孤独感和恐惧感等心理形式表现出来，这是人之生存的实然状态，如弗洛姆所描述的："不管是什么时代，

[①] [美]埃希里·弗洛姆：《爱的艺术》，萨茹菲译，光明日报出版社2006年版，第14页。
[②] 同上。

也不管生活在什么样的社会文化背景下，凡为人者，都无法回避两个很现实的问题：人究竟应该如何克服如上所说的孤独感和恐惧感？如何超越个人生活的领地，实现人类社会的真正和谐？"① 对于这样的问题，虽然不同种族的人所进行的探索是不一样的，但人类的聪明就在于始终孜孜不倦地为此而奋斗，人类所创造的不同宗教和哲学，其宗旨就在于为人类这一生存问题提供完美答案。然而，在弗洛姆看来，人类所创造的一切历史不过是人类自身自我意识发展或自我成长的历史而已，人类正是通过创造自身的历史来解答生存的难题。

对于人类整体而言，生产或创造成为人类壮大自身力量、解答自身生存问题的出路。那么，对于个体的人而言，在大千世界、芸芸众生之中，人又是如何克服自身的孤独与恐惧的呢？在人之幼年时期，都是通过与母亲的接触来克服孤独感。但是，随着个体的成长与成熟，这种方式越来越不能满足个体克服孤独感的需要，而必须寻求别的方式来摆脱孤独了。在所有的方式当中，有纵欲或群体的纵欲，包括酒精、毒品和性纵欲等各种不同的具体方式，人们通过一切纵欲的行为来缩短与他人之间的距离。这样的行为一旦得到群体的认同，也就不存在任何违背社会道德的羞耻感，每个人都可以理直气壮地认为这就是正确的、应当的行为，他们也会名正言顺地加入群体纵欲的行列当中去，而无须感到羞耻和不安。然而，各种纵欲或群体纵欲的方式会让人暂时逃避孤独，以为自己终于找到了安全的港湾。但实际上，这种效用是短暂的，这些纵欲的方式都有一些明显的特点：1. 采用的方式都是很强硬的；2. 行为者都是全身心投入的；3. 短暂而又重复的。在人类理性还不是很发达的情况下，这些摆脱孤独和恐惧感的方式确实发挥了一定的积极作用。但随着人类理智的发展和成熟，这种方式越来越不能满足人们摆脱孤独感的需要，于是，新的人类文明必须产生，人类必须创造一个新的世界来满足自身的生存需求，这个方式就是群居。

可以说，群居是人类摆脱孤独的另一种有效形式，也是人类社会文明发展到一定阶段的产物。如弗洛姆所说："即使在今日的西方社会，我们仍然可以说，群居是人类克服孤独感的一种妙法。人与人以群居的方式结

---

① ［美］埃希里·弗洛姆：《爱的艺术》，萨茹菲译，光明日报出版社2006年版，第16页。

合在一起,就成了一个集体,在这个集体中,人们往往会为了整个集体的荣誉而不得不将自己与众不同的个性通过节制的办法化整为零,使自己全心地与集体融为一体。假使每个人都能觉得自己和身边的人完全一样,他的情感、思想、习俗、穿戴和观点等没有什么与别人不同之处,他就可以与所在的群体取得一致,他也就无须再为自己可怕的孤独劳神了。"① 人类群居的完善形式就是组成国家,通过管理国家来实现人与人之间的和谐关系,因而采取什么样的形式管理国家成为实现人与人之间和谐关系的关键所在。弗洛姆提出,自古以来,有独裁的政体和民主的政体两种不同的形式。独裁的政体只会通过威胁和恐怖的手段来达到人与人的协调一致,除了极少数亡命之徒或殉道者会抵制独裁者的意志之外,其他的人都会选择循规蹈矩地服从。而民主政体倡导的是"广采博纳",所以就会冒政体中成员存在不一致的风险,因而,"民主政体就其制度而言是要寻求一个代表民众的一致性,这种一致性的内核就是让所有的人能对摆脱孤独感的方式有一个比较统一的回答"②。在这种体制中,人人都想通过某种方式实现与他人的一致,如果达不到预期的效果,就会因为不一致而产生孤独感或恐惧感。因而,群体一致性属于人心所向,大多数人都害怕自己被孤立起来并与世隔绝,也很清楚自己与众不同的恶果,所以,他们一般都会自发地寻求与他人保持一致,而不是被迫,这完全出自内在的生存需要。但也有一些人奉行的是极端的个人主义,他们更愿意遵从自己的个人意愿行为,并按照自己的思维模式形成自身独具个性的观念。当然,他们的观念也可能恰好与大多数人存在吻合之处,这增强了他们的自以为是,他们因而认为这正好证明了自身观念的正确性。他们会从一些其实微不足道的事情上来彰显自身的与众不同来满足自己追求独特个性的心理,比如穿戴一些有个性的服饰,或者参加一些独特的团体和会议并作秀等。可见,追求一致性和追求个性成了民主政体中并存的目标。然而,作为个体的人,如何既具有群体一致性,又能实现自身独特的个性呢?

显然,在弗洛姆的人道主义体系中,发展人的自我和健康的主体性人格是其主要目标。正因为如此,他对现代西方社会这种整齐划一的"群

---

① [美]埃希里·弗洛姆:《爱的艺术》,萨茹菲译,光明日报出版社2006年版,第21页。
② 同上。

体一致性"模式进行了深入细致的批判。在他看来,从近代西方社会进入工业文明后,消除差别、实现平等是社会所追求的主流目标,即使在各种宗教教义中,众生平等的思想也是各种宗教广泛宣传的主要思想。但是,即便如此,肯定人作为个体存在的独立性具有非凡的意义和价值,如康德就明确地阐述过,人本身就是一个"自我"的目标,每一个人都不可能成为实现他人目标的工具,相反,人人都是在为了实现自己的目标而努力,因而,每个人都必须平等相待。然而,弗洛姆认为,在现代西方社会,平等概念发生了许多变化,"人们对平等的理解实质上类同于机器平等,在这种平等理念下,人的个性的东西被弱化或被压抑了,使得'平等'从过去的'一致'性变成了今天人们公认的'一种模式'。这种模式是完全抽象化的模式,它意味着遵从平等的人应该是做同样的工作,有同样的乐趣,阅读同样的读物,有同样的思想感情和同样的观点"[①]。这种异化的平等观念甚至扩展到异性关系上,其极端的表现形式就是完全消除男女之间的差别,男人和女人不再是两极平等对立的,而是统统变成了社会的"原子人",在"原子人"之间找不到任何区别之处。这实际上正迎合了现代资本主义社会机器化大生产的社会环境。在这样的社会环境里,所有的产品都要求标准化,人也需要标准化,并美其名曰"平等"。然而,在弗洛姆看来,人与人之间通过"群居一致性"模式达成的结合是不足以消除人本身的孤立感和恐惧感的。在这样的模式中,人从出生开始就被导入一种固定的生存模式,并在这一模式中建立起群体关系,然后照本宣科地生活与工作。然而,人在这种模式中丧失了积极性和主动性,一切都是被安排好了的固定模式,"人就成了官僚管理阶层手中的劳动工具,一个人不过是一个劳动工具而已"[②]。人的个性也随之消失,一切都被模式化和标准化,人的一切都被一张无形的网困住,毫无活力与生机。

在弗洛姆看来,除了群体性纵欲和群居一致性模式,第三种用以消除人之孤独感与恐惧感的方式是人的创造性劳动,比如艺术家、工匠都如此。通过创造性劳动,人使得自己与外物达成一致,因为无论是哪种创造性劳动,其主人都必须与他所创造的对象融为一体。但是,问题的关键是

[①] [美]埃希里·弗洛姆:《爱的艺术》,萨茹菲译,光明日报出版社2006年版,第23页。
[②] 同上书,第25页。

这种称得上"创造性劳动"的劳动形式很少,在机器化大生产时代,大多数劳动只是流水线上的某一个环节的运动,人不过是大机器上的一个零件,谈不上任何创造性和主动性,更谈不上和自己的创造性的劳动成果融为一体,所以,人们在这样的劳动中,除了适应社会之外,根本没有办法达到人与人之间的一致性。

总之,在人与人之间的关系问题上,弗洛姆最后总结:"纵欲所达到的'一致'只能是没有生命力的、稍纵即逝的'一致';一种部落的一致和另一种部落的一致如若相互适应,这种适应,也只是虚假的适应,同样没有一致性可言。因此,他们生存得并不能称心如意。对人类生存问题最准确的答案应该是:人与人之间的协调和每一个人都能与群体融为一体所能体现出来的爱的价值。"① 由此可见,弗洛姆在人与人之间关系问题上,强调从人的生存需求出发来解剖人的心理。正因为如此,很多学者批判弗洛姆的理论过于主观,没有落实到社会的政治、经济层面来谈问题,看不到经济基础对于上层建筑所起的决定性作用。这样的批判也有一定道理,但弗洛姆的宗旨主要是针对现代资本主义社会的特点来进行批判,他所要揭示的不是整个人类社会历史中所存在的普遍现象,而是现代资本主义社会经济复兴时期的独特社会文化心理。从社会文化心理的角度来理解弗洛姆的人际关系理论,我们不难发现,他的重点还是在于揭露现代西方社会所蕴含的各种病态心理特征,个体的或群体的,试图从微观的角度对整个社会进行剖析和对症下药。在人与人之间的关系问题上,各种用以联结人际关系的方式在他看来都是不健康的,不能真正地使得人与人之间的关系协调一致,因而也就不能为人的生存问题提供良好的解答,充其量也就是在短时间内给人以缓解实际问题的幻觉。幻觉之后,人们还是需要继续反思其实际的生存矛盾问题,为自身寻找出路。在弗洛姆看来,爱是用来协调人际关系的最好办法,只有爱才真正地使人联系在一起。但弗洛姆在这里所提出的爱不是基督教中强调的绝对服从的、在上帝面前人人平等的爱,也不是局限于人之情感的爱。这种爱超越了人之群体性纵欲和群居的一致性模式。总之,通过爱联结起来的人与人之间的关系是长久的,不是

---

① [美]埃希里·弗洛姆:《爱的艺术》,萨茹菲译,光明日报出版社2006年版,第26—27页。

为了实现群体一致而达成的外在统一、抹杀个性的假象，而是在保留个性的基础上实现的人与人之间的融合。

三 人与自我的关系

在弗洛姆爱的思想体系中，人之生存矛盾占据了主导地位，可以说，他所有的理论都是从人之生存矛盾出发来讨论的。弗洛姆不局限于探索社会的政治、经济对于各种伦理道德关系的决定性作用，他的重点更在于从社会文化心理的微观层面来揭示各种关系，如他所说："除了了解产生法西斯主义的经济和社会条件之外，还有一个人性的问题需要探讨。本书的目的就是分析现代人的性格结构中的一些动态因素，正是这些因素，使得法西斯主义国家的人们甘愿放弃自由，而且，这些因素如此广泛地充斥于我们数百万同胞的心灵之中。"[①] 在弗洛姆看来，社会的政治、经济制度也是人制定的，所以，问题的关键是要揭示人类为何要制定这样的政治、经济制度来管理社会。因而，弗洛姆研究的重点不是社会的经济、政治制度等，而是人性或人的心理。他要揭示的是影响一个社会政治、经济运行的深层次的精神、心理原因。在他看来，弗洛伊德在这方面已经作出了一些尝试，即把心理学的东西应用到社会问题上来，但他的理论"多数是牵强附会的解释"[②]。尽管如此，弗洛姆还是肯定弗洛伊德所提出的人的性格中的无意识作用和行为中的非理性因素的重要作用，这是他要继承的东西。但他反对弗洛伊德将人之本能欲求看作各种关系得以产生的动因，而更强调人与社会关系的互动作用，更确切一点，弗洛姆更强调人性的力量如何反作用于社会，如他所说："弗洛伊德所说的人的关系场所，正类似于市场，这是一种对天生的生物欲求满足的交换，在这一市场上，同他人发生关系总是一种达到某种目的的手段，而它本身绝不是目的。"因而，在弗洛姆看来，同他人发生关系，满足自身的欲求本身只是手段，不是目的，这只是人之生

[①] ［美］埃希里·弗洛姆：《弗洛姆著作精选——人性·社会·拯救》，黄颂杰整编，上海人民出版社1989年版，第56页。

[②] 同上书，第58页。

物性的一面。人之成为人更需要社会的互动作用,因而,弗洛姆进一步阐述道:"心理学的关键问题是个人对世界的特殊关系问题,而不是这种或那种本能自身满足或受挫的问题。……人与社会的关系并不是静止的关系。……社会不仅具有压抑的功能,而且还具有创造的功能。人的本性、情欲和忧虑都是一种文化的产物。事实上,人自身就是人类持续不断奋斗的最重要的创造物和成就,我们把这种人类持续不断奋斗的记录称之为历史。"① 因而,要理解人自身所创造的各种社会关系,就必须深入到人类的社会文化心理层面去探索。在弗洛姆看来,之前的社会心理学研究,多多少少看到了人性或人类心理的力量在社会发展过程中的变化,但他们常常把这种变化归因于适应社会的变化,并不肯定人性或人之心理因素对于社会发展的动力作用,用他自己的话来说,只是"把心理因素贬低为只是文化模式的影子"②。因而,弗洛姆的研究目的非常明确,他所要努力探索的是人的主体性力量到底如何作用于这个社会,这也可以说是他的伦理思想的最高体现。在他看来,虽然不能忽视社会历史塑造人的决定性作用,但是更不能忽视人对社会历史形成的能动作用,如他所说:"不但历史创造人,而且人也创造历史。解释这一似乎矛盾的现象,是属于社会心理学领域的事情。它的任务不仅仅是揭示情欲、愿望、忧虑怎样随着社会过程而变化、发展,而且是要揭示人的能量(在其变化过程中它们已演化为各种具体形式)怎样变化生产的力量、塑造这种社会过程。"③ 因而,人的自我实现才是弗洛姆所关注的核心问题,而这一问题涉及人与自身的关系。

总结起来,在弗洛姆的伦理思想中,虽然强调人与社会的互动作用,但是人自身的主体性或能动力量是重点,他所要论证的核心就是如何培养健全的人,然后达致健全的社会。在这一目标中,人的自我实现是宗旨,可以说,人与自我的关系是弗洛姆的核心议题,人类社会发展的历史也就是一部人类自我实现的历史。在他看来,人类经历了漫长的为实现自我而奋斗的历史,从摆脱大自然的束缚到摆脱专制政治的束

---

① [美]埃希里·弗洛姆:《弗洛姆著作精选——人性·社会·拯救》,黄颂杰整编,上海人民出版社1989年版,第61页。
② 同上书,第63页。
③ 同上书,第62页。

缚,人类自始至终在为实现自身的自由而斗争。人类社会的历史也似乎证明了这一点:人类能够自治自决,能够自由地思想和感知。人类成为自身主人的信念也从未动摇过,这使得人们普遍产生了一种错觉,那就是,以为自己获得了真正的自由。然而,事实却并不是人们所想的那样。在弗洛姆看来,现代西方资本主义社会虽然打破了专制政治,强调民主自治,但是人们并没有因此而获得真正的解放。相反,人们在精神上进入了前所未有的"孤独"。在弗洛姆的理论体系中,人与自我的关系,人与人之间的关系都是交叉并存、相互影响的。在上文中,我们讨论了人与人之间的关系,人之个性与群体性之间的冲突是其主要矛盾。换句话说,人如何能够做到既保留和群体的一致性,又不失掉自身的个性呢?要回答这个问题,不得不涉及人与自我的关系。在这一部分,我们将详细探讨弗洛姆有关人与自我的关系问题。

(一) 孤独与自由

在上文中,我们已经探讨了弗洛姆关于人与自然关系、人与他人关系的相关论述。在弗洛姆看来,这些关系都深深地植根于人的生存矛盾,即人之孤独感与自我实现之间的矛盾。正如弗洛姆所描绘的,无论是人类,还是作为个体的人,从一出生开始,就脱离了与自然母亲或母体的联系,被孤单地抛入这个未知的世界,因而人生的伊始就充满了孤独感和恐惧感。纵观整个人类发展的历史或个体成长发展的过程,不难发现,二者之间有着惊人的相似,即都是一个摆脱孤独,不断地为自身获取自由的过程。在人类发展史上,人类通过征服自然和专制政治为自身获得了前所未有的自由人生。但是,在现代西方资本主义社会,人们一方面积极地追寻自由;另一方面又极力地逃避自由。如他在《逃避自由》一书中这样写道:"人开始与自然相分离,他由于变成了一个'个人',而朝着做人的方向,跨出了第一步。他已经做出了第一次自由行为。这一神话强调了这一行为所造成的痛苦。由于想超越自然,由于想脱离自然和他人,赤身裸体的人深感羞耻。他不但孤独而又自由,而且软弱无力而又恐惧。新获得的自由就像是一种灾难,他摆脱了天堂的美妙的束缚,但是,他不能自由地支配自己,自由地实现自己的个性。"① 因而，在弗洛姆看来，人之成长的过程，也就是人之"个体化"的过程，在这一过程中，人不可避免地陷入了孤独与自由的矛盾。一方面，人不停地想要成就自我，摆脱一切束缚；另一方面，人又不得不回归各种屈从的关系以获得认同感或安全感，他不能随心所欲地实现自身的自由。

那么，在现代西方社会，阻碍人追寻自由的原因是什么？弗洛姆是如何揭示支配人自我发展的矛盾机制的呢？在他看来，人类与自身所创造的社会历史文化之间有着不可估量的交互作用，换句话说，人一方面创造了自身的社会历史文化；另一方面又不停地受制于自身所创造的社会历史文化。如他所说："在人性中，有些因素是固定不变的，这就是：力图满足由生理条件所制约的内驱力的需求，以及逃避孤立和精神孤独的需求。我们已经看到，个人必须接受由特定社会的生产和分配制度所决定的生活方式。在对文化的动态适应过程中，一些强有力的内驱力展现了，这些内驱力又激发了个人的行动和感觉。"② 在弗洛姆看来，人性的发展和成熟是一个动态的过程，在这一过程中，个体一方面需要不停地适应自身所处的社会历史文化环境；另一方面又因此而产生实现自我的内驱力。人的自我成长与实现就是在这两种矛盾力量的对决中完成的。因而，在人性完善的过程中，个体究竟应该成为一个什么样的人，既取决于他自身的力量，也取决于社会所能提供的历史文化环境。

但现实生活并没有这么理想，实际情况是，在个体与社会之间总是存在着不可调和的矛盾，如他所揭示的："任何社会都只能达到某一程度的个人化，一般人均不能超过这一程度。""个体化过程的另一方面就是日益增加的孤独。"③ 尽管，追寻自由、发展自我是每一个个体的人生目标，但是社会中的绝大部分人都不能超出一定的社会历史文化环境的局限，都只能在一定的社会历史文化所限定的范围内尽可能地实现自我，这在本质上是社会对于人性的压抑，这种压抑会使个体日益产生孤独感。如弗洛姆所阐述的："假如人个体化的整个过程所依赖的经济、社会和政治条件，并没有为刚才所说的那

---

① [美]埃希里·弗洛姆：《弗洛姆著作精选——人性·社会·拯救》，黄颂杰整编，上海人民出版社1989年版，第78页。
② 同上书，第69页。
③ 同上书，第73页。

种意义上的个性的实现提供基础,而同时人们又已经失去了曾给予他们安全的那些纽带,那么,这种两相脱节将使自由成为一种不堪忍受的负担。于是,自由就变成了疑虑,那是过一种没有意义和方向的生活。此时,这些不可阻挡的趋势就出现了:逃避这种自由,或屈从,或与他人及世界建立某种关系,这样做可以使他摆脱惶惶不可终日之感,尽管这也剥夺了他的自由。"[1] 在弗洛姆看来,个体的个性发展依赖他或她所处的社会历史文化基础,如果失去了必要的社会政治、经济和文化的条件,个体的个性发展将成为一种不堪忍受的重负。也就是说,此时个体的个性或自由成为与他人隔离、产生自我孤独的标志,但这是人从出生就试图克服的,因而为了摆脱孤独,与他人或世界建立起联系,实现统一,个体最终不得不放弃对自由的追寻,放弃自身个性的成长,而选择屈从于各种关系。

然而,个体逃避自由是否真的可以为自身寻找到安全?显然,答案是否定的,正如弗洛姆所批判的:"逃避自由并没有恢复他所失去的安全,相反,只是使他忘却了他自己还是一个独立的整体。他以牺牲个人自我的完整性为代价得到的是新的脆弱的安全。因为他不能忍受孤独,所以他只好选择丧失自我这条道路。因此,自由,即摆脱式的自由,又使人陷入新的枷锁之中。"[2] 因而,放弃积极发展自身的个性,或者说,逃避自由,并不能真正地使人摆脱孤独,并为自身找到安全的港湾。相反,这种抑制自我个性发展的做法只会使人陷入新的枷锁之中。在弗洛姆看来,这是一种不健康的、畸形的发展方式,个体在孤独与自由二者之间没有作出有效的权衡和选择,只会最终失去自由,落入真正的孤独之中。这种孤独的表现就是不知道自己是谁,也不知道自己到底应该成为什么样的人。如他说:"自我的丧失增加了去顺应的必然性,因为这导致了人们对自己身份的深切怀疑。假如我只是我所相信的被他人所认为的那样一个人,那么,'我'究竟是什么人?……我有什么证据来证明我除了拥有肉体的自我之外还拥有我自己的个性?"[3] 丧失自我的人,只会按照一定社会的文化价值观来规定自身,缺乏自我实现的目标,最终就像行尸走肉般地活着,失

---

[1] [美]埃希里·弗洛姆:《弗洛姆著作精选——人性·社会·拯救》,黄颂杰整编,上海人民出版社1989年版,第79—80页。

[2] 同上书,第96页。

[3] 同上书,第93页。

去了自我存在的意义。因为他不是他自己想要成为的那个人,而是别人所认为的那个人。

(二) 积极自由和消极自由

在弗洛姆看来,要解决孤独与自由之间的矛盾问题,必须对"自由"这一概念进行深入的哲学分析。那么到底什么是自由呢?可以说,人类从产生以来就不停地为自身的自由而奋斗,但是,不同社会历史发展阶段的"自由"概念却是不一样的,"自由"的内涵会随着社会历史文化的变化而变化。在此认识前提下,弗洛姆对"自由"这一概念展开了深入的批判,在他看来,现代人所理解的"自由"概念并不是真正的自由,相反,他们正错误地追寻一种实际上把自己套入更深枷锁的"消极自由"之中,如弗洛姆所描述的:"确实,他已经摆脱了不能随心所欲地行为和思想的外在约束,因此,只要他确已了解他所想要的、思考的和感知的东西,他就可以按照他自己的意志行事。但问题在于,他对他所想要的、思考的和感知的东西根本就不了解。他被一种无名的权威摆布着,他自以为是的那个自我,根本就不是他的自我。"[①] 在此批判前提下,弗洛姆将"自由"分为"积极自由"和"消极自由"两个不同的概念。在他看来,现代人所拥有的"自由"不过是一种"消极自由",在"消极自由"中,个人的孤独和自由仍然处在对立状态之中,人并没有因此而摆脱孤独,也并没有因此而获得自由。相反,发展"积极自由"才是人真正的目标,那么,什么是"积极自由"呢?弗洛姆这样描述道:"我们相信,总有一种积极的自由状态存在,发展自由的过程并不构成一种恶性的循环,人完全可以做到既自由又不孤独,既具有批判的眼光,又不怀疑一切,既独立又不与世界相脱离。这种自由只有通过实现他的自我,使他成为他自己才能获得。"[②] 可见,"积极自由"不是通过压抑自我而获得的自由,它与"消极自由"的真正差别在于,它是不压抑个体个性发展的,而是通过实现真正的自我来获得的。因而,"积极自由"的本质就在于积极地发展自我

---

① [美]埃希里·弗洛姆:《弗洛姆著作精选——人性·社会·拯救》,黄颂杰整编,上海人民出版社1989年版,第95页。

② 同上书,第96页。

或个性。在弗洛姆看来,那种通过扼杀自身的个性而获得的"消极自由",不是真正意义上的自由,也不能消除孤独与自由之间的对立冲突,如他所说的:"消极性的自由会使人成为一种孤独的存在物,使人与世界的关系变得日益疏远和不可信,使人的自我实现不断地遭到威胁。"① 因而,"消极自由"所造成的后果是人与人、人与世界、人与自身的分离,最终使人成为真正的孤立物。这不但没有消除人之生存矛盾,反而加深了人性异化,人在"消极自由"中所获得的是暂时的精神麻醉,而不是精神上的解放。

在肯定了"积极自由"之后,弗洛姆极力地阐明"积极自由"所拥有的核心特征,在他看来,"积极自由"在于"全部的、总体的人格的自发性活动"②。那么,在这里,要理解"积极自由"的关键点在于理解什么是"自发性"。弗洛姆承认,在心理学领域,论述清楚"自发性"这一概念是一个棘手的问题,也许需要为此而专门写一本厚厚的书。尽管如此,他还是概括出"自发性"的基本特征,"自发性的活动并不是一种强迫性的活动,强迫性的活动是受孤独和无权力的驱使才从事的一种活动;自发性的活动也不是一种自动化的活动,自动化的活动是指不加辨识地采用外界所激发的行为模式。自发性的活动是自我的自由活动。"③ 可见,"自发性"与"强迫"是对立的,它也不代表自动化,它指的是体现个体意志的行为。要实现个体的"自发性",其前提是"接受总体性的人格观念,并且力戒把人分为'理性的'和'本能的',因为只有人对其自我的基本组成部分都不加以压抑,只有他对其自身了如指掌,只有他生命的各个方面已完全一体化了,自发性的活动才是可能的"④。因而,"自发性"所代表的是个体对自我的完全认知,是一个人的总体人格,既不完全受理性的支配,也不出自本能,而是在个体总体人格的指挥下所进行的代表个体意志的行为。如弗洛姆所说:"自发性的活动是使人克服孤独的恐惧、同时又不使其自我的完整性受损害的唯一途径,因为在自我的自发性的实

---

① [美]埃希里·弗洛姆:《弗洛姆著作精选——人性·社会·拯救》,黄颂杰整编,上海人民出版社1989年版,第99页。
② 同上书,第97页。
③ 同上。
④ 同上。

现过程中，人可以再度与世界、他人、自然和他自身结合起来。爱是这种自发性的最重要的成分。这里所说的爱，不是把自身消融在另外一个人之中，也不是指占有另外一个人，而是指自发地肯定他人，在维护个人的自我的基础上，使自己与他人合为一体。"① 可见，积极地肯定自我并发展自我是"自发性"的主要特征，在此基础上，实现与他人、世界和自身的结合。"自发性"所代表的是一种自我人格的完整性，而不是放弃自我，或者压抑自我。在此基础上，实现与他人、世界的结合才是健康的、积极的。与此同时，具有"自发性"特征的爱也体现为积极的、健康的爱，这种爱不是牺牲自我去逢迎别人，也不是通过强制性力量去占有别人，而是在既肯定自我，又尊重他人自身价值的基础上实现的人与人的结合。

因此，通过对比，我们知道，现代人所追寻的恰恰是一种"消极自由"，因为害怕孤独而放弃自我的发展与个性的成熟，这种"消极自由"并不能真正地解决孤独与自由之间的矛盾，也就是说，不能解决人之孤独与自我实现之间的生存矛盾。而"积极自由"的最大特征是能够积极地肯定自我、发展自身的个性，也就是说，能够达致自我实现，如弗洛姆所阐述的："积极的自由，它作为自我的实现，意味着充分地肯定人的个性，……只有在极端尊重自我、他人以及我们大家的自我的个性条件下，有机的成长才是可能的。尊重和培养自我的个性是人类文化最有价值的成就，可现在，正是这种成就处在危险之中。"② 因而，在群体性与个性的矛盾之中，绝对不是放弃个体自身的个性来实现群体的一致性，而是通过积极地发展个体的个性来实现人类最有价值的成就。正因为如此，我们认为，弗洛姆整个理论体系的宗旨就是实现个体的完善，或者说，培养充分自我实现的个体。在整个人类社会历史当中，弗洛姆对法西斯主义的批判尤为激烈，在他看来，法西斯主义所提供的社会制度，目的就在于压抑个体的个性，使得人遵从自身以为的目标行事，如他说："而法西斯主义这种社会制度是这样的，不管它如何乔装打扮，它的既定目的就是使个人屈

---

① ［美］埃希里·弗洛姆：《弗洛姆著作精选——人性·社会·拯救》，黄颂杰整编，上海人民出版社1989年版，第99页。

② 同上书，第102页。

从于外在的目标,并且削弱真正的个性发展。"① 这种社会制度通过压制人的个性发展来实现外在的一些目标,其本质是非人性化的,是一种病态的,甚至可以说是一种神经症精神性疾病的表现。

在弗洛姆看来,"积极自由"不包含任何将人当作实现某一目的的手段的做法,而是自始至终地把人看作目的。因而,人的自我实现处在至高无上的地位,任何行为的最终目的都是实现个体的自我发展和完善。如弗洛姆所说的:"积极的自由包含以下这一原则,即世界上没有比这种独特的个人的自我更强大的力量,人就是他生活的中心和目的,人的个性的成长和实现就是人的最终目的,它并不从属于其他任何被假定为更具尊严的目的。"② 从这里可以看出,弗洛姆所提出的"自由"概念在其本质上等同于"人的自我实现",它是人之为人的根本。从这个意义上来说,弗洛姆的"自由"概念不局限于心理学的内涵,更具有伦理学的色彩,正如有现代学者所提出:"弗洛姆的自由就其将善等同于人的潜能的自我实现这一角度来看,其自由的概念可以说是一个伦理学论域的概念,因此弗洛姆的自由可以被看作是一种道德权利,是基于人之为人的尊严的自然权利。"③ 因而,从伦理学的角度来看,"自由"更侧重于个体在社会生活中应该享有的自然权利,这与心理学中个性相比较,增加了更多的社会性维度。

(三) 自我实现

在人与自我关系问题上,其最终要解决的问题是"我应该成为什么样的人?"这一问题是古往今来的伦理学家所要探寻的问题。如现代学者夏中义认为,"自我实现"所涉及的关键主体是引导人们如何"做人"的理论。在中国本土语境中,虽然也历来强调"做人"的问题,但其着重点与其说在于内在人格建构,不如说更在于人际关系的维系。这样的做人理论,不仅往往将人之所以为人的"自由、独立"等精神做丢,而且连

---

① [美]埃希里·弗洛姆:《弗洛姆著作精选——人性·社会·拯救》,黄颂杰整编,上海人民出版社1989年版,第110页。
② 同上书,第103页。
③ 孔文清:《自由:积极的还是消极的?——在弗洛姆与伯林之间》,《华东师范大学学报》2006年第1期。

真诚也很少见。"自我实现"则重在"探究：一个人将如何从'个体'成长为'主体'。'个体'在此既是一个计量学概念，也是生物学概念；而'主体'则是一个文化学概念，它是指某种具有价值内存的理想人格存在——这就务必抓住两大环节：一抓'自由选择'，二抓'独立担当'，两手都要硬"①。因而，"自我实现"的侧重点在于如何实现个体的独立人格，成为一个具有主体性人格的个体，而不是一味地强调个体如何屈从于各种关系，成为一个失掉自我，仅仅将维系各种关系当作人生目的的人。在弗洛姆的理论中，大致上也表达了以上的意愿，但弗洛姆所提出的"自我实现"具有更广泛的维度。

在弗洛姆看来，首先，"自我的实现并非仅仅依靠理性思维的过程，还得依靠人的人格实现，依靠积极地表现人的情感的和理智的潜能。每一个人都有这样的潜能，只有把它们表现出来，它们才能成为现实的。换句话说，积极的自由在于全部的、总体的人格的自发性活动"②。因而，"自我实现"不局限为个体理智的发展，而是在发展个体理智能力的基础上，所塑造的个体理想人格。在弗洛姆的理论中，这一理想人格体现为"积极自由"，这是一种包含个体总体人格在内的自发性活动。在上文中，我们已经探讨了"自发性"这一概念，它主要体现为爱的创造性活动，个体的人格就是在这样的活动或行为中日趋完善。因而，在弗洛姆的理论体系中，"自我实现"或"个体化"的过程是动态的。换句话说，弗洛姆理论中的个体人格是一个动态的概念，而不是静态的。在这一点上，我们可以说，弗洛姆所提出的"自我实现"或"个体化"相当于社会学中的"个体社会化"。

其次，弗洛姆的"自我实现"概念是辩证发展的，个体的人格完善或个体化的过程在孤独与自由这一对矛盾中进行，如弗洛姆所描述的："在日益发展的个体化以及人日渐获得自由的过程中所产生的辩证过程。一方面，孩童变得愈加自由，可以发展和表现自我，而不被原先束缚他的那些关系所禁锢。可另一方面，他也日益脱离了那个日益给予他安全和保

---

① 夏中义：《自我实现：重读弗洛姆与马斯洛》，《书屋》2003年第11期。
② [美]埃希里·弗洛姆：《弗洛姆著作精选——人性·社会·拯救》，黄颂杰整编，上海人民出版社1989年版，第97页。

障的世界。"① 可见，在个体的发展过程中，孤独与自由是对立统一的。如果个体选择的是"消极自由"，那么，在其本质上，等于将孤独与自由对立起来，他最终丧失了与他人原始的统一，与他人日益分离。这种日益分离的状况可能导致孤立无援，使人产生凄凉的感觉，造成强烈的忧虑和不安。相反，"积极自由"便是将孤独和自由统一起来，而将二者统一起来的条件便是创造性的爱，如弗洛姆所说的："但假如孩童有能力发展自己的内在力量和创造性，那这种分离的状况也可能导致与他人建立起新的密切牢固关系，这些内在的力量和创造性，是与世界建立这种新的关系的前提。"② 创造性的爱不仅使得个体发展了自身的个性，实现了个体的自由，而且在个体化的过程中实现了与他人、社会的联系。因而，"自我实现"是一个辩证运动的过程，在这一过程中，孤独和自由构成了一对矛盾体，共同推动着个体的人格完善。因此，人的自我实现或人的自由是辩证的，或者说，人的自由是矛盾的、相对的，个体所追寻的自由总是有限的，而不是绝对的。弗洛姆是这样表达这一思想的，他说："人的自由发展过程具有辩证性，这种辩证性与我们在个人的成长过程中已注意到的那种辩证性是相同的。一方面，这是一个力量、一体化和对自然的控制日益发展的过程，人的理性力量增长的过程，与他人团结日益加强的过程；另一方面，这种个体化的日益发展，意味着孤立、不安全的日益发展，从而对于他在世界上的地位、自己生命意义的怀疑也增大了，随之而来，他日益感到自己无足轻重及无能为力。"③ 这正好说明了个体发展的有限性，尽管从主观愿望上讲，每一个个体都希望尽自身最大的努力去实现自我，但是，从现实上讲，这种自我实现往往又增加了个体与他人、社会的分离，而这也是个体所害怕和恐惧的。因此，在个体的自我实现过程中，必然面临着个性的增长与同他人、世界分离的矛盾。

最后，尽管弗洛姆提出，在个体"自我实现"的过程中会遇到个体化与孤独之间的矛盾，但他自始至终认为，个体需尽到自身最大的努力去

---

① ［美］埃希里·弗洛姆：《弗洛姆著作精选——人性·社会·拯救》，黄颂杰整编，上海人民出版社1989年版，第75页。

② 同上。

③ 同上书，第79页。

实现自我。也可以说,"自我实现"恰恰是弗洛姆爱的伦理思想的核心目标。那么个体需通过什么样的途径来达到这一目标呢?弗洛姆认为:"只有一种可能的、创造性的方法,可以解决个体化的人同世界的关系,这就是:他积极地与所有人团结一致,自发性地活动,即爱和工作,用这种办法,将使他不是通过原始纽带,而是作为一个独立而自由的个体,再次与世界联结起来。"① 作为个体的人,一方面要实现个体化或发展自身的个性;另一方面又不能失去同他人、世界的联系。在弗洛姆看来,要实现这两者的统一,只有通过具有创造性特征的爱的活动。这一活动超越了人之理性与本能,而是在充分地发展自身的理智的基础之上所完善的个体人格。所以,弗洛姆说:"人,他所获得的自由越多(从人和自然的原始浑一状态中产生出来这一意义上的自由),他愈加'个人化',他就越加别无他择,或通过自发性的爱和创造性的工作来使自己与世界联结起来,或通过那些会破坏他的自由和他个人自我完整性的与世界的联结方式来寻求安全。"② 在这个意义上,我们可以说,弗洛姆所提出的"消极自由"和"积极自由"的分界线便是具有自发性特征的爱,而这也是个体是否能够达致人格健全的主要特征。

总结起来,弗洛姆所提出的"自我实现"与"积极自由"在其内涵上是相同的。可以说,"自我实现"所达成的就是"积极自由"。因而,弗洛姆实际上是把自由当作个体成长的目标。在他看来,个体所要追寻的应该是"积极自由",这是一种代表了个体创造力和个性发展的自由。但在现实生活中,人们所追寻的恰恰是"消极自由",即是通过压抑自我个性成长来获得与他人、世界联系的自由。可以说,弗洛姆对于现代资本主义社会中人的心理的分析是很深刻的,他通过"自由"这一概念来阐述"自我实现",并不完全停留在心理学层面,而是结合了心理学和伦理学的知识,将个体的自我实现与整个社会联结起来。正因为如此,在个体自我实现的过程当中,个体既要注重自身个性的成长,又要不脱离自身与他人、世界的联系。在理论上,就是实现个体的个性与群体性的统一。从这

---

① [美]埃希里·弗洛姆:《弗洛姆著作精选——人性·社会·拯救》,黄颂杰整编,上海人民出版社1989年版,第79页。

② 同上书,第69页。

个意义讲，弗洛姆所谈论的自由和自我实现具有比较浓厚的社会学意义，而不是纯粹地停留在主观的心理学领域。后来很多学者对于弗洛姆所提出的"自由"概念及其所作出的"积极自由"和"消极自由"的划分颇具微议，如杜敏这样评论道："弗洛姆的'自由'在心理学和政治、伦理学的双重意涵上任意转换，这在一定程度上造成了概念的含混性。尤其是，当他重点从心理学的视角来设计社会变革途径以实现人的价值'自由'时，只能呼吁人与人之间的'爱'与'健全的社会'，最终只能落脚于心灵拯救的道德教育和理想主义的自我规划上，而无法真正威胁到资本主义社会赖以建立的经济政治制度。"[1] 这一评论是值得商榷的，实际上，弗洛姆整个爱的伦理体系的研究方法就是要将心理学的知识纳入伦理学研究领域之中，也就是说，实现心理学和伦理学的完美结合。因而，他所提出的"自由"概念并不存在含混不清，而是突破伦理学的局限，为"自由"概念注入心理学的内涵。在"积极自由"和"消极自由"的划分中，我们不难发现人性之矛盾以及由此而产生的个体自我实现的有限性，这正是弗洛姆理论的高明之处。除此之外，"爱"作为弗洛姆处理各种伦理关系的方法，并不简单地停留在道德教育或自我理想设计的层面。在上文中，我们已经谈到，弗洛姆并不是忽略社会的政治、经济制度来谈个体的人格完善，而是他的理论重点在于实现个体的主体性。在他看来，尽管社会的政治、经济和文化制度等影响甚至决定了个体的个性发展或自我实现，但人和社会的作用是互动的，并且人在其中所占据的分量要更大。换句话说，社会的政治、经济和文化制度等最终也是人自身所制定或创造的，所以最终要落实的仍然是如何改造人、完善人。正是在这个意义上，我们说，弗洛姆把个体的"自我实现"当作其爱的伦理思想体系的终极性目标。可以说，后世学者更多地对弗洛姆所提出的"爱"的方法心存疑虑，认为这不切实际，关于这一点我们将在第五章里面详细地探讨弗洛姆有关成熟的爱的理论。

---

[1] 杜敏：《"自由"与"孤独"——论弗洛姆"自由"概念的双重维度及其局限性》，《社会科学家》2012年第7期。

四　人与社会的关系

在弗洛姆的整体理论体系中，人与社会是互相作用的，但在二者之间，弗洛姆更彰显人的主体性力量。虽然社会历史文化对个体人格的形成有着巨大的塑造作用，但社会历史终究不过是人自身的产物，人在被社会历史塑造的过程中，更通过发挥自身的主体性来改造社会历史，改造自身。如弗洛姆所描述的："人在历史的过程中确是变化了的，他发展了自己，他改造了自己，他是历史的产物，既然他创造了自己的历史，那么他也就是他自己的产物。历史是人的自我实现的历史，历史无非就是通过人的劳动和生产过程的人的自我创造。"[①] 因而，在人与社会的关系中，人仍然居于中心地位。但人又必须通过与外在世界的联系来实现自我的存在。在弗洛姆看来，人的本质就体现"在与对象世界发生关系的时候，通过人自己的力量，外部世界对人来说成为实在的，而且实际上只是由于'爱'才使人真正相信人之外的那个对象世界的实在性"[②]。因而，人之外的一切存在都是因为人的存在而变得有意义，人正是通过自身的力量使得外在的一切存在成为自我实现的有机部分，此时，人与外在的万物是一体的。而在这一过程中，正是爱的力量使人实现了与万物一体的目标，爱让人相信自身与外在世界的统一的实在性。

基于以上认识，弗洛姆对现代资本主义社会的实然状态进行了严厉的批判。在他看来，现代社会的人与社会都处在病态之中而不自知，个体的人因为其占有的生存方式而变得与自然、他人、自身和社会分离；群体的人普遍出于一种病态而不自知，他们把大多数人认同的价值观与文化当作健康的，而把少数人所认同的价值观当作病态的。实际上，在现代资本主义社会，正是这种从众的社会心理使得整个社会处在一种病态，正因为如此，那些看起来"病态的"个体实际上才是真正健康的人。因而，要实现人与社会关系的健康发展，就必须双管齐下，既要对个体的人实现改

---

① ［美］埃希里·弗洛姆：《弗洛姆著作精选——人性·社会·拯救》，黄颂杰整编，上海人民出版社1989年版，第348页。

② 同上书，第354页。

造，又要对整个社会的各种价值观及其制度进行改革，只有这样，才能实现真正的"人道主义社会主义"，这是一种有利于人自我实现的、真正体现人道主义价值的社会模式。总而言之，在理论上，弗洛姆赞同马克思主义哲学对社会所进行的批判，肯定马克思主义哲学作为一种人道主义的存在价值。但与此同时，弗洛姆提出，马克思主义哲学对社会进行的宏观批判与指导是不够的，早期的社会主义构想缺乏任何具体的计划和措施。相反，弗洛伊德试图从精神分析学的角度对个体的人格病症进行改造，他的落脚点在于个体的人。因而，在他看来，最佳的办法就是实现社会与个人的相结合，换句话说，就是不仅从宏观的社会改革，而且从具体的个体改造出发来谈人与社会的协调发展。

（一）个体改造

在弗洛姆看来，在现代资本主义社会中，虽然实现了社会物质财富的极大丰富，个体过上物质丰裕、看似幸福的生活，但是，个体的实际精神状况却处在病态之中，如他所说："精神分析家们的这些'病人'，并不知道他们患的是什么病。他们抱怨着内心沮丧、失眠、婚姻不幸福、工作无趣味，以及其他诸如此类的烦恼。……在人们的内心深处，有着所有自以为患有这种或那种特定病症的人所共有的疾病。这个共同的疾病即人同他自己、同他的同胞、同自然的异化；是感觉到生命像沙子一样从手中流失，还未懂得生活就将死去；是虽生活在富裕之中却无欢乐而言。"[1] 因而，物质生活的丰裕与精神生活的贫乏形成鲜明的对比，而人们也正是在这种两极对比中渐渐地失去了自我存在的价值感，他们面对生活的无意义毫无作为，哲学家和精神分析家的伟大作用就是为现代社会的人们开出"良方"，帮助他们找到自我。

关于个体的改造，弗洛姆主要是针对人之心灵提出的，找到现代人精神贫乏的真正病因是其主要目标。在弗洛姆的《禅宗与精神分析》一书中，他非常详细地对个体人格的改造提出自己的观点，在他看来，禅宗与精神分析有着异曲同工之妙，即都是着眼于改造人之心灵，使之达到健康

---

[1] ［美］埃希里·弗洛姆：《弗洛姆著作精选——人性·社会·拯救》，黄颂杰整编，上海人民出版社1989年版，第374页。

的"开悟"状态,弗洛姆称之为"泰然状态",因而,他提出:"治疗并不在于使他无病,而在于使他处在泰然状态。"① 那么,什么是人的"泰然状态"?弗洛姆认为:"泰然状态是与人的本性一致的状态。"② 可见,"泰然状态"是一种人格完善的极致状态,在这种状态中,人真正地实现了自我,达到与自身的本性一致。弗洛姆仍然是着眼于从人的"生存矛盾"来解答这一问题。在他看来,关于人的生存矛盾,可以通过各种方式来解答,但是,不管存在多少种解答,总结起来,只有两种答案:"一种是以退化到知觉尚未产生的合一状态,即人诞生前的状态来克服分离。另一种答案则是完全的诞生,是发展人的认知、理性及爱的能力,达到一种超越自我中心的境地,从而与世界达成新的和谐、新的统一。"③ 显然,前一种状态不是人所应该追求的,那是一种"消极自由",是一种"退化生存"。正确的方法就是发展并超于自己,这在本质上意味着人的一次又一次的"新生",人正是通过这样的发展自我和创造自我的认知及爱的能力,克服了人与世界的各种分离,最终达致和谐的统一状态,而这便是人之生存的"泰然状态"。

在弗洛姆看来,人之"泰然状态"首先体现为人之理性的充分发展,但这一理性发展不局限于知性判断上的意义,他说:"泰然状态是理性达到充分发展的状态——这里的理性并不仅限于知性判断上的意义,而是以'让事物按其本来样子'(用海德格尔的说法)而存在的方法掌握真理。只有当人克服其自恋、达到开放富于回应、敏锐、清醒、空灵的(用禅宗的说法)程度时,才能臻于泰然。"④ 因而,人之"泰然状态"并不意味着以自我为中心,超越一切存在来达到自我的实现。而是按照事物本来的样子,也即是遵从事物发展的本身规律来认识事物,只有这样人类的知性才能达到一种完全的开放状态,在这一状态中,人既掌握了世间万物存在的本然规律,也实现了自我真正的独立存在。因而,人之生存的"泰然状态""意味着人与自然的完全交融,克服分裂与异化,达到与万物一

---

① [美]埃希里·弗洛姆:《弗洛姆著作精选——人性·社会·拯救》,黄颂杰整编,上海人民出版社1989年版,第374页。
② 同上书,第375页。
③ 同上书,第376页。
④ 同上书,第380页。

体的体验,同时又体验到我自己是一个独立自在的实体——作为个体的我存在。它意味着完全的诞生,使人的潜在可能得以实现,……即以真正的、完整的人——我存在,与万事万物发生作用,并作出回应"[1]。因而,人之存在的意义就是与世间万事万物发生关系而又不失掉自我。"我"虽然处在世界的中心地位,但是"我"不因此而隔断与外界的联系,反而把外界当作与"我"共存的有机整体,在"我"与世界的相互作用中完成自我的实现。此时的"我"因为世间万物而变得完整,这是真正意义上的存在,它超越物质意义上的存在,而又与一切物质世界连为一体。

其次,人之"泰然状态意味着撤去人的自我,放弃我的贪婪,不再追求自我的保存和扩张。不是在占有、聚敛、贪婪和利用中,而是在生命活动中去确立自己、体验自己。"[2] 这意味着,人既要与外在的物质世界建立起联系,但又不能因此而过分地扩展自身对物质世界的占有欲望。在《占有还是存在》这部著作里,弗洛姆激烈地批判了现代人的"占有的生存方式",而主张"存在的生存方式"。在他看来,正因为人对物质世界的占有欲望日益强烈,而失去了对生活与自我的本真认识,人在不停地占有外在世界的过程中,渐渐地失掉了真正的自我,并造成自身与外在世界的一切紧张关系。而正确的生存方式是"存在的生存方式",即不是通过占有或毫无节制地利用外在世界的方式来达成与外界的联系,而是通过对外在世界的创造性改造活动去发展自我,实现自我的潜能。这意味着,人之生存的意义不在于占有多少物质财富,而在于通过创造物质财富来实现自我的发展。正是在这种创造性活动中,人充分地发挥了自我的潜能,并将自身与世间万物连为一体。这种体验是纯粹精神性的体验,它与物质世界发生着关系,但又不停留在物质世界,而是超越物质世界的精神性的自我再创造,而这就是弗洛姆所提出的"存在的生存方式"。此时,人之存在因为自身的创造性而变得灵动,人生因为自我的发展而变得有意义。而那些以物质占有为目的的存在,只不过是将自身与物等同的"行尸走肉"般的存在,那样的生存方式其结果是使得自己日益丧失为人的活力与勇

---

[1] [美]埃希里·弗洛姆:《弗洛姆著作精选——人性·社会·拯救》,黄颂杰整编,上海人民出版社1989年版,第380页。

[2] 同上书,第381页。

气，而变成受外在世界支配和奴役的附庸物。而人之存在的根本是超越外在世界的束缚，成为自身的主人，真正地实现自我的价值。

最后，人之"泰然状态"是一种人格的完满，如弗洛姆说道："诚如铃木博士以上描绘的，开悟显然是泰然状态的真正实现。如果我们尝试用心理学术语来表达开悟，可以说它是一种人在其中完全和他的内在的及外在的实在相一致的状态，在这种状态中，人对那实在有着完全的觉知和把握。既不是用他的大脑，也不是用他身上的任何其他部分，而是用全部身心的他去觉知这个存在，……开悟意味着'全部人格对实在的充分觉醒'。"[①] 如禅宗的"开悟"，"泰然状态"中"我"的内在和外在统一，而不是分裂。在这样的生命状态之中，人不是作为一个认知主体去实现对外界的认知和把握，因为这样是主客二分的模式。"泰然状态"中的"我"与世界合二为一，达到如儒家哲学中的"天人合一"状态。在弗洛姆看来，这一生命状态不局限为理智或理性发展的完满，更体现为人的全部人格。此时的"我"不局限为作为一个道德主体实现对客体的认知与把握，而是通过个体完满的人格实现与外在的统一。因而，在人的"泰然状态"，人通过对自我的正确认识来把握外在世界，因为自我的实现，我既成为一个独一无二的存在，完成了自我的个性发展，又与外在的一切联系紧密。正是通过自我完满的人格来达成的内外统一，才是真正的协调一致。此时，人与自然、他人、社会和自我处在统一的状态，而不是相互压制或分裂的状态。我因为正确地认识了自我的存在，或者说，正确地明了存在的价值，我才正确地建立起与世界的联系。也只有在此基础上建立起的联系，才能达致真正的和谐一致，而不是相互占有和利用。

（二）社会革命

在人与社会的关系中，尽管弗洛姆彰显人的主体性价值，但是，他明确提出，如果社会不提供给个体以良好的社会历史文化环境，那么个体的改造也将毫无意义。因此，社会的革命需与个体的改造同步进行，也就是说，一方面，要关注个体的健康人格发展；另一方面，要关注社会整体的

---

① ［美］埃希里·弗洛姆：《弗洛姆著作精选——人性·社会·拯救》，黄颂杰整编，上海人民出版社1989年版，第387页。

历史文化发展，为个体的人格健全之路提供良好的环境。而这二者之间又是相互作用和相互促进的。在《健全的社会》《爱的艺术》等多部著作里，弗洛姆提出了一系列有关社会政治、经济和文化等方面的改革措施。但我们在这里并不是要具体地谈弗洛姆所提出的那些具体的改革措施，而是总结弗洛姆对于社会整体性质的描述。也就是说，在弗洛姆看来，什么样的社会才是真正健全的社会，什么样的社会才是真正有利于个体人格健康的社会，这才是问题的关键。

那么，到底什么样的社会组织模式才是真正符合人的发展的社会呢？尽管弗洛姆对法西斯主义和资本主义有较多的批判，但他的目的并不在于对以上社会组织形式进行改造。相反，他对马克思等人提出的社会主义社会进行了深入的分析。在他看来，虽然社会主义已经成为社会和政治的现实，但它基本上还只是一种理论形式。尽管社会主义在少数资本主义国家统治了或长或短的一段时间，但除了做些实现其纲领的尝试性工作外，根本就不能改造整个社会。而世人对马克思等人所提出的社会主义的理解又存在极大的偏差，这是导致社会主义不能成功的主要原因。如弗洛姆所说："马克思以及其他社会主义者的著作信手可得，但大多数对马克思主义和社会主义反应最为激烈的人却从未读过马克思写的一个字，而其他许多人也仅有极肤浅的认识。……都相信马克思主义体系是建立在'对物质利益的兴趣是推动人的最积极的力量，马克思主义的目标是促进人的物质贪欲和满足'这样一个思想观念的基础上的。"[1] 在弗洛姆看来，对马克思等人所提出的社会主义的最大误解就在于将"经济发展"当作社会主义社会的根本目的。这样的观点来自对人性理解的误差，即将物质欲望理解为人性发展的根本力量。而实际上，弗洛姆认为，马克思在从资本主义到社会主义的社会经济变革中，"看到了实现人的自由与解放、实现'真正的民主'的决定性手段。尽管在他的后期著作中，对经济问题的讨论比对人以及人的需要的讨论占了更大比重，但经济领域本身从未成为目的，一直是满足人类需要的手段"[2]。因而，经济目标只是实现人自身发

---

[1] ［美］埃希里·弗洛姆：《健全的社会》，蒋重跃等译，国际文化出版公司2003年版，第213页。

[2] 同上书，第220页。

展的决定性手段，而不是目的本身。弗洛姆试图纠正世人对马克思主义关于社会主义理解的偏差，其根本目的就是在于论证人本身才是发展的目的。因而，社会的组织形式最终要服务于人的发展，真正地实现人的自由和解放。"自由不仅仅是指政治上不受压迫，而且还指不受物与环境的支配。自由的人是富有的人，但不是经济意义上的富有者，而是人的意义上的富有者。马克思认为，富人是本身富有的人，而不是拥有许多财富的人。"[①] 这在实质上说明，人类以为摆脱了人压迫人的政治制度，就获得自由与解放，却没有意识到，人的真正解放是自我的解放，即成为本身富有的人。经济的发展只是实现人自我发展的决定性手段，不是目的本身，如果把经济发展当作目的本身，人势必又成为自身所创造的外在物质财富的奴隶，而这与人的本质发展是相背离的。现实社会是，人获得了政治上的自由，却又成为经济发展的奴隶，也就是说，成为经济人。

在弗洛姆看来，人是"为自己的人"，社会也应该是"为人的社会"，因而社会的组织模式应该以人自身的发展为目的，而不是任何其他外在目标。尽管弗洛姆纠正了世人的马克思主义社会主义观，但他也不认为马克思等人所提出的社会主义或共产主义是无懈可击的。相反，他认为，马克思等人仍然局限于从经济手段等外在因素来谈人的发展。因而，他认为："发展的关键在于，要承认马克思和恩格斯仅仅迈出了第一步，他们看到了经济与文化发展的相互关系。马克思低估了人的感情的复杂性，他没有充分认识到人的本性有其自身的需要和规律，它们与决定历史进程的经济状况处于不断的相互作用中，由于缺乏令人满意的心理学的洞察力，马克思没有充分认识到人的性格，也没有意识到一个事实：既然认识由社会和经济形式决定的，人反过来也铸造了社会和经济组织形式。他没有充分看清根植于人的本性和人的生存环境，并且是人的发展的最大推动力的感情和奋斗精神。"[②] 而这也是弗洛姆的爱的伦理思想体系的宗旨，也就是将心理学的研究方法与马克思主义哲学结合起来研究人性与社会。在弗洛姆看来，虽然马克思等人看到了经济发展之于社会进步和人的发展的决定性

---

① ［美］埃希里·弗洛姆：《健全的社会》，蒋重跃等译，国际文化出版公司2003年版，第218页。

② 同上书，第224—225页。

作用，但它仍然只是人性发展的外在力量。人性发展的真正力量还是在于人性的内在力量，这与人性的需求、人之生存矛盾等心理因素紧密相连。过分地夸大经济、文化等外在力量，而忽略对人性需求与人之生存处境的分析，也忽略人的发展过程中与社会的经济、文化之间的互动作用，只会导致人的存在服务于经济的发展，而不是经济的发展服务于人之存在。

在《健全的社会》一书中，弗洛姆详细地探讨了健全社会之路，包括对极权主义社会、超级资本主义社会和社会主义社会等的各种分析与诊断，并提出了一系列有关经济的、政治的和文化的改革措施。时隔二十余年之后，弗洛姆在《占有还是存在》这部著作中再度讨论到社会发展应该有的健康模式，在他看来："倘若社会的政治和经济领域要服从于人的发展的话，那么，新社会的模式必须是由摆脱了异化的、具有存在倾向的个人需求所决定。就是说，人既不能生活在非人的贫困中——这依然是大多数人民的主要问题——也不能被迫成为像富裕的工业社会那样受资本主义生产的内在规律所制约的消费人。"① 因而，无论是超级资本主义社会，还是马克思等人关于社会主义社会的早期构想，其政治和经济发展都必须真正地服务于人自身的发展。换句话说，经济发展本身是为了人的发展，摆脱贫穷是每一个社会中人所向往的，也是人自身发展所要实现的目标。但经济发展不能等同于人自身的发展，人本身的发展不限于经济发展这一目的，如果过分地夸大经济发展目的，那么势必导致生产与消费领域的各种异化现象，其在本质上违背了人性的内在需求，不过是人屈从于外在的经济发展规律，而不是遵从人自身的发展规律。

从以上可以看出，弗洛姆所认为的优良的社会模式，其根本特点就是以人的发展为终极目的。在这个意义上，无论是哪种社会组织模式，其政治的、经济的和文化的各种发展目标都必须真正地服务于人的内在需求。因而，社会的改良或改革都必须以人本身的发展为目的或宗旨。关于健康的社会发展模式，现代人所普遍追求的是"民主"社会，实现"真正的民主"是各个社会的人心所向。虽然弗洛姆分别讨论了民主在各个领域的真正体现，但他最终总结道："真正的政治民主可以定义为这样一种民

---

① ［美］埃希里·弗洛姆：《弗洛姆著作精选——人性·社会·拯救》，黄颂杰整编，上海人民出版社1989年版，第646页。

主,在这种民主制度下,生活确实是令人感兴趣的。就其本质而言,这种参与者分享的民主——完全不同于'人民民主'或'中央集权的民主'——不带有任何的官僚主义色彩,它会造成这样一种社会风气,实际上使蛊惑人心的政客无立足之地。"① 因而,民主的本质在于参与和分享,人们能从事务的参与活动中分享生活的乐趣,这是一种真正服务于人之存在的政治民主,而不是官僚主义。这样的民主只服务于人之生存本身,是由人之生存来主导和决定的,而不是服务于少数官僚主义官员的意志。因而,弗洛姆最终也是从人之生存来谈社会的发展或社会所应该具有组织模式。个体人格的塑造离不开理想的社会发展模式,而理想的社会发展模式的根本特点就是服务于人之生存和发展这一终极性目的。

(三)人道主义的社会主义

基于以上认识,弗洛姆提出了自身关于"人道主义的社会主义"构想,为未来的理想社会模式提供了良好的蓝图。如他所说:"我们需要的是一种完全不同的新的科学。我们需要一种人道主义的人的科学,作为应用科学和社会复兴艺术的基础。"② 毫无疑问,弗洛姆所提出的"人道主义的社会主义",其思想观点主要出自马克思主义哲学的人道主义和社会主义。在《马克思关于人的概念》这部著作中,弗洛姆详细地阐述了马克思等人关于人及其发展的思想。总体来说,弗洛姆对马克思等人所提出的人道主义思想持高度肯定的态度,但他的目的不局限于从社会的经济制度出发来谈改革,而是需要对资本主义社会的各种制度进行反思和改革,而这需要建立起一门完整的、新的人的科学。如他所说:"没有人知道占统治地位的自然科学是否会让位给一门新的社会科学。假如这事真的发生了,我们也许还会获得一次生存的机会,不过,还得取决于这样一个因素:有多少有学问、守纪律、关心国家大事的优秀男女为人类面临的这一新挑战所吸引,并深刻地认识到,这次的目标不是控制自然,而是控制那些威胁西方社会生存(就算不是人类生存)的技术和不合理的社会力量和制度。"③ 因而,这样一门科学其主要对象是人与社会

---

① [美]埃希里·弗洛姆:《弗洛姆著作精选——人性·社会·拯救》,黄颂杰整编,上海人民出版社1989年版,第652页。
② 同上书,第645页。
③ 同上。

及其关系,直指人之生存及其矛盾。这意味着,人们须把关注的对象从人与自然的关系转移到人与社会的关系上来。很明显,相比于人与自然的关系,人们更应该努力和积极地思考自身与社会的关系。因为在弗洛姆看来,自然科学的兴旺所带来的经济发展和技术进步,虽然使人赢得了主体性地位,摆脱了大自然的束缚。但是,与此同时,人也受到了自身所创造的各种社会制度、物质财富和技术的奴役,这些不合理的"社会力量"正在威胁着人类的生存,使得人与社会相分离,而不是相互促进。因而,要赢得人与社会的和谐发展,就必须重新审思人与社会的关系,建立起真正符合人性发展的社会组织模式。

在弗洛姆看来,"人道主义的社会主义"中的政治与经济的发展必须服从于人自身的发展这一目标,这就必须摆脱资本主义社会中所造成的人性的各种异化状态,实现真正的属人的社会。这是人道主义的最高体现,也是社会主义社会应该有的目的。诚然,社会主义社会不能贫穷,但发展经济不是为了生产而生产,为了消费而消费,而是为了人之生存和发展,为了人之自由与个体独立性的发展。所以,"如果人类要获得自由,不再通过病态的消费来维持工业发展的话,那就必须在经济体系方面进行一场根本的变革。我们必须结束目前的这种状况,即仅仅以不健康的人作为代价才换取了一种健全的经济。我们的任务是要为健康的人民确立一种健全的经济"[1]。因而,"人道主义的社会主义"摈弃牺牲人格健康的异化发展之路,而寻求有利于人之健康发展的健全之路。显然,经济的发展是通往社会健全之路的主要矛盾。在现代社会,如何避免过分地服从于经济发展的规律而使人成为经济人和消费人是值得每个人反思的问题。然而,在弗洛姆看来,早期的社会主义者,从空想社会主义者到马克思等人,虽然批判了资本主义社会经济利益至上的做法摧残了人,但"早期的社会主义者和共产主义者,从马克思到列宁,都没有为社会主义社会或共产主义社会制定一个具体的计划,这是社会主义的最大弱点"[2]。而弗洛姆的"人道主义的社会主义"就是要

---

[1] [美]埃希里·弗洛姆:《弗洛姆著作精选——人性·社会·拯救》,黄颂杰整编,上海人民出版社1989年版,第647页。

[2] 同上书,第646页。

弥补马克思等人的这些缺点，真正地做到不将人看作仅仅服务于社会经济发展和生产目标的"经济人"。

因而，"人道主义的社会主义"其根本特点就是以"人"为目标。在弗洛姆看来，不以"人"为目标的社会主义，都是"假社会主义"。他的这一思想不仅体现在他对资本主义社会的批判上，也集中体现在他对苏联社会主义的批判上。在他看来，苏联共产党领导人误把社会主义当作纯粹的经济运动，仅仅强调生产和生产资料的国有化。在这种指导思想下，工人仅仅是服务于生产的奴隶，没有任何主体性和自由可谈。而苏联社会主义社会实践中的个人崇拜、个人专权以及高度集权和官僚主义化等错误更使弗洛姆对于之前的社会主义持非常不满的态度。因而，弗洛姆的"人道主义的社会主义"核心是以"人的充分发展为中心"，强调社会主义社会的目标就是使人成为全面发展的人。正是从这一思想出发，他极力反对把追求利益或利润作为一切活动的第一原则，而是强调有利于人自身发展的健康的生产和消费模式。在此基础上，弗洛姆进一步提出"人道主义的社会主义"与"科学社会主义"之间的本质区别。在他看来，"科学社会主义"的特点在于解释社会发展的规律，以给人性的发展指明出路。而"人道主义的社会主义"却是立足于人性发展的本然规律来谈人的发展。正如某现代学者所指出的："人道主义与科学社会主义的根本区别，并不在于前者是强调人而后者只是强调历史必然性而不再强调人。……相对而言，人道主义坚持从人性出发，并用人性的必然去代替社会发展的规律，这才是他们之间的根本区别。"[①] 所以，二者的根本区别在于是以"人"为中心，还是以"社会"为中心。换句话说，就是以人来解释社会，还是以社会来解释人。

因而，弗洛姆对自己所提出的"人道主义的社会主义"有着清晰的认识和目标。在他看来，他对"社会主义"的见解是既不同于西方社会主义者的解释，也不同于东方社会主义者的解释，并且他这样批判道："西方和东方绝大多数的社会主义者基本都对社会主义作了资本主义的解

---

① 赵仲英：《评弗洛姆的人道主义社会主义》，《云南社会科学》1988年第3期。

释。"① 为何这么说呢？弗洛姆在另一处对其作了进一步的阐明。他认为通常情况下，无论是西方，还是东方的社会主义者，对"社会主义"的解释集中为："社会主义是在资本主义范围内改善经济和政治状况的一场运动；生产资料的社会主义化，加之福利国家的原则，乃是衡量一个社会主义社会的充足的准则。"② 弗洛姆不同意这种解释，在他看来，这样的"社会主义"在其本质上与资本主义无异，其基本原则就是：最大的经济效益，规模巨大的官僚工业结构以及在这个既官僚又具有经济收效的体系中个人的绝对服从。因而，在这种模式中，"人"服从于社会的经济目标，成为实现社会目标的手段。而"人道主义的社会主义"就是以"人"为核心，人才是真正的目的，不是实现社会目标的手段。因而它是对资本主义社会的全盘否定，而不是改良。在此基础上，弗洛姆发出了社会主义的"人的呼唤"，旨在建立一个超越资本主义社会的、"以人为本的"的社会，其终极目的在于充分发展人的个性与潜能，实现人的全面发展。

弗洛姆"人道主义的社会主义"以"人"为目的的宗旨体现在以下几个方面：首先，人际关系的人道化。如弗洛姆所描述的，"人道主义的社会主义"首先是一个"人与人相互团结和相互信任的社会"。这样的社会建立在爱的基础之上，而不是单一的经济利益目标之上。因为爱才是人真正的最高需要，只有爱"才能满足人与世界结合的需要，同时使个人获得完整感和个性感"。在上文中，我们已经讨论了弗洛姆的爱的本质，它不局限为一种情感，而代表个体的完整的人格。因而，爱正是对人类生存矛盾的正确解答，它既能让个体实现自身的独立性和个性，又成功地打破了人与人之间的墙垣，使得人与人之间联系在一起，克服个体的孤独感和恐惧感。如弗洛姆所说："爱是指热烈地肯定他人的本质、积极地建立与他人的关系，是指在双方各自保持独立与完整性的基础上的互相结合。"③ 因而，在弗洛姆看来，个体的独立性和个性正是在肯定他人的本质、实现与他人的有利结合的基础上发展起来的。因此，弗洛姆之爱最核心的精神就是给予，而不是占有或索取。在前文中，我们已经讨论了弗洛

---

① [美] 埃希里·弗洛姆：《在幻想锁链的彼岸》，张燕译，湖南人民出版社1986年版，第150页。
② 同上书，第149页。
③ [美] 埃希里·弗洛姆：《逃避自由》，陈学明译，工人出版社1987年版，第213页。

姆有关"占有的生存方式"等思想,弗洛姆之爱的主要特点就是克服人之"占有"特点。当然,弗洛姆所说的给予不仅仅指物质领域上的付出,更强调精神上的彼此丰富。并且,给予不等于纯粹的、单方面的付出或奉献,而是在奉献的过程中,既丰富了自己,也富足了别人,即使自身的生命潜能与他人的生命潜能都得到充分的实现。因而,弗洛姆之爱是实现人与人结合、人与世界统一的有利途径。在这个意义上,可以说,弗洛姆的"人道主义的社会主义"植根于"对人类的统一与全体人民的团结这一确信之上,它反对任何形式的对国家、民族或阶级的崇拜"[①]。

其次,与资本主义社会相反,"人道主义的社会主义"须实现生产和消费的人道化。在弗洛姆看来,生产和消费必须服务于人的发展的需要,而不是相反,因为"人"才是社会的主体。生产和消费应该以对社会和个人有用为原则,而不是以能否带来利润为原则。社会应该保证所有的个体能够过更合乎人性的生活,满足人的基本物质需要,以维护每个人天赋不可剥夺的生存权,弗洛姆称之为"有保证的收入"。它不仅"要建立一种真正的而不是口头上的自由,还将建立一种原则,这种原则深深地植根于西方的宗教传统和人道主义传统:人有生存的权利,这不容忽视!生存、获得食物、医疗保健、教育等等方面的权利,是人天赋的权利。这种条件不能受任何条件的限制,甚至不能以人必须具有社会'有用性'为条件"[②]。因而,工业化社会的生产目的是以个人消费为目的的商品生产,"人道主义的社会主义"的生产目的应该以公共利益为目的,一个好的社会要努力提供给个体以充分满足其生存权利的公共设施与服务,比如学校、剧院、图书馆、公园、医院和公共交通等。而个体的消费也不能以占有为目的,以生产为目的的社会,以刺激人的消费和购买欲望为目标,这导致物质资源被毁灭性地利用。然而,消费带给人的不是富足与快乐的体验,而是内心的空虚与焦虑。人道主义的消费应该是"一种有意义的、有人情味的、创造性的体验"[③],它的目的在于使人克服异化的消费,使

---

① [美]埃希里·弗洛姆:《人的呼唤》,王泽应等译,生活·读书·新知三联书店1991年版,第115页。

② 同上书,第101页。

③ [美]埃希里·弗洛姆:《健全的社会》,孙恺祥译,贵州人民出版社1994年版,第105页。

消费成为满足自身需要的手段，而不是把消费本身看作目的。

最后，"人道主义的社会主义"是一个彻底克服异化的社会，这意味着人必须成为真正的主人，不沦为任何外在力量的奴隶，如生产、消费、机器和官僚政治等。"人道主义的社会主义"在本质上就是尊重人性、顺从人性和发展、完善人性，任何生产的、经济的、消费的和政治的目的都是为了人的发展。换句话说，社会活动的一切目的都是更充分地满足人类内在的生存需求，而不是把人本身当作满足社会进步的工具。"人的地位高于物，生活的地位高于财产，工作的地位高于资本；权力来自创造而不是来自财产；绝不能让环境支配人，而必须让人来支配环境，……在所有社会和经济安排中，人的价值高于一切。"① 因而"人道主义的社会主义"中的人是自己真正的主人，他有力地将生产控制在自己的能力中，而不是让生产成为一种统治自身的外在力量。这样的社会主义是个体充分发展个性、全面实现人的内在需求的社会主义，因而它意味着人性的全面复归，如弗洛姆所描述的："社会主义（或共产主义）不是贫困地复归到一种非自然的、原始的简朴中去。宁愿说，它是作为某种实在东西的人之本性的第一次真正的出现，真实的实现。"②

那么，到底什么才是人之真正的内在需求呢？换句话说，什么才是人之本性呢？弗洛姆基本上肯定了马克思关于人的本质的学说，在《马克思关于人的概念》一书中，弗洛姆专门列了一章论述马克思关于人的本性问题。他认为："人作为人是一个可认识、可确定的实体；人不仅能够按照生物学、解剖学和生理学来加以规定，而且能够按照心理学来加以规定。"③ 可以说，弗洛姆的人性理论，是在马克思有关人性的基础上增加了心理学的内容，而这也正是他试图超越马克思主义的地方。如有学者所批判的："弗洛姆提出了'社会无意识'这一概念，突出了社会心理在社会历史过程中的作用。并把宏观与对个体的微观研究相结合，开辟了马克思主义人学研究的新视角。尤其是在物质丰裕而精神贫乏、技术进步而道

---

① ［美］埃希里·弗洛姆：《让人成为主人》，见《各国社会党重要文件汇编》第二辑，世界知识出版社1962年版，第379页。

② 复旦大学哲学系现代西方哲学研究室：《西方学者论〈1844年经济学哲学手稿〉》，复旦大学出版社1983年版，第71页。

③ 同上书，第39页。

德沦丧、科技发达而人文堕落的时代,弗洛姆提出关注人的心灵,关注人的精神健康论点,使人耳目一新。"① 尽管如此,弗洛姆并不否定客观历史对于人性塑造的重要作用,而是更强调人性与历史形成过程中的互动作用。如他所说:"人在历史的过程中确是变化了的;他发展了自己,他改造了自己,他是历史的产物;既然他创造了自己的历史,那么他也就是他自己的产物。"② 可见,在弗洛姆看来,人是人自身的产物,是自己创造的历史的产物,归根结底是人的创造性的劳动的产物。无可否认,弗洛姆承认人的现实性、可知性,明确地反对将主体神秘化、虚无化的做法,同时他又以一位精神分析学家特有的眼光突出了从心理学角度来理解人的思想倾向。在弗洛姆的视界里,只有在超越于资本主义社会之上的"人道主义的社会主义"社会才能实现全面发展、人性复归的人。按照弗洛姆的观点,历史发展到"人道主义的社会主义"阶段,人发展了自己所特有的爱和理智能力的过程,而一旦人实现了自己完全的人性,他就能恢复所失去的人与自然的统一,回归来源于自然的原初状态。

综上所述,弗洛姆所提出的"人道主义的社会主义"将"人"或"人的价值"设置为社会的终极目标,始终将"人"放在社会的核心地位,把"人"当作实现"社会主义"或"共产主义"社会的基础。因而,弗洛姆通过"人道主义的社会主义"来论证人与社会应该有的关系,摒弃了"社会决定论",立足于人的生存矛盾,始终把人之存在放在核心地位。但是,弗洛姆又不陷入过分彰显人的主体价值的"人类中心主义",正如有现代学者这样总结的,"人道主义的社会主义"者虽然在自己的学说中以人为本,竭力弘扬主体的历史地位,"但是他们和完全的人本主义者又有所不同,……此外,'人道主义的社会主义'者也不同于完全的存在主义者,存在主义者往往关注人的心理体验并且将其当作人的本真存在的方式,……而'人道主义的社会主义'者将社会主义视为拯救资本主义社会中处于异化状态的人的济世良方"③。因此,在其本质上,弗洛姆所提出的"人道主义的社会主义"是一种综合发展人与社会的理论,强调人与社会的互动作用。

---

① 李琳:《弗洛姆人道主义的社会主义思想述评》,《湖南省社会主义学院学报》2003年第2期。
② [美] 埃希里·弗洛姆:《马克思关于人的概念》,见复旦大学哲学系现代西方哲学研究室编译《西方学者论〈1844年经济学哲学手稿〉》,复旦大学出版社1983年版。
③ 金瑶梅、方希:《论人道主义的社会主义观》,《江西科技师范学院学报》2012年第3期。

第五章　成熟的爱

在上文中，我们已经讨论了弗洛姆关于爱的理论、爱的实践等内容。弗洛姆将爱的本质规定为对人类生存问题的解答，因而，弗洛姆之爱从一开始就与人之生存悖论联系起来。而人的生存悖论体现在人与自然、人与自身、人与社会的关系之中，因而，爱又是人解决自身各种生存矛盾的终极目标。在弗洛姆看来，人之生存矛盾体现在生与死、现实和理想、孤独感与个性等矛盾之中，但生与死、现实和理想的矛盾是人无法解决的。因而，在人之有限的生命中，其实终其一生为解决孤独感与个性之间的矛盾而奋斗。这一矛盾在其本质上是人之个体性和群体性之间的矛盾。也就是说：人一方面要实现与他人、社会的结合以克服孤独感；另一方面又需要发展自身的个性，以实现个体人格的完善。这两者之间的矛盾贯穿于人与自然、人与自身、人与社会的关系之中。因而，解决好人之生存矛盾又是实现个体人格完善和社会和谐的重要手段。弗洛姆所批判的现代资本主义社会和早期社会主义社会中，都存在将人之个体性与群体性分裂开来的特征。而正确的社会模式须提供给人以发展自身良好个性的优良环境，并在此基础之上，达到人与社会的和谐统一。因而，弗洛姆之"爱"，既是伦理的，又是心理的；既是个体的，又是社会的。

弗洛姆的宗旨是通过成熟的爱来发展和完善个体的人格，并在此基础上达成健全的社会，两者之间是彼此促进、相互影响的。因而，我们可以说，弗洛姆之"爱"在一定程度上就等于个体的人格完善。在上文中，我们已经初步探讨了"爱"与"生产性性格"之间的关系。在这一章中，我们将集中探讨弗洛姆所提出的成熟的爱的形式及其条件。与成熟的爱相对应的是爱的不成熟形式，集中体现为共生性结合及与其相对应的非生产性性格。而成熟的爱，与之相对应的便是成熟的个体人格，即"生产性性格"。因而，我们可以说，在弗洛姆这里，爱不局限为康德所做的作为情感的爱和作为义务的爱的划分，而体现为个体的内在人格，这不仅是哲学伦理的，而且是个体心理的。因此，我们将从不成熟的爱、成熟的爱与个体人格三个方面来探讨弗洛姆之成熟的爱。

一　不成熟的爱

在弗洛姆的视界中，不成熟的爱的形式是多样的，与之相对应的病态人格也是多样的。在上文中，我们已经探讨了弗洛姆对当今资本主义社会爱的没落形式的批判，在他看来，爱正被各种虚假的爱的形式所代替。这种虚假的形式充斥着人与人之间的各种关系：父母与子女之间的关系、夫妻关系、两性关系以及各种普通的人际关系。人们把各种虚假的爱当作真爱来追求而不自知。而在资本主义社会，爱的虚假形式最明显的表现形式便是占有或市场性的交换。也就是说，人与人之间的爱体现为彼此占有或交换。而这些爱的虚假形式在其本质上都与人的病态人格有关，从心理学的角度，弗洛姆认为，这主要产生于个体的自恋性人格。并且，这种自恋性人格会因为自身的矛盾性而引发群体性自恋，即社会自恋。因而，不成熟的爱在其本质上与个体的自恋、社会自恋有关。在这一部分我们分析弗洛姆所提出的自恋和社会自恋、共生性结合等不成熟的爱的形态及其产生原因。

（一）自恋

在《健全的社会》中，弗洛姆区分了原发性自恋和继发性自恋。在他看来："自恋是一切严重的精神疾病的实质，对于一个自恋的人来说，只存在一个现实，那就是他自己的思想、情感和需要，他没有客观地观察和体验外部世界，也就是说只根据它自身的含义、条件和要求。"这是一种精神上的疾病，其外部表现便是与世界隔离开来，完全不能与自我以外的万物建立联系。如弗洛姆接着所描述的："精神错乱的人失去了和世界的联系，他完全陷入了自我；他不能体验现实，无论是身体上的还是真正意义上的人的实在，只能体验由他自己内心活动所形成和决定的'现实'。他从不对外部世界作出反应,……自恋是客观性、理性与爱的对立物。"①

而在另一本著作《人之心》中,弗洛姆毫不隐讳地提出个体自恋之矛盾性。首先,他指出:"极端的个体自恋对于整个社会生活是一种严重的障碍。但是,如果这样的话,人们一定会认为自恋是与人的生存原则相对立的,因为个人只有与社会群体结合起来,才能生存;他孤独一人,既不能与大自然的威胁相抗衡以保护自己,也不能做许多惟独在社会组织中才能做的工作。"② 正因为如此,自恋与自我生存之间产生了自我矛盾:一方面,自恋是生存所必需的;另一方面,自恋又成为自我生存的严重威胁。在弗洛姆看来,解决这一矛盾的出路有两条:一是减少自恋到适宜的程度以适应社会合作,即在自恋和社会合作之间找到平衡;二是把自恋转化为群体自恋。弗洛姆由此引申出"社会自恋"这一概念,并详细地分析了社会自恋的特征及其产生原因和社会功能等。

在分析"社会自恋"之前,弗洛姆对个体的自恋及其特征进行了详细的分析和描述。在《弗洛伊德思想的贡献与局限》这本书中,弗洛姆肯定了弗洛伊德所提出的"自恋"这一心理学概念。因而,在弗洛姆看来,"自恋"概念是理解人之"非成熟的爱"和病态人格的关键之处。那么,自恋作为一种精神的病态,到底具有哪些特质呢?弗洛姆是这样描述的:

> 自恋的依附最危险的结果是对于理性判断的歪曲,……不是以客观的价值判断为依据,而是以我或我的价值判断为基础。自恋的价值判断是有偏见和倾向性的。这种偏见常常在这种或那种形式中被合理化,但这种合理化在那些老于世故和聪明的人看来,是有些骗人的。……常常发生的是,这种人认为自己没有偏见,其判断也是客观的和符合实际的,……这种自恋者对于不是"他"或他的占有物所作的判断也是片面的。外在的("非我")世界对于他来说是低劣的、危险的、不道德的。于是这样的自恋者陷入了更大的偏见。对于他本

---

① [美]埃希里·弗洛姆:《健全的社会》,蒋重跃等译,国际文化出版公司2003年版,第30页。

② [美]埃希里·弗洛姆:《人之心》,都本伟、赵桂琴译,辽宁大学出版社1988年版,第59页。

人或占有物评价过高，对于外在世界评价过低，这非常严重地损害了理性和客观性。①

可见，自恋首先是与理性相对立的。具有自恋心理的人必然地以自我或自我的占有物为价值判断的标准，而不是事物本身应该有的客观标准。这样，自我处于万事万物的中心，并因而被孤立起来。因为，与理性相对立的价值判断标准，只会隔断自身与他人、外界的所有联系，而不是将自身与他人、外界有机地联系起来，因而也就无法实现与他人、社会的统一。在弗洛姆看来，个体所具有的自恋倾向的特质阻止了人们按事物的本来面貌看现实，即阻止人们客观地看待事物。换句话说，自恋禁锢了理性。也可以说，自恋是超越理性之外的。正因为如此，失去理性的个体也无法真正地实现爱或拥有爱的能力，他们只是把各种建立在自恋基础之上的爱的幻象当作爱，如弗洛姆所描述的：

> 自恋对于爱的限制，可能不像它对于理性的限制那样明显——特别是我们重温弗洛伊德关于在所有的爱中，都有一种极强的自恋成分的观点更是如此；一个热恋着一个女人的男人，把她作为自己自恋的对象，这样她就变得非常漂亮和吸引人，因为她是他的一部分。她对于他的"爱"也是同样，因此，我们就有了所谓"伟大的爱情"的那些故事，但是这宁可说是一种感应性精神病而不能说是爱。双方的爱都保留在自恋里，他们并不是真正地深深地互相爱慕（也并不是对对方说的话感兴趣），他们是极敏感的和有疑虑的，最大的可能是他们双方都需要一个新人，来满足他们新鲜的自恋满足。对于自恋者，他的恋人从来不是真实的名副其实的伴侣，而仅仅是一个对方自恋膨胀的自我的幻影。相反，非病理学的爱，并不是以双方的自恋为基础。这样的关系是两个人之间的爱，他们体验着作为各自统一体的共同生活，然而，他们可以敞开胸怀、相互融为一体。②

---

① [美] 埃希里·弗洛姆：《人之心》，都本伟、赵桂琴译，辽宁大学出版社1988年版，第59—60页。

② 同上书，第74页。

可以看出，基于自恋上而产生的爱不是真正的爱。它在本质上不过是把自恋投射到对方身上，让对方成为自恋的替身或缩影，而从来未曾真正把对方当作一个独立存在的、有价值的个体，并试图与对方实现合一。因而，自恋与爱的对立虽然不那么明显，但是，自恋却是真正地与爱相对立。具有自恋心理特征的个体只不过需要这样的对象或替代物，来实现他或她本身的自恋目标。这样的关系必然是虚假的，也不可能长久，随时都有可能转移。只要自恋者不再把自身所认可的价值投射到特定的对象上，他或她便会立刻失去对对方的一切兴趣，不管他或她原来在对方身上投入多大的情感或热情。因而，自恋的个体是体会不到真正的爱的，他们只对自身的一切感兴趣，对其他的人或外界的一切其实都毫无所知，更不用说达到统一了。

在弗洛姆看来，从人的生存矛盾角度来看，自恋的个体从来未曾真正地克服自身的孤独感和恐惧感，因为他或她除了自身及其占有物，未曾真正地接受过任何其他的人和外物。正因为如此，当个体的自恋遭到损害之后，便会招来爆发性的狂怒，或是抑郁症。自恋的个体通常觉得自己无所不能，他或她是世界的主宰或中心，一旦被损害，并且由于外在的原因而不能发泄愤怒之时，便会走向抑郁。抑郁在其本质上通过压抑自身的狂怒来否定他人对自身的不认可。因为他并没有把自我发展成为他或她与之相联系的世界的核心，所以他对世界毫无兴趣，世间一切人和万物都与他无关。在弗洛姆看来，抑郁症患者在其本质上是美妙的"我"的自恋形象消失，因而导致精神上的痛苦。当然，解决自恋受损的方式还有另一种发展方向，就是极端自恋，即不择手段地增强自恋状态，这样的个体极其容易患上严重的精神病，历史上鼓吹个人崇拜的希特勒就是典型之一。

当然，关于个体的自恋，弗洛姆区分了"良性的自恋"和"恶性的自恋"两种形式。"良性的自恋"其对象是自己努力后的劳动成果，无论是作为木工、科学家还是农民，他们唯一的兴趣在其工作上。通过工作所取得的成就来获得自豪感和平衡，而真正推动工作的动力却是自恋，因而，良性自恋的动力是自我控制的，具有这种自恋气质的人常常会有很多发明创造。而"恶性自恋"，其对象直指自身所拥有的物品，比如自身所拥有的外表、身体、财产和健康等。"恶性自恋"的本质是缺乏在良性的形式中能够发现的可改正的事实。因而，"恶性自恋"中的"自我"是没有限制的，其结果是导致严重的唯我主义，从而真正地把自己孤立起来。可见，良性的自恋还拥有一些值得肯定的地方，主要在于它与个体的创造性联系在一起。在一定程度上，个体通过与自身的创造物达成一体来实现自身的自恋本质。而恶性自恋却会导致极端的自我主义，甚至精神疾病。

因而，个体的自恋，无论是良性的，还是恶性的，根本上都是个体未能发展正确的理性和爱的能力的结果，并因此而无法具备成熟的个体人格。自恋的个体始终处在生存矛盾之中而无法实现自我的和解，因为拘泥于个体自身的价值判断和衡量标准，个体也最终只能陷入极端的自我中心主义，而无法真正地与他人及世界建立起良好的关系。而产生这一病态心理的根本原因在于个体的占有生存方式，自恋的个体不是将他人或世界视为与自我同等重要而又孤立存在的独立物，而是将世界和他人视为自身的占有物，至于这一占有物本身的价值却由自恋个体来定，因而，一切都是为"我"而存在。弗洛姆认为，要克服个体的自恋，需放弃自身的占有欲望，积极地保持与世界的联系，而这一点正如佛教中的"自我醒悟"，因而弗洛姆借用佛教教义说：

> 人只有放弃他的所谓不可破灭的自我的幻想，只有放弃追求贪婪的事物，唯有这样，才能生活于世界之中，并且与世界保持多方面的联系。这种觉醒的过程，在心理学上就是以保持同世界的联系来代替自恋的过程。[①]

除了自恋个体的自我觉醒和开悟，社会也需要为自恋个体提供克服自恋的有力途径。在弗洛姆看来，建立人道主义的社会才是克服个体自恋乃至群体自恋的有效方法，如他说：

> 在这些新的条件的基础上，科学和人道主义倾向能够极大地帮助人们克服自恋。……如果一个文明的国家能够创造一种科学的倾向作为青年人的基本态度，那么在克服自恋上会取得许许多多的成就。走

[①] [美]埃希里·弗洛姆：《人之心》，都本伟、赵桂琴译，辽宁大学出版社1988年版，第75页。

向与此同一方向的第二个条件，是提供人道主义哲学和人类学。……但人们仍然有一个共同的人道主义信念和体验。这种信念是，每个人其自身就具有全部人性，……这种人道主义的体验坚持认为，人与他人没有什么不同，"我也是你"，一种人能够理解另一种人，因为，双方都享有人类生存的共同条件，即使我们扩大了意识范围，这种人道主义的体验也是完全可能的。……自我意识的横向发展、意识的转变、社会无意识的阐明都能使人体验到自己的全部人性；他将感受到这样的事实：他是罪人还是天使，是儿童还是成人，是一个精神健康的人还是精神失常的人，是一个守旧的人还是一个创新的人——他本身所具有的这些特性，有的是人类所已经具有的，有的是将来一定会有的。①

人道主义社会的功能在于帮助自恋个体恢复理性和爱的能力，在此基础上，达到认识自我的全部本性的目的。个体通过认识自我来认识他人和世界，并因此与他人、世界联系起来。因而，人的本性不因为宗教、国家、肤色、人种和地域的不同而不同。无论人在其外在表现上多么千差万别，其本质都是一样的。因而，个体只要认识了自己的本性，就能达到尽人之性的目的，因为人的一般特性是相通的。在弗洛姆看来，人道主义社会须提供给个体以人道主义的教化，使得自恋的个体发展和完善自我的意识，达到正确认识自我的目的，而这正是个体人格完善的标志。

（二）社会自恋

在上文中，我们已经讨论到，个体自恋的发展走向有两个：一个是适度地放弃自恋以适应社会合作；另一个便是将个体自恋发展成为群体自恋。弗洛姆坦白承认，他所要阐述的重点其实在于社会的"群体自恋"及其社会功能。在弗洛姆看来，如果个体自恋会因为得不到社会的认可而有所退缩，那么群体自恋恰恰是个体自恋为自身找到良好存在理由并发展它的有力途径。并且，群体自恋是推动群体发展的重要动力，这一点需要

---

① ［美］埃希里·弗洛姆：《人之心》，都本伟、赵桂琴译，辽宁大学出版社1988年版，第78—79页。

群体的成员认识到群体的生存比个体生存重要得多,并因此而坚定地将维护群体利益看作正义的或更优越的,弗洛姆是这样阐述的:

> 从任何想要维持生存的有组织群体的立场看来,把其成员的自恋动力变为群体自恋的动力是非常重要的。群体的幸存在某种程度上要依赖于这样的事实,即其成员要认识到群体生存的自恋,比他们个体生存的自恋同等重要或还要重要得多,进而认为自己的群体与其它的群体比较,要更坚信正义和更有优越性。如果没有对于群体自恋的专注,那么推动这个群体活动所必需的动力甚至为其作出巨大的牺牲,就要大大地减少。①

因而,群体自恋的社会功能在于:一来有效地规避了个体自恋陷入自私的嫌疑;二来有效地将个体自恋转化为群体发展的动力,个体的自恋目的可以通过他们所认可的群体正义或优越性来实现。同样,弗洛姆认为,群体自恋也可以被划分为"良性的群体自恋"和"恶性的群体自恋"这两种情况。"良性的群体自恋"倾注于社会所能取得的创造性成就;而"恶性的群体自恋"常常因为他们自身或占有物而充满优越感。比如,白人因为是白人而优越,无论是作为一个国家,还是民族或宗教,"恶性的群体自恋"常常将自身看作优越于其他群体的团体,并为其找到各种合理的理由,将其升华为一种群体的正义或道德。毫无疑问,在一定程度上,这样的群体自恋有利于群体的生存与发展。弗洛姆提出,良性的群体自恋甚至为某一群体创造出非常有价值的物质和精神方面的成就,这更加增强了他们的群体优越性。但"恶性的群体自恋"却会带来群体的毁灭,比如,白人仅仅因为是白人而感到优越,并因此而歧视那些非白人,这在实质上是群体的非正义。这样的群体自恋常常发生在不同的国家、民族和宗教群体中,但又不容易被发觉。因为群体自恋所拥有的发展群体的动力功能常常使得人们坚信自身所拥有的群体正义即代表真正的正义和道德,而无法认识到在其本质上这是群体的非正义和非道德。

---

① [美]埃希里·弗洛姆:《人之心》,都本伟、赵桂琴译,辽宁大学出版社1988年版,第64页。

然而，在弗洛姆看来，与个体自恋一样，群体自恋产生的原因主要在于群体缺乏理性与客观判断。在历史上，比如白人对黑人、纳粹分子对于犹太人的判断都曾经存在歪曲性。弗洛姆反复批判的是第二次世界大战中，以希特勒为首的纳粹分子所拥有的个体自恋或群体自恋人格，而最终他们都因为缺乏对客观事实的正确判断，陷入自我的极端自恋中而以失败告终。这在弗洛姆看来，是缺乏客观性的群体自恋发展的必然结果。并且，群体自恋的满足正如个体自恋的满足一样，需要由群体自身的优越性来提供。如在一些宗教群体中，这种满足的实现就是借助假设"我的群体"是最相信上帝的唯一的群体，因而，"我的上帝"才是真正的上帝，而其他宗教群体都是由误入歧途的不信仰上帝的人组成的。这在实际上是一种虚幻的病态人格，一旦自我膨胀的优越信念受到打击之时，便会产生极端的行为，比如战争。在弗洛姆看来，战争爆发的主要原因在于群体自恋的膨胀，群体试图通过征服其他的群体来实现自我的优越性，本质上是群体自恋受挫后产生的极端报复行为。

然而，对于一个社会来说，群体自恋固然在一定程度上可以成为促进群体自身发展的动力，比如在其现实表现上，群体自恋要么体现为群体成员热衷于国家、民族或特定宗教团体的各种政治运动；要么体现为为自我的满足创造一个新客体——技术，妄图从自身所创造的各种物质世界中找到满足。或者，更有甚者，服从于一个貌似与他们同心同德的领导者，将个体的自恋转移到对领导者的爱戴上，以领导者的伟大来满足追求自身伟大的自恋满足感。而这在实际上是一种盲目的崇拜。凡此种种表现，在表面上看来，群体自恋似乎都在促成社会的和谐与统一。因为在群体自恋的种种行为表现中，无一不是体现为群体的正义和利益。但于整个人类社会而言，这样的自恋只会增加群体和群体之间的矛盾与战争。因为群体都只是从自身的价值判断或立场出发来处理实际问题，最终的结果是群体和群体之间的矛盾加剧，群体和群体之间永远无法真正地实现平等、民主，并因此而和谐共处，最多就是共生性地结合在一起。

在弗洛姆看来，解决群体自恋的方法同样是恢复人之理性和构建良好的人道主义社会体系。在他看来，群体自恋产生的主要原因与个体自恋存在一致。也就是说，群体自恋首先来自群体的理性缺乏。正因为如此，群体在进行价值选择的时候，无法遵从客观的事实标准，而仅仅从自身的价值或利益角度出发来处理实际问题。于整个社会而言，群体自恋和人道主义是同时发展的。历史上，奉行群体自恋主义者如希特勒等纳粹分子，他们所鼓吹的价值目标就是标榜自身所在国家或民族的优越性，并将其作为侵略和毁灭其他民族的理由。而与此同时，人道主义者如早期的资产阶级革命家们所主张的都是人道主义，他们的共同理想就是实现人人平等的社会。因而，在弗洛姆的视界里，爱才是克服个体自恋和群体自恋的根本途径。无论是个体自恋，还是群体自恋，其本质都是过分强调个体性，而未能真正地发展自身的群体性。换句话说，就是在个体性和群体性之间，未能达成真正的协调一致。而真正的个体性是离不开群体性的，群体性也是离不开个体性的，二者相互影响、彼此统一于个人与社会之中。无论是个体自恋，还是群体自恋，如果能够真正地认识到一切的价值标准最终都会归于人本身，或者说，一切以人本身的价值为终极目的，那么，这种自恋将因为其对象的改变而改变，正如弗洛姆所肯定的：

> 如果群体自恋以人类（整个人类种族）为对象，而不是以国家、民族或政治制度为对象，那么人类得到的就会更多。如果个人首先把自己当作世界的公民来对待，如果他能够为人类以及人类所取得的成就而自豪，那么，他的自恋就会转变到以整个人类为对象，这样人与人之间就不再相互勾心斗角。[①]

综上所述，弗洛姆是从心理学的角度对个体和社会作出深刻分析，以此来阐明爱的重要性。可以说，在弗洛姆看来，无论是个体，还是社会，理性和爱的缺乏是自恋的根本特征，而这也是导致个体与社会分离、群体与群体分离的主要原因。因而，个体的病态人格及其反社会行为，群体之间的矛盾和战争在其根本上源于价值取向上的错误，也就是未能将人作为根本目的。这里的人指的是一般的人性，而不是从属于某一个群体的人。因此，只有全体人类认识到人的全部本性并将其作为人自身发展的根本目的，才能真正地消除个体或群体的自恋心理，达到爱的社会的目标。

---

① ［美］埃希里·弗洛姆：《人之心》，都本伟、赵桂琴译，辽宁大学出版社1988年版，第76—77页。

（三）共生性结合

如果说，在弗洛姆看来，个体自恋和群体自恋是与理性、爱等相对立的，是理性、爱的能力缺失的表现，是个体未能发展至成熟的理性和爱，因而也无法发展个体成熟的人格的状态。那么，还有一种不成熟的爱的形式——共生性结合，这是与成熟的爱极其相似的一种情况。弗洛姆认为，在现代资本主义社会，人们过多地将"共生性结合"当作成熟的爱来追求。那么，什么是"共生性结合"呢？弗洛姆将其比喻为母体和胎儿的关系。从物理的角度，双方是两个不同的个体；但从化学的角度，双方又是一体的。共生性意味着双方有着共同的生命基础，两者相互需要。但实际上，又彼此独立，是不同的个体。因而"共生性结合"是一种看似独立，但其实又相互依赖的生存状态，只不过这种依赖是局限于心理上的。

弗洛姆提出，"共生性结合"又可以分为被动和主动两种形式。被动形式的"共生性结合"在临床上又叫"受虐癖"，其基本特征就是：总是自觉地把自己摆在某个人或某个组织摆布的生活形态里。他先把对方作为自己的支配者、管理者、保护者，然后自己心甘情愿地成为对方的附庸，从而使自己摆脱孤独感和被分离感。因而，"受虐癖"者其实在其本质上将对方当作自己生活的中心。无论这个对方是人、神或者其占有物，他都将其视为自己的生命或者生存的基础。他在自己所设定的主宰者面前无足轻重，或只是对方的一小部分而已。因为只有设定这样一种强大到可以控制自身的力量，他才能从分享对方的力量中获得自己的那一小部分安全。"受虐癖"者从来不会有自己的主见和思想，也不会在生活中有任何冒险的行动，他因为自己的依附性而丧失了自己做人的尊严，因而可以说这样的人还不是一个完整意义的人。在现实生活中，这样的"共生性结合"体现在婚姻关系中，往往体现为因为生理的或性的需求而结合在一起。因而，"受虐癖"者的服从不仅仅局限为精神上的，还体现为整个肉体的服从。除了屈从于肉体，"受虐癖"者还可以屈从于命运的安排或疾病的折磨，屈服于有节奏感的音乐，或屈服于由吸毒或者催眠术等造成的各种纵欲状态。以上这些情况当中，"受虐癖"者集中地表现为失去自我和自我控制，完全成为别人手中的一枚工具。不过，"受虐癖"者通常因为这种依附关系而不需要为自己的生计发愁。因而，可以说，被动形式的"共生性结合"就是通过这样的被动结合而保存自己的生存形式。

另一种是主动形式的"共生性结合"。在临床上解释为与"受虐癖"相对应的"施虐癖"。相反,这一种形式的"共生性结合"常常表现为一方以积极的支配者的形态出现。具体体现为:他通过把另一个人变成自己重要的一部分,来摆脱自己的孤独感和恐惧感;他会独断专行地吞并他的崇拜者,扩张自己的权威,从而抬高自己的身价。同样地,"施虐癖"者在其本质上也是与对方建立起一种依附关系,只不过这种依附关系和"受虐癖"者的相反,是靠指挥、控制、剥削和侮辱、欺压对方而获得的依附关系,失去了施虐的对象,便无法生存。这两者相互牵制,有"受虐癖"者,就必须有相应的"施虐癖"者,两者相互依存,谁失去对方都会孤独得要死,无法找到自己存在的价值和意义。他们的共同点就是,都是以失去自己的尊严为代价来获得的结合。无论是被动的,还是主动的"共生性结合",个人在结合的过程中都不具有自身应该有的独立性和自主性。

因此,与自恋的形式相比较,"共生性结合"的突出特点是双方确实存在依存关系,而不是只局限于自身的价值判断来作出各种选择与衡量。但"共生性结合"所产生的结合是以失去个体的独立性和自主性为代价的,尽管双方都依靠彼此的依附关系来获得安全感,并以此来克服孤独感和恐惧感,但是,在根本上,"共生性结合"只是一种以牺牲自我为代价并同时摧毁对方自我的生存方式。

在弗洛姆看来,与以上不成熟的爱的形式相对应的性格结构体现为"非生产性定向",在《自我的追寻》这部著作中,弗洛姆将其分为四种不同的类型:接受型定向,剥削型定向,囤积型定向和交易型定向。在第一章中我们已经对这四种不同的性格类型作了简单的介绍。在这里,我们继续探讨这四种不同的性格结构与爱的关系。首先,接受型定向。这种性格结构的人以接受为主要特征,无论是物质、感情、爱、知识和快乐,都是从外部来获取。因而,这一性格结构的人考虑的几乎是"被爱"的问题,而不是"爱人"的问题。这类人通常不在乎其所爱的对象是谁,因为他们要的是被爱的体验,所以,他们通常不加区别地选择其所爱的对象,以致会"爱上"任何爱他们或似乎爱他们的对象。他们对"被爱对象"所体验到的任何退缩和冷淡极为敏感。在思维领域中,这一类型性格定向的人的表现也是相似的,即如果他们理解能力出众,就能成为最好的听众,因为其定向是接受意见而不是提出自身的意见。因而，这一类别的人的核心特征就是接受和依赖，一旦接受或依赖的来源受挫，他们便会不知所措而心烦意乱。

其次，剥削型定向。和接受型定向一样，这一类型性格的人也倾向于从外部寻找各种物质的、爱的、知识的和快乐的来源等，而不是自己主动去创造。二者的差别在于，接受型定向是被动地接受，剥削型定向是主动地掠夺或通过强力夺取。在爱和感情方面，这一性格类型的人倾向于掠夺和窃取。他们只被那些与自己一样能从他人那里夺取的人所吸引。在思想和理智方面，这类人不是趋于创造思想，而是趋于窃取思想，或者，更狡猾地把他人吐露的思想用不同的措辞重复，并坚持说是他们自己的新思想。一些有高度智慧的人往往采取这种方式，尽管他们如果凭借自身才智，完全能有自己的思想。

再次，囤积型定向。接受型和剥削型的共同点是向外索取，囤积型定向则与它们有本质不同。这一定向使人几乎不相信取之外界的任何东西，他们的安全感来源于囤积与节约，消费则被认为是对其生存的一种威胁。他们时时在自己周围筑起一道防护墙，其主要目的是要尽可能多地把东西放入一个安全的壁垒中，而尽可能少地泄露出去。他们既吝啬金钱和物质，也吝啬感情和思想。对他们来说，爱本质上是占有，他们不想给予爱却试图以占有来说明爱和得到爱。

最后，交易型定向。这类性格定向是现代社会才有的一种主导型定向，其产生的原理主要与现代市场经济机制有关。在弗洛姆看来，这一性格定向最为复杂，须对人类社会的整个经济史做一个简单的追溯才能理解。显然，与这一性格类型相关的核心词汇是"市场"。虽然"市场"自商品社会就产生了，但现代社会中的"市场"对于人们的价值观念的影响尤为突出，并由此而产生出"交易型性格定向"。如弗洛姆所描述的："市场的价值概念强调交换价值而非使用价值，这导致关于人们，尤其是自身类似的价值概念。根植于视自身为商品、其价值为交换价值的经验之中的性格定向，我称之为交易型定向。"[①] 可见，这类性格定向的核心特征为视自身的价值为交换价值，而非自身的真正价值。因而，人也变成了商品，个体的人格不再具有自身独立

---

① [美] 埃希里·弗洛姆：《弗洛姆著作精选——人性·社会·拯救》，黄颂杰整编，上海人民出版社1989年版，第143页。

的价值，而是由市场来决定，正如弗洛姆所描述的：

> 在我们的时代，交易型定向一直在迅递增长，与其相伴随的是一种新市场的发展，即"人格市场"，那是最近数十年的现象。职员和商人，企业总经理和医生，律师和艺术家都出现于这个市场，他们的合法身份和经济地位各不相同：有些是独立开业收费；有些则受雇用，领取工资。但是，他们在物质上的成功都有赖于需要他们服务的人或雇用他们的人的个人接受。①

因而，个体的人格是不具有主体性的，而是由市场和他人来决定。个人所做的一切努力不是为了完善个体的人格，而是为了在"人格市场"上获取更多的交换价值，如弗洛姆所说：

> 虽然作为成功的前提，以技能和人的品质为一方，人格为另一方，它们之间的比例是有所变化不同的，但人格因素总起决定作用。成功主要依赖于一个人在市场上如何出售自己，他如何使自己的人格被理解，他的"包装"有多漂亮，他是否"令人愉快"、"健康"、"敢作敢为"、"可靠"、"有雄心"；此外，他的家庭背景如何，他属于哪个俱乐部，以及他是否认识有关人士。需要何种人格类型在某种程度上取决于一个人工作的特殊领域。证券经纪人、售货员、秘书、铁路总管、大学教授或旅馆经理须有各种不同的人格，而这又须满足一个条件：有需求。②

由上可见，弗洛姆认为，在现代社会，个体的人格是由市场需要来决定的。简单地说，有什么样的市场需求，就有什么样的人格与之相对应。个体所追求的就是如何在人格市场上获取最大的欢迎度，而不是真正地去提升自身的人格品质。这样的人格类型在其本质上不过是将自身等同于物、等同于商品，其价值主要取决于买方市场的态度和需求。因而个体对自

---

① ［美］埃希里·弗洛姆：《弗洛姆著作精选——人性·社会·拯救》，黄颂杰整编，上海人民出版社 1989 年版，第 148 页。

② 同上书，第 144 页。

身生命的态度和评价,不是出自自身对生命的体验和对幸福的真实体悟,而是如何使自己取悦于"人格市场"中的决定方,并在各种市场竞争中获取自身人格的最大交换价值。正因为如此,个体的价值会随着市场的变化而变化,当其"售价高"的时候,个体会因此而得意扬扬,反之,则变得"无价值感"或"无意义"。因而,人就像商品一样,需要懂得人格市场中的"时尚"。与此同时,社会的教育也追随这个方向,教育不是为了开发个体的兴趣和真实潜能,而是为了在人格市场上"赚大钱"。因而,个体的价值取决于他或她是否能够获取"人格市场"上的成功。而成功与否的衡量标准是能否获得最大的欢迎度。正因为如此,人格自尊和自豪感都被摧毁,因为个体不断地需要他人来肯定,而不是由自我来决定,如弗洛姆所描述的:

> 交易型定向的人把自身诸力量当作与他异化了的商品。他并不与这些力量同一,但它们却由于他而被掩盖起来,因为要紧的并非在使用它们的过程中他的自我实现,而是在销售它们的过程中他的成功。他的力量及其所创造的东西都被疏远,成了与他自己相异而由别人去评判和利用的东西。于是他的认同感就像其自尊一样动摇起来了;它是由一个人所能扮演的角色之总和构成:"我即你所欲之我。"[1]

交易型人格定向在其本质上意味着人与真正的自我分离,自我被异化为"你所欲之我"。也就是说,"我"不是真正的自我,而是"人格市场上"所需求的我。在此前提下,自我只能是由他人评判的异己的商品。我的价值体现为被他人认可,而不是体现为自身具有创发性的人格力量。真正成熟的性格应该是这样的:

> 成熟的有创发性的个人体验到他自己是与他的力量同一的动作者,由此产生出他的认同感。这种自我感可以简单地表达为"我即我所为"。[2]

---

[1] [美]埃希里·弗洛姆:《弗洛姆著作精选——人性·社会·拯救》,黄颂杰整编,上海人民出版社1989年版,第146页。

[2] 同上。

因而，真正成熟的个体人格应该体现为"我即我所为"。也就是说，"我"就体现在我的创发性行为当中，我通过自身的创发性行为来展现自己，由此而获得自我认同感。而不是通过他人的认可和评价来获得自我认同感。因为，前者所体现的才是真正的自我，是永恒的。后者所体现的是别人的价值取向，会因为别人价值取向的改变而改变，在其本质上，不过是把自己当作别人的商品或消费品。

综上所述，弗洛姆视界中的不成熟的爱产生的根源在于个体的自恋心理。群体自恋是个体自恋的出路，因为个体自恋不被社会认可，因而转化为群体自恋以获得被社会接受和认可的理由。相对来说，人的自恋心理很容易被识别，这是与自我彻底分离的爱的形式。而"共生性结合"却不容易被识别，因为它与成熟的爱的形式极其相似。其差别之处在于，"共生性结合"是以牺牲自我为代价的，并不是自我的真正体现，不体现自我的成长和个体人格的成熟。与不成熟的爱相对应的性格结构也体现为非生产性定向，这些性格定向的共同特点就是"我"与真实的自我分离，也就是说，自我的异化。

二 成熟的爱

在弗洛姆看来，不成熟的爱的形式多种多样，但离不开一个特点，那就是：个体与自我分离。或者说，个体未能获得真正的理性和爱的能力，爱不能成为弥合个体与个体之间关系的良好"润滑剂"，而仅仅体现为自私或占有。因此，不成熟的爱未能完成人自身的生存问题的解答，不能摆脱与生俱来的孤独感并获得真正的自由。那么，成熟的爱究竟是怎样的呢？这是弗洛姆所要阐述的重点，他的宗旨不仅仅停留在批判，而且要为世人明确地指出成熟的爱的本质、形式及其所需的各种要素。在这一部分，我们将详细地分析弗洛姆所提出的"成熟的爱"。

（一）自发性

在上文中，我们已经简单地探讨了"自发性"与"积极自由"之间的关系。实际上，在弗洛姆的论述里，"自发性"是一个极其复杂的心理学概念，正如他在《逃避自由》这本书里所说："我们将涉及心理学中一

第五章　成熟的爱

个最棘手的问题——自发性的问题。要对这一问题展开最充分的讨论，就需另外再写一本书。"① 然而，若论及自由及爱等问题，却不得不对"自发性"作较为详细的阐述。因为在弗洛姆看来，自发性恰恰是爱的最主要的本质特征。在上文中，我们已经探讨了个体之自恋与不成熟的爱之间的根源关系。在这里，我们需弄清楚"自发性"与"成熟的爱"之间的关系。显然，在弗洛姆看来，"自发性"是我们理解何为"成熟的爱"的关键前提。虽然，在《逃避自由》一书中，弗洛姆并没有直接论述自发性和爱之间的关系，而是论述了自由与自发性之间的关系。但是，他确实论及了自发性与爱之间的紧密关系，这是需要我们进一步挖掘的地方。那么，到底什么是"自发性"呢？弗洛姆这样阐述道：

> 自发性的活动并不是一种强迫性的活动，强迫性的活动是个人受孤独和无权力的驱使才从事的一种活动；自发性的活动也不是一种自动化的活动，自动化的活动是指不加辨识地采用外界所激发的行为模式。自发性的活动是自我的自由活动，从心理学的角度讲，是人的自由意志的自由活动，……所谓活动，我们也并不是具体地指"做某事"，而是指创造性活动的质，这种创造性的活动可以表现于一个人的情感的、理智的和感性的经验之中，也可以表现为一个人的意志的活动。要实现这种自发性的一个前提是接受总体性的人格观念，并且力戒把人格分为"理性的"和"本能的"。因为只有人对其自我的基本组成部分都不加以压抑，只有他对其自身了如指掌，只有他生命的各个方面已完全一体化了，自发性的活动才是可能的。②

可见，关于"自发性"，弗洛姆首先将其与"强迫性"和"自动化"区别开来，以判定"自发性"的基本特性。显然，"自发性"不同于"强迫性"，因为后者仅仅是出于孤独或无权力的压力而从事的活动。并且，"自发性"也不同于"自动化"，因为"自动化"类似于受到外在刺激而

---

① ［美］埃希里·弗洛姆：《弗洛姆著作精选——人性·社会·拯救》，黄颂杰整编，上海人民出版社1989年版，第97页。
② 同上。

激发的本能反应。从弗洛姆的解释来看，他是试图既从伦理学的角度，又从心理学的角度来进行诠释。心理学的解释是其基本前提，"自发性"相当于体现个人自由意志的"自由活动"。这里的活动并不是指具体的某种行为，而体现为集个人的情感、理智和意志于一体的人格再现。换句话说，也就是真正体现自我的个体创造性活动。在这一个活动中，集中体现了个体的人格和自由意志，它超越于个体的理智，也超越于个体的情感和本能，是充分了解了自身的生命潜能并作出积极应对或反应的创造性活动。在这样的行为或活动中，个体因充分激发了自身的潜能和彻底展现了个体的意志而变得完整。

可见，弗洛姆想力图说明的是"自发性"既不是受外力强制的被迫行为，也不是出自本能的生理性行为。这样，弗洛姆所要阐述的爱就与弗洛伊德所提出的生理本能性行为区别开来。同时，可以看出，弗洛姆之爱也不是迫于社会压力而产生的社会行为。因而，我们可以这样总结，在弗洛姆的视界里，爱既不是生理性行为，也不是社会性行为。综合弗洛姆的各种论述，爱可以概括为一种体现个体自我、展现个体人格力量的行为。因而，从心理学的角度，弗洛姆之爱离不开个体的自我和人格。而从哲学或伦理学的角度，弗洛姆之爱体现为个体的主体性，也就是说，成熟的爱，是使个体充分展现自我人格力量和体现自身主体性的东西。只有这样的爱的力量，才能真正地完成对人自身生存问题的解答，使得人与他人、社会和自身有机地联系在一起，形成一个和谐、统一的世界。同时，因为爱而结合在一起的人与人、人与自然、人与社会的关系，不体现为相互地占有或利用，而是彼此结合又不失自身的独立性。正因为如此，人的个体性和群体性有效地达成统一，而不是彼此矛盾。如弗洛姆所阐述的：

> 自发性活动是使人克服孤独的恐怖，而同时又不使其自我的完整性受损害的唯一的途径，因为在自我的自发性的实现过程中，人可以再度与世界、他人、自然和他自身结合起来。爱是这种自发性的最重要的成分。这里所说的爱，不是指把自身消融在另外一个人之中，也不是指占有另外一个人，而是指自发地肯定他人，在维护个人的自我的基础上，使自己与他人合为一体。所以，认为爱具有动态的特性，是因为它包含了两种极相反的因素：一方面它是出于克服孤独这种需

求才产生的,所以它总趋向合群;另一方面又不磨灭个性。①

可见,成熟的爱首先在于肯定彼此的独立性和自我的完整性。在此基础上,实现个体与他人、社会和自我的结合,才是自我的自发性实现。在个体的自发性活动中,爱是其重要组成部分。弗洛姆在这里重点指出,体现为自发性活动的爱,不体现为被占有,也不体现为占有,而是彼此保持自身的独立性,并充分地肯定对方存在的价值性,然后实现的二者合一。显然,这一点与个体的自恋是完全不一样的,自恋体现为自始至终只肯定自身存在的价值,以自身的价值统领一切。成熟的爱是既肯定自身的价值,同时又肯定别人的存在价值。而在这里,弗洛姆又重申爱的动态特征。在上文中,我们已经探讨了弗洛姆之爱的基本特征:爱不局限为一种情感,而体现为个体的人格。这一点,我们已经探讨过,康德为了探寻和明确爱所具有的实践性,将基督教之爱做了两种区分:作为情感的爱和作为义务的爱。前者是不具有实践性的,后者却体现为个体的实践性行为。弗洛姆之爱是个体之自发性活动的体现,其动态特征根源于自发性活动的特点。在弗洛姆看来,爱包含两种相反相成的因素,一种是摆脱孤独,实现与他人的结合;另一种是保存自身的个性。这在本质上是人之群体性和个体性之间的相反相成的关系,即个体如何既保持与他人结合,实现良好的群体性,又不失却自身的个体性。在弗洛姆看来,这便是人之生存矛盾中,人在有生之年可能解答并且必须解答的一个问题。

弗洛姆认为,除了爱,"工作"是自发性的另一个重要组成成分。需要指出的是,弗洛姆在这里所指的"工作"不是指一般情况下的日常工作,而是指"创造性活动",如他所描述的:

> 工作是自发性的另一成分。这里所说的工作,不是指为了逃避孤独而被迫进行的活动,也不是指用自己的双手同自然建立起一种统治与被统治、崇拜与被崇拜、奴役与被奴役的关系,而是指一种创造,人通过这种创造性的活动,与自然相互沟通。爱和工作是如此,其它所有的自

---

① [美]埃希里·弗洛姆:《弗洛姆著作精选——人性·社会·拯救》,黄颂杰整编,上海人民出版社1989年版,第99页。

发性行为,无论是感官愉快的实现,还是参加社会的政治生活,均是如此。它既肯定自我的个性,又同时使自我与他人及自然结合起来。①

不难看出,在弗洛姆的视界里,爱、自发性和创造性活动三者之间是能相互诠释的。而这里的"创造性活动"在很多情况下又被翻译成"生产性活动"。个体的自发性不仅体现在爱之中,也体现为个体的"创造性活动"。这样的"活动"同爱具有同样的本性,既不是受外在压力被迫进行的活动,也不意味着对外界施加自身的强权,它体现为与外界的亲密沟通。正是在这样的沟通活动中,达到了与他人、世界和自身的和谐与统一。而除了爱和工作,其他所有的自发性活动,无论是感官上,或生理上的,还是社会政治活动中的,都具有这样的共同的基本特征,即既肯定自身的个性,又与他人实现完美的结合。概括地说,这在其本质上,意味着人实现了对自身生存矛盾的解答。既克服了孤独性,又发展了自身的个性。正因为如此,人与生俱来就向往的自由,也因为自发性的活动,自然而然地解决了其中所包含的个体化和孤独感之间的悖论。

(二)成熟的爱所需要素

在《爱的艺术》这本书中,弗洛姆详细地阐述了"成熟的爱"与"共生性结合"的差别。何为"成熟的爱"呢?弗洛姆这样定义道:"成熟的爱是在保留自己应有的人格尊严以及独立的个性条件下的结合。"②在弗洛姆看来,爱是一种积极的活动,可以产生一种积极的力量,这种力量可以冲破人与人之间的"樊篱",使得人与人之间结合在一起,从而克服个体的孤独感和分离感。但成熟的爱意味着在结合的同时保持着个体自身的独立性和尊严,是对自身价值的积极肯定,而不是失掉自我的价值。那么,"成熟的爱"作为一种积极的活动到底有哪些内涵呢?弗洛姆认为,有必要对"积极的活动"进行辨析。他举例说明,在日常生活中,我们经常会看到这样的景象:一些人在内心极度的不安全感或孤独感的驱

---

① [美]埃希里·弗洛姆:《弗洛姆著作精选——人性·社会·拯救》,黄颂杰整编,上海人民出版社1989年版,第99—100页。

② [美]埃希里·弗洛姆:《爱的艺术》,萨茹菲译,光明日报出版社2006年版,第30页。

使下玩命地工作，还有些人为了实现自己对金钱的野心而习惯性地工作。在弗洛姆看来，这样的人不管他的"积极性"有多高，都不能被看作"积极的活动"。因为它在本质上是一种被动的、消极的活动，只是在外力的驱使下被动地工作，而不是一个自觉行动的主人。相反，有的人喜欢"静态的活动"，并常常被误解为"什么都不干"。比如，一个人独自坐下来沉思，静观或体察自己以及自己身边的人。这样的人看起来很消极，但其实是常人难以学到的精神高度集中地禅坐。这种活动体现了最高的创造性，是那些内心已经达到真正自由和独立的人才能做到的，是一种灵魂的活动。在此认识前提下，弗洛姆提出，成熟的爱作为一种"积极的活动"有两个方面的内涵："一是指以现代活动观念为宗旨的、为实现外部目标而付出的努力；二是指人具备了独立思考的天赋，这种天赋是用来发挥蕴藏在内部的智慧，不涉及外部的变化。"[①]

可见，弗洛姆所高度肯定的是爱作为一种活动的积极性。"成熟的爱"体现为人的一种能量，而不是迫于外在压力所做出的反应。或者说，"成熟的爱"是人的能量的发挥，是人充分运用自身的能量而进行的实践活动。而这种能量的发挥只有在充分的自由中才能实现。那么，"成熟的爱"作为一种积极的实践活动，需要哪些要素来表达呢？弗洛姆提出爱最具价值的要素：给予。在上文中，我们已经讨论过弗洛姆所批判的各种异化状态，其在本质上体现为"占有"。显然，"给予"是一个与"占有"意义相反的概念。但是，到底什么是"给予"呢？这个问题其实不简单。弗洛姆提出，通常情况下，人们容易把"放弃""舍弃"和"牺牲"等，甚至"接受""索取""贪婪"和"掠夺"等词语与"给予"关联起来，并认为"给予"在本质上与"交换"等同。实际上，对"给予"做如此理解的人精神是贫乏的，主要原因在于其人格结构的不完善，因而，在本质上他们是拒绝给予别人任何东西的。当然，还存在另一种"给予"的假象，极易迷惑世人的眼睛，以为自己是在无私地"给予"，但其实这种"给予"并不如他或她所想象的那样道德，如弗洛姆所描述的：

[①] ［美］埃希里·弗洛姆：《爱的艺术》，萨茹菲译，光明日报出版社2006年版，第31—32页。

还有一些人又把"给予"想象成一种自我牺牲的良好德行。他们认为，正因为"给予"是一种痛苦的事情，所以他才应该那么做，而且也只有那么做，才能体现出他的价值。"给予"的德行就是事先要做好牺牲的准备，"给予"比"接受"好——这一准则似乎在告诉人们这样一条"道理"：人宁可忍受损失也不要去体验快乐。[①]

这样的"给予"都是迫于外力而使然，并不能从"给予"中获得真正的快乐，无论是迫于社会道德观念，还是迫于现实的生存压力。只要"给予"不是出自自己内心，不体现为自己的宽广胸怀，便不是真正的"给予"。在弗洛姆看来，真正的给予是发自内心的，人通过"给予"体验到自己的度量、财富和活力，并体验到由这种活力带来的快乐。因而"给予"绝不是牺牲自身的利益那么简单，更重要的在于，通过"给予"活动来体现自身生命的价值以及活力。这种原则的合理性可以通过两性关系来发现，如果男性不能很好地给予，那么他就会出现生理上的"阳痿"状态，而女性则会陷入性冷淡。在物质上，"给予"意味着让出自己的财富，而对于那些吝啬鬼或者本身基本生活都难以保障的人来说，是体会不到"给予"的快乐的，甚至连基本的"给予"的权利都丧失了。

然而，弗洛姆所要重点阐明的是，"给予"绝不是仅仅停留在物质领域的，其更深刻的意义体现在内在有生命力的东西，如弗洛姆所描述的：

一个人究竟能"给予"另一个人什么？他可以把他自己所拥有的最宝贵也最具有活力的东西——诸如生命、世间等都奉献给他人，但这并不一定意味着他一定要为别人献出自己的生命，而是他应该把他内在的有生命力的东西作为一种财富给予别人。这份"给予"主要以快乐、兴趣、知识、理解、幽默，以及情感之类的东西为主，把自己身上一切具有生命力和活力的东西具体化。通过他的"给予"，

[①] [美] 埃希里·弗洛姆：《爱的艺术》，萨茹菲译，光明日报出版社2006年版，第33页。

既丰富了他人的生命感，同时也提高他自己本身的生命感。①

因而，"给予"更多地体现为精神上的，而非物质上的。人通过在精神上丰富了别人的生命，同时也丰富了自己的生命。这样的丰富不是交换，更不是为了换取别人馈赠的利益，而是在"互为"的活动中，双方都因为唤起对方内在的生命力而感到无比的欢愉和欣慰。并且，双方都在"给予"的行为中诞生了新的生命力量。因而，爱的"给予"在其本质上意味着爱的创造。因而，爱绝对不是单方的事情，在弗洛姆看来，理解"给予"的本质最为关键之处在于："给予"不是单向性的活动，而是互动的，或者说双向。关于这一点，他引用了马克思的话来说明：

> 如果我们设定人就是人，而人同世界的关系是一种充满人性的关系为先决条件的话，那么你只能用爱换取爱，用信任换取信任。如果你想得到艺术的享受，那么你必须是一个具备艺术修养的人；如果你想对他人增强你的影响力，你必须是一个能促进和鼓励他人前进的人。你同他人以及自然的每一种关系，都必须是你在现实中的个人生活的、符合你的意志对象的特定表现。如果你爱上了别人，但没有唤起他人的爱，或者说，如果你的爱作为一种爱不能使对方产生爱，如果作为一个正在爱的人——你不能把自己变成一个被人爱的人，那么你所付出的爱是无力的、是不幸的。②

由此可见，弗洛姆所要表达的核心思想是："给予"在本质上应该同时是"取得"。这一点不仅仅体现在爱情关系中，在师生关系、医患关系，甚至演员与受众的关系中也是如此。其共同的前提是："'给予'者不应该仅仅把对方看作是他帮助的对象，而应该同对方建立起一种真情实感的、具有创造性的紧密关系。"③ 因而，"给予"是创造性的能力，有没有"给予"的能力，取决于个体的性格发展定向。只有那些克服自恋和

---

① [美] 埃希里·弗洛姆：《爱的艺术》，萨茹菲译，光明日报出版社2006年版，第35—36页。

② 同上书，第36页。

③ 同上书，第37页。

依赖特征的个体,才能摈弃剥削别人或者做守财奴的欲求,并找到对自己人性力量的自信心。

除了"给予"之外,"成熟的爱"还需要其他的一些积极要素,包括关心、责任、尊重和了解。弗洛姆对以上要素一一做了详细的阐释和分析。第一个要素为关心。关心尤其突出地表现在母爱领域,如果一个母亲拒绝给予自己的孩子最起码的关心,那么她根本没有任何资格说她是爱孩子的。因而,"成熟的爱"首先表现为对爱的对象的积极关心,否则就不能称作真正的爱。弗洛姆引用了《圣经》中一则精彩的故事来阐明这一道理:

> 在《圣经·约拿书》里,上帝吩咐约拿去尼尼微,向那里的居民发出警告:如果他们不改邪归正,他们就要受到严厉的惩罚。可是约拿没有按上帝的旨意去做,所以他领命后便逃跑了。因为他很担心那里的居民真的会改过自新,从而求得上帝的赦免。约拿一向执法严厉、铁面无私,但却不善于爱人,所以也不关心人。在他逃亡的途中落入一条大鲸鱼的腹中时,才发现自己是因为缺乏仁爱而被送到这条象征着隔离和监禁的大鲸鱼腹中接受惩罚。后来还是上帝拯救了他,并再次派他到尼尼微,他向那里的居民宣布了上帝的旨意,结果让他事前所担心的事情果然发生了——尼尼微的居民全部痛改前非、虔诚忏悔,上帝原谅了他们,答应不毁灭这座城市。约拿为此大失所望,他的本意是要对这座城市履行"正义",而不是施予仁爱,上帝为了让他免受日照之苦,赐予他一棵大树,他只好孤苦伶仃地坐在树荫底下去寻找安宁。但是,上帝并没有让这棵树永远都活着。天长日久,那棵大树慢慢地枯死了,约拿十分懊恼,闷闷不乐,抱怨上帝对他"不公"。上帝回答说:"你只会依偎在大树的阴影下寻找安宁,而并没有为它的生长付出劳作,也没有关心它,为何对那棵书的一夜生、一夜死而惋惜呢?如果你有理由为这棵树的生死而牵挂,那么,我难道就不能饶恕尼尼微城内那 12 万尚不能分辨善恶的居民以及那里众多的未教化的生灵?"①

---

① [美]埃希里·弗洛姆:《爱的艺术》,萨茹菲译,光明日报出版社 2006 年版,第 38—39 页。

上帝几乎以一种晓喻的方式告诉约拿这样的道理：关心的本质是付出，为你所爱的付出你的劳作。假如你爱花，而又舍不得给花儿浇水，那么，你对花儿的爱就显得让人难以置信。因而，关心其实涉及"成熟的爱"所需要的第二个要素：责任感。但弗洛姆强调的是，责任感不是由于外部的压力而形成的某种义务或职责，而是个体从心的自觉行为。所谓的责任感，是建立在对他人的负责就像对自己负责一样的基础之上的。弗洛姆由此又引出爱所需要的第三个要素：尊重。因为没有尊重，所谓的责任感就很容易蜕变为对对方的支配、占有和奴役。尊重意味着客观地正视对方的全部，并容纳对方独有个性的存在。如弗洛姆所描述的：

> 让一个被"我"爱的人能以他自己的方式成长或发展，而不是要求对方服务于"我"。如果"我"爱的是另一个人，"我"同样应该感到和他（她）很一致，而且乐意接受他（她）本来的面目，而不是要求他（她）成为"我"预先设计好了的模型，更不是为了把他（她）当作"我"使用的工具。只有当"我"自己达到真正的独立时——在没有外力支援的情况下自由自在地走着自己的路，既不想去支配别人也不想去利用别人——唯有此，尊重他（她）才会成为可能。[①]

因而，尊重的本质是承认对方的独立价值，而不是奴役对方，也不是改变对方。正因为如此，"成熟的爱"离不开它的第四个要素：了解。因为只有了解了对方，才能尊重对方。也可以说，了解是以上三个要素的基础，没有了解，就无法谈关心和责任，那么，一切都会变得盲目与空洞。而了解也不能仅仅停留在肤浅的表层，需要深入内部的本质。比如，看到一个人生气，我应该主动地去了解他或她到底是为什么生气，而不是仅仅把他或她看作一个容易生气的人。然而，了解不仅仅停留在此层面，毕竟一个人要了解别人不是那么容易，正如一个人要了解自己一样，最终都可能会是一知半解。因为每一个个体都是不同的，我们越是想深入地了解某人或自己，会发现离原来的目标越远。真正灵魂深处的了解是那么的深不

---

① ［美］埃希里·弗洛姆：《爱的艺术》，萨茹菲译，光明日报出版社2006年版，第40页。

可测,需要我们真诚地想与对方结合在一起。而爱便是深入洞察对方的一种表现,只有爱才能真正地认识对方,并认识自己,如弗洛姆所说:"在爱的结合中,'我'奉献了自己,但也洞察了对方的言行。于是'我'在重新定位中找到了自己,发现了自己,同时也发现了'我们'两个人,发现了人类。"① 可以说,了解的本质就是爱,用弗洛姆的话来说:"爱的行为反应在心理学认识上的感知,从而认定它是我们充分了解对方的必要条件。"② 用更为简单明了的话来表达,那就是:了解不是一时的幻觉或激情,而是建立在客观认知基础上的本质性认识。只有这样,才能真正地将爱付诸行动,并因而洞悉对方身上本质的东西。因而,了解是理性的认识,但又超越了纯粹的逻辑思维,而更体现为爱的体验和因爱而产生的结合。

除了"给予"之外,成熟的爱所需要的关心、责任、尊重和了解这四个要素又是相互依存的。也就是说,我们不能把任何一个要素看作独立存在的一个要素,它们之间本来就是相互联系、不可分割的。如弗洛姆所说:"关怀心、责任心、尊重和了解在爱的意义上永远是相互依存的。只有在阅历深、思想成熟的人身上才能找到这四个方面既集中而又相互交叉的形态。"③ 可见,成熟的爱其实体现为个体成熟的人格,正如弗洛姆后来所解释的,这里的"思想成熟的人"即指能够创造性地发挥自己能力的人。人格的成熟意味着能够理性地、客观地认识事物的本质,放弃无所不能的幻想,谦恭地面对现实。

(三) 成熟的爱的本质

在上文中我们已经阐述了"成熟的爱"所需要具备的"自发性"这一本质特征,以及给予、关心、责任、尊重和了解等基本要素。那么,"成熟的爱"最终意味着成功和圆满,诚如一个人的人格,最终意味着这人拥有成功或圆满的人生。那么,成熟的爱到底是什么样的呢?弗洛姆说道:

---

① [美]埃希里·弗洛姆:《爱的艺术》,萨茹菲译,光明日报出版社2006年版,第43页。
② 同上。
③ 同上书,第45页。

爱能否成功应取决于两个方面：一是能否排除自恋的情绪；二是能否不断培养自己的谦恭、客观性和理智。如果要想获得爱的成功，我们就应该一辈子都要为此而付出努力。①

可见，与不成熟的爱相反，成熟的爱，其首要条件是个体抛弃自身的自恋情结。在弗洛姆看来，这不是一件容易的事情，因为无论对于个体来说，还是对于一个民族或者国家来说，自恋常常是自然而然发生的事情。虽然，每一个个体或民族、国家的自恋程度会不一样，但是在其本质上，他们都体现为"一种态度，……总认为真实的东西仅仅是存在于自身的体验之中，外部的一切事物的真实性都值得怀疑——这是因为他们把身外的东西都按照有利于或不利于人的观点去感知"②。正因为如此，一个自恋的病人，会因为自己距离医院很近而认为医生没有理由因为忙而拒绝当天下午为她看病。因为她仅仅是从自己的角度出发来看问题，她认为她的距离近，可以为自己节省时间，所以大夫也因此而节省了时间，对她来说，唯有"我"才是最真实的。同样地，自恋的父母所感兴趣的是他们的孩子是否顺从他们，是否能让他们感到快慰和荣耀，而不是去观察和发现孩子的自我感觉。而自恋的民族或国家常常认为只有本国或本民族才能体现出人类的一切优秀品质和高贵，在这样的认识主导下，常常产生衡量客观事物的双重标准，即对待自己的行为是一种衡量尺度，对待别的民族和国家又是另一种衡量尺度。

从上面那段话中，我们可以看出，除了克服自恋，成熟的爱所需要的另一个条件是看问题的客观性。事实上，两者又是相通的。因为自恋就是缺乏客观性的一种表现。那么，什么是客观性呢？弗洛姆说道：

客观性就是对人和事物抱有开放的态度，所谓的客观性，即指按照事物或人的本来面目和发展的眼光实事求是地分析解释。客观性要求人们能从表面深入现象的核心去体味现象的本质。从这个意义上说，客观性是着眼于现实主义的，它的基础不是与外部世界毫无关

---

① ［美］埃希里·弗洛姆：《爱的艺术》，萨茹菲译，光明日报出版社2006年版，第157页。
② 同上书，第154页。

系，而是有强烈的联系。一切的精神病患者认识事物的方式都是否定客观性，并把个人的主观推断推上极致的，他们唯一的存在就是自身，即使有外部的现实存在，他也只会理解成一切都是他创造的。如果有人告诉他那一切都是客观存在的，他便会感到异常的恐惧。①

在弗洛姆看来，客观性即事物的本来面目，或者说，事物的本质。保持客观性是一种认识事物的态度，它意味着在看待问题的时候不会因人而异，而是保持着一贯的、固有的客观标准。也就是说，一视同仁。如弗洛姆所说："如果一个人只会对他或她所爱的人保持客观态度，而对他人却另眼相待，那么他或她无论和自己所爱的人还是和其他的人的关系，都不会成功。"② 而要做到这一点却是不容易的，毕竟在日常生活中，我们经常会发现这样的例子，即对待自己所爱的人和对待其他的人，其标准很难一致。我们往往容易因为自身所认为的爱而产生不同的标准，比如父母对待自己的孩子和对待别人的孩子，态度是不一样的。而国家和民族在自身的价值取向上也会存在类似的问题。比如，无论是军事上的入侵或战争，还是文化上的浸润，都有此类现象发生。即那些在双方的关系中占据主导地位的一方，往往为对方设置不同的标准，以施展自身的强权。而这在其本质上是一种缺乏客观性的表现。可见，客观性是一种不独爱其所爱、不独亲其所亲的能力，正如弗洛姆所描述的：

> 一个人是否有爱的能力取决于这个人自觉摆脱自恋情结的能力，同时也取决于他或她从母系和家族的眷恋中解脱出来的能力，还取决于他或他在世界和自身的关系中是否能形成同步创造性倾向的能力。这些能力的培养、产生过程和觉醒过程，被要求由一种品质作为支撑条件——信仰。③

可见，在弗洛姆看来，客观性在其本质上意味着克服自恋，不陷入任

---

① ［美］埃希里·弗洛姆：《爱的艺术》，萨茹菲译，光明日报出版社2006年版，第155页。
② 同上书，第158页。
③ 同上。

何"我"或"我的"模式。这种从自我的价值体系中解脱出来的能力是个体真正做到客观的重要前提。因为只有这样,他才能真正地从自我与世界的各种关系中体验到创造性。否则,只可能是陷入自身的价值体系或评价中,永远都不可能真正地看到不同于自己的世界。然而,这种能力不是一蹴而就的。弗洛姆所着重强调的是,爱的艺术实践是需要不断学习和不断积极活动的。在前文中,我们已经探讨了弗洛姆关于爱的理论和爱的实践的内容。在这里,我们需要重新提出的是,弗洛姆把爱看作一种能力,这种能力与个体的社会化过程,或者说个体的人格成熟过程是同步的。在这一过程中,所塑造的除了个体的人格,还有不可或缺的信仰品质。

在前文中,我们已经探讨了合理性信仰对于爱的重要性。一般来说,信仰意味着忠诚。但弗洛姆不认为信仰是离开理性思考的愚蠢的忠诚或盲从,他因此而将信仰分为"非合理性信仰"和"合理性信仰"。在弗洛姆看来,"合理性信仰"的精髓在于它"是人的全部人格的一种性格特征,但绝不是对某人或某物的一种特殊的信念"[①]。因而,"合理性信仰"不是基于对权威的服从(这种权威要么体现为一个人,要么体现为一种传道),而是基于自身理性判断的坚定信念。这种信念根植于自身的理性思考和创造性,并体现为自始至终的热情。这些信念来源于自身的生活经历,来源于自己的思维能力和观察判断,来源于自信。历史上的一些科学家就是秉着这样的信仰而刻苦钻研,如哥白尼、开普勒、伽利略和牛顿等,他们对于理性思考有着不可动摇的信念。而非"合理性信仰"的本质就是一味地相信权威,没有自己独立的见解、信念和创造性的理性思考能力。

成熟的爱离不开"合理性信仰",这样的经验不仅仅体现于人的思维和理性判断能力,也反映在人际关系方面,如弗洛姆所描述的:

> 信仰是任何程度的友谊或者爱情都不能缺少的特质。一个人相信另外一个人,这说明他(她)已经了解了对方的基本态度的可靠性和稳定性,抑或了解了对方人格的内核或者爱。我的意思并不是说一

[①] [美]埃希里·弗洛姆:《爱的艺术》,萨茹菲译,光明日报出版社 2006 年版,第 159 页。

个人绝不能改变他人的观点和看法,而是说他(她)的基本动机是始终如一的。比如,他对人的生命和尊严的尊重——这是他自身很重要的一部分,而这一部分不是轻易就能改变的。①

可见,信仰体现在人际关系中,其实是对他人人格的本质洞察和信任。无论是爱情,还是友谊,其关系的可靠性和稳定性,基于对对方人格的了解和爱戴。这种信仰是恒定的,并不是说一个人就完全不会改变他的观点和看法,而是即使对方做了不一样的选择或决定,也能从他或她始终如一的人格中获得答案。比如,一个人对于生命和尊严的尊重,就属于人格中很重要的一部分,这一部分是不能轻易改变的,代表着一个人基本的生命态度或价值观。而人与人之间成熟的爱在其本质上基于信任,即基于对对方人格的信任。这种信任不但体现在自身与他人的关系中,而且体现在个体与自我的关系中,也即个体的自信。换句话说,"我"之所以自信,是基于对自身做人的人格内核的信仰。无论外部世界怎么改变,无论我们的观点和感情发生如何微妙的变化,但维系我一生的人格内核是不会改变的。如弗洛姆所描述的:

> 这一内核正是存在于"我"字后面的一切现实,我们对自我一致的信念基础就建筑在这种内核上。如果我们缺乏自信心,我们已经建立起来的自我一致的感觉就会受到威胁,我们就会鬼使神差地依附于他人,我们的从众心理就会因此而膨胀,我们的体验就会受他人的观点所左右。一个人要想对别人忠诚,首先要忠诚于自己和相信自己,因为唯有这样的人,才会为自己做出保证:无论什么时候自己都不会改变。②

在弗洛姆看来,"合理性信仰"可以说是人生存的一个条件。正是对自身、他人内在人格的信任,才能产生爱的可靠性,而这正是成熟的爱所

---

① [美]埃希里·弗洛姆:《爱的艺术》,萨茹菲译,光明日报出版社 2006 年版,第 160 页。

② 同上书,第 161 页。

需要的必备条件。当然，值得提出的是，弗洛姆不单单强调对于个体已经形成的稳定人格的信仰，同时提出"合理性信仰"也基于对个体潜在能力的信任，这一点尤其突出地表现在对未成年的孩子乃至全人类的信任问题上。成熟的爱体现在未成年的孩子身上，就是应该充分地相信孩子身上存在的各种潜在的能力，并且帮助孩子充分地挖掘出这种潜能。而对于全人类的信任而言，在西方世界，人们习惯于用宗教的方式来表达，用弗洛姆的话来说："最突出地表现在近150年以来的人道主义的政治策略和社会学思潮中。"① 然而，无论是对未成年孩子而言，还是对全人类而言，其信任都基于这样一种设想：

> 在适当的条件下，人类自然有能力建立一个以平等、正义和爱为原则的社会制度——因为人类是具有这方面的潜力的。人类迄今为止还没有建成一个有序的社会，所以人类就需要有坚信人类有朝一日能做到这一点的信仰。但是与每一种合理性的信念一样，这一信仰绝不是一种空头的幻想，它建立在人类过去取得的各种成就作为的基础之上，建立在人们精神生活的经历之上，建立在人们对理性的爱的亲身体验之上。②

对于整个人类而言，相信人类有不断发展的潜力，既不屈服于一种看似无所不能、无所不及的势力，也不随意贬低自身的力量和能力。这种自信是通过对自身的精密观察和思考而得出来的结果。并且这种思考越是深入，感受便会越深，其信仰程度也越高。因而，"合理性信仰"是具有创造性和生产力的，也正因为对生活抱有信仰，所以生活才变得如此具有创造性。相反，"非合理性信仰"不过是基于对未来的幻想，它不是基于自身对现实生活的反思和作为，不是基于爱的亲身体验，而是基于对未来的幻想和对权力的顶礼膜拜。在弗洛姆看来，权力是所有事物中最短暂也是最靠不住的，尽管很多人将其看作一切事物中最实际的存在。而对权力的

---

① ［美］埃希里·弗洛姆：《爱的艺术》，萨茹菲译，光明日报出版社2006年版，第162页。

② 同上书，第163页。

膜拜常常会导致无视人的发展潜能，在本质上，他们并不信仰权力，而是屈从于权力。在弗洛姆看来，一切建立在非合理性信仰基础上的宗教和政治制度，一旦被赋予权力的色彩，腐败和堕落便会滋生。

综上所述，成熟的爱所需要的重要条件有克服自恋、客观性和合理性信仰等。弗洛姆所要阐明的重点在于论证人之理性、信仰和成熟的爱之间的紧密关系。毫无疑问，成熟的爱之于个体而言，是人格成熟的表现。换句话说，离开了个体人格这一内核，就无法谈成熟的爱。在弗洛姆的整个爱的体系中，个体人格的塑造，乃至整个群体人格（社会性格）的塑造都是核心问题。然而，成熟的爱以创造性为主要特点，集中表现为反对盲目服从权威。因为，无论是对于个体而言，还是对于整个人类社会，弗洛姆所着重要阐明的就是理性思考的能力以及潜能的发挥之于个体发展和全人类发展的重要意义。这在本质上是对现代社会制度中的官僚主义及其腐败的挑战和批判。弗洛姆所要论证的核心思想在于，只有拥有成熟的爱的个体和社会，才能真正地实现和谐与统一。因为只有成熟的爱才能既不抹杀个体的个性和独立性，又能使得人与他人、自然、社会和自身成为一体。这在本质上是人的个体性与群体性的统一。那么，成熟的爱与个体的人格之间到底有何种关系？或者说，弗洛姆所提出的具有创造性的人格（或生产性性格）与成熟的爱之间到底有何种关系？这样的人格究竟应该怎样培养？弗洛姆批判弗洛伊德的生理性性格论，而提出社会模式之于人格塑造的重要性。那么，他所提出的个体人格究竟是怎样养成的呢？爱之于个体人格的养成有何种重要意义？我们将在下一部分阐述这些问题。

三 成熟的爱与个体人格

在前文中，我们一直强调的是弗洛姆之爱不局限为情感，也不局限为义务，而体现为个体恒定的人格内核。因而，成熟的爱离不开个体的人格。而在弗洛姆的整个爱的体系中，他所强调的也是个体人格的塑造，并且通过个体人格的塑造来实现社会的健全之路。那么，我们需要厘清的是，在弗洛姆的理论体系中，人格到底是一个什么样的概念？个体人格的形成是一个什么样的过程？在这一个过程中，爱和人格之间是何种关系呢？下面我们就一一地来阐述这些问题。

（一）人格的伦理本质

显然，"人格"（或"性格"）这一概念是弗洛姆理论体系中的核心概念，但它明显不同于弗洛伊德所提出的"性格"概念。正如弗洛姆所阐述的：

> 这里所提出的性格理论与弗洛伊德的主要区别是，性格的根本基础不是在各种类型的力比多组织中，而是在个人与外部世界关系的种种特殊形式中加以理解的。在生命进程中，人使自己与世界相联系的方式为：①靠获取和同化事物；②靠使自己与人们及与自身相连。我称前者为同化过程，后者为社会化过程。两种联系方式都是开放的，并且不是像动物那样本能地被决定的。……人也不能单独生活而与他人不相关。……他不得不与他人发生联系。但除此之外，他必须与他人相处得好，与他们在一起，成为一个群体的一部分。……他必须以某种方式建立联系，这种联系的特殊形式就是他性格的体现。[①]

可见，弗洛姆首先否定将个体的人格归于生理基础的"力比多"，而这正是他不同于弗洛伊德的动力论性格理论的地方。弗洛伊德从纯粹生理的角度来解释人格，弗洛姆则明确地提出人格的伦理本质，即需从人与外部世界的各种关系中去理解人格。弗洛姆所强调的是人的社会本质：人从一出生开始就离不开各种关系而生存，并且人的生存需要各种好的人际关系和社会关系，人必须学会成为群体的一部分。因而人的本质决定于他或她所处的伦理关系，而个体的性格也正是通过各种伦理关系来体现。从这里可以看出，弗洛姆虽然着眼于将心理学的研究方法引入伦理学研究领域，但他却不单从心理学的角度来解释人，而更着眼于现实客观的伦理关系。在《自我的追寻》一书中，他详细地探讨了人性和性格、人格等概念。在他看来，人格和气质是不同的，气质是先天的，而人格却是后天养成的，因而人格是有个体差别的。并且他肯定："人格的差异构成了伦理

[①] ［美］埃希里·弗洛姆：《弗洛姆著作精选——人性·社会·拯救》，黄颂杰整编，上海人民出版社1989年版，第135—136页。

学上的现实问题。这些差异表现了个人在生活技艺方面的成功程度。"①弗洛姆批判了在现实生活中混淆气质和人格的做法,在他看来,气质是纯粹的主观爱好,而"性格的差异从伦理上讲,具有最根本的重要性"②。正因为如此,弗洛姆认为,必须对"性格"(或人格)这一概念作出细致的分析,这既是伦理判断的主题,也是人类伦理发展的目标。

在弗洛姆看来,要理解"人格"的伦理本质,需辨清楚它与弗洛伊德最早提出的动力论性格概念的差异,而这需将行为特性和性格特性加以比较。在弗洛姆看来,行为特性和性格特性是完全不同的,相同的行为可能因为多种不同的动机而产生,而这些不同的行为动机中包含了许多完全不同的性格特性,如他描述道:

> 行为特性是借助于第三者所能观察到的行动来描写的。因此,例如,行为特性"勇敢"可被定义为达到其一目标而不怕丧失舒适、自由或生命。……但是,如果我们深入探究这种行为特性的动机,特别是其无意识的动机,就能发现其中包含着无数完全不同的性格特性。勇敢的行为可能是被野心所激发,……也可能是被自杀的冲动所激发,……它也可能是因为完全缺乏想象力所致,……从表面上看,这些例子的所有行动都是相同的,尽管动机各不相同。我说"表面上",是因为一个人如果仔细观察这种行为,就能发现动机的差异也会导致行动的细微差异。③

从弗洛姆的阐释中,我们可以发现,他是借助动机和行为之间的因果关系来说明行为特性和性格特性之间的差异的。显然,动机和行为之间是没有必然的联系的,不同的动机可能产生相同的行为,也可能产生不同的行为。弗洛姆举例说明这一问题:如战场上的一个军官,如果他的勇敢是出于对一种理想的忠诚,而不是出于个人的野心,在不同的境况中,他的行为会完全不同。如果仅仅是出自对理想的忠诚,如果要冒的危险与达到

---

① [美]埃希里·弗洛姆:《弗洛姆著作精选——人性·社会·拯救》,黄颂杰整编,上海人民出版社1989年版,第130页。

② 同上书,第131页。

③ 同上书,第133—134页。

的战术目标不成正比的话，他就有可能不发动进攻。相反，如果他被个人的野心所驱使，这种野心也可能会使他无视自己和士兵的生命危险而发动进攻。他的行为特性"勇敢"在后一种情况下显然是野心的真正表现。因而能说明个体性格特性的不是行为，而是动机。然而，性格特性和行为特性之间并不是毫无联系，如弗洛姆以节俭为例来说明问题，一个人可能由于经济境况的必要而节俭，也可能由于他本身性格吝啬而节俭。由于经济不宽裕而导致的节俭行为不涉及个体性格问题，而由于本身性格吝啬而导致的节俭行为，却足以说明个体的性格问题。从这里可以证明，行为特性和性格特性在一定程度上又相互联系，即一个人如果具备某种性格特性，那么他就有可能体现出某种行为。

而弗洛姆所批判的弗洛伊德的动力论性格理论，其基本的特点是将性格特性看作行为的动力来源。也就是说，人的行为、感觉和思维方式等在很大程度上取决于他或她的性格特性，而完全忽视人对现实环境的合理反应。在这样的理论前提下，就自然而然地得出"人的命运即他的性格"这样的结论。弗洛姆指出，弗洛伊德承认性格的动力论特质，这意味着一个人的性格结构决定了他或她生命得以贯通的特殊形式。弗洛伊德将他的这一性格学说与他提出的力比多理论结合起来解释人的行为倾向，最终将不同的性格特性解释为性内驱力的"升华"或"反应形态"。然而，弗洛姆所要批判的弗洛伊德理论的谬误正在于此。弗洛姆所批判的不是将性格看作行为的动力来源，而是批判将力比多看作性格特性产生的内驱力。这在其本质上，将性格特性看作生理性的，而非伦理性的。而弗洛姆所要揭示的正是性格特性的伦理本质以及它的多样性。因为在他看来，如果以弗洛伊德等人的理论来解释人的性格（或人格）结构，将会混淆性格和气质等概念。而在此前提下所作的有关"性格特性"的限定也并不是准确的性格概念，而只是将某些属于个人气质的东西当作其性格特性。

那么，究竟应该如何定义或诠释人的性格结构呢？从弗洛姆的阐述来看，他所要力图证明的是个体性格在其本质上产生于他或她与世界所产生的各种关系，因而性格是伦理的，具有价值取向。换句话说，性格是个体选择其行为方式的根源，是个体协调自身与外界关系并形成固定行为模式的根源，如弗洛姆所阐述的：

个人使自己与世界相关联的这些定向构成了他的性格核心：性格可以定义为在同化和社会化过程中疏通人的能量的相对持久的方式。……大多数为个人所特有并难以改变的根深蒂固的习惯和看法来源于他的性格结构：它们表达了能量在性格结构中疏通的特殊形式。性格体系可被认为是动物本能的人类替代物。一旦能量以某种方式被疏通，器官行动就与性格相符地发生。……此外，性格对于个人的观念和价值又具有选择的功能。①

显然，弗洛姆所要论证的是，性格特性的产生并非源于生理性质的"力比多"，而源于现实社会生活中所产生的各种伦理关系，正是这些关系构成了个体的性格定向。正因为如此，在弗洛姆的概念中，性格可以定义为个体在同化或社会化过程中所产生的具有创造性与持久活力的行为模式。当然，弗洛姆将其描述为"疏通人的能量"，这在其本质上就是性格的动力来源问题。也就是说，性格特性是如何产生并推动个体的行为发生或向前发展的。在弗洛姆看来，个体正是在社会化的过程中，通过与外界发生的各种关系来产生固定的性格结构和行为模式，因而，真正促使人的行为发生并推动其向前发展的是他或她从各种伦理关系中所获得的习惯或观念。简短地说，性格来源于与现实伦理关系有关的各种观念和习惯。然而，值得提出的是，弗洛姆并不认为这种决定性作用是单向的，因为不仅仅是观念影响性格的形成，性格也可以反过来影响个体的价值取向或选择。如弗洛姆所描述的："对于大多数人来说，观念似乎独立于他们的情感、愿望并且是逻辑推论的结果，他们就感到对世界的态度是由他们的观念和判断所证实的，而实际上这些观念和判断是他们的性格的后果，就像他们的行动是他们的性格的后果一样。这种证实实际上转过来又趋于稳定其性格结构，因为它使后者显得正确和合理。"② 因而，个体的性格特性与价值取向是相互影响和作用的。而这一观点与先前我们所讨论到的个体与社会的互动关系是一致的。可以说，社会提供给个体以什么样的观念，

---

① ［美］埃希里·弗洛姆：《弗洛姆著作精选——人性·社会·拯救》，黄颂杰整编，上海人民出版社1989年版，第136—137页。

② 同上书，第137页。

第五章　成熟的爱　239

决定了个体会有什么样的性格定向，如现在资本主义社会就出现了市场交换型性格定向，这都归因于社会中市场经济体制的产生。反过来，个体的性格特性，或者说个体所拥有的个性和创造性，又决定了个体可能选择何种价值取向作为指引。因而，两者之间是相互作用、相互影响的。

在弗洛姆看来，性格特性的伦理本质不仅体现在它是个体行为产生和发展的基础，而且体现在它是个体适应社会的基础。任何个体的性格培养都依赖他或她所处的社会文化结构。父母、家庭和社会，是个体获得生存的基本环境。个体需要适应他或她所处的社会环境以获得生存。换句话说，个体需要获得同一社会阶级或文化的大多数成员所共同具有的性格，即我们在上文中已经探讨过了的"社会性格"。当然，弗洛姆在这里所要强调的并非"社会性格"，而是个体所能具有的个人性格。在他看来，即使是相同的社会文化环境，也会造就千差万别的个体性格，因而真正起作用的是个体所能获得的个人性格特性。而这一点，在弗洛姆看来是极其复杂的，因为即使社会文化环境是既定的，"社会性格"也是既定的，都无法说明个体最终会选择发展何种性格定向。正是在这一认识前提下，弗洛姆将个体性格发展区分为大致的两个方向，即"非生产性定向"和"生产性定向"，在上文中我们已经阐述过了。并且，他着重指出，这样的性格定向也只代表概念上的"理想类型"，而非对既定个人的性格描述，任何既定的个人的性格一般是这些定向的全部或部分的混合，但必定有一种占据主导地位。

然而，在弗洛姆所做的个体性格定向的区分当中，他所着重要阐明的是性格特性的伦理本质。换句话说，在弗洛姆看来，性格并非天生就有的东西，而是后天造就的有伦理道德属性的东西。在对非生产性性格定向的描述中，弗洛姆就特别指出"非生产性"主要意指性格的非道德性。那么到底如何评价性格的道德性或非道德性呢？在弗洛姆看来，在固定的社会文化结构中，总有一些占据主导地位的性格特性。这些性格特性为大多数人所具有，并被推崇为社会的主导性格，他称之为群体性格或"社会性格"。但群体性格或"社会性格"的形成又依赖个体性格的榜样作用。比如，弗洛姆在批判市场交易型性格定向的时候，就详细地分析了市场经济社会中被视为"成功人士"的个体性格特性，这样的性格类型往往成为全社会人员效仿的典范，而一定的社会也极力宣传这样的人格典范以树立起一种风尚。这样的个体性格特性在很大程度上影响了群体性格或社会性格,在世人看来,对这样的性格典范的效仿成了追求自我成功的目标,如弗洛姆所描述的:

> 向普通人传播理想的人格典范的最重要的手段是电影。年轻姑娘极力仿效高贵的明星……虽然普通公民几乎不同最成功者的生活发生接触,但他与电影明星们的关系却非如此。……一个普通人即使不能期望变得像明星们一样成功,他也能竭力仿效他们,他们是他的圣人,由于成功,他们便体现着生活的准则。[1]

因而,个体的性格特性又常常成为社会大众效仿的典范或榜样。正因为如此,弗洛姆才强调对个体性格特性进行分析并加以定性的重要性。在他看来,那些"非生产性定向"的性格类型,其根本特征就在于它们的非伦理道德性。虽然不同的"非生产性性格"类型,其具体的表现会有一些差异,但其本质都体现为理性、爱和创造性的缺乏,人与人之间的关系陷入表面性,而非真正地结合在一起。如弗洛姆在描述交易型性格特征时这样阐述道:

> 人际关系的这种表面性特征使许多人希望在个人的爱中能发现深厚的和强烈的感情。但是,爱一个人与爱其邻人是不可分的,在任何既定文化里,爱的关系仅是流行在那种文化里的人的相关性的较强烈的表示罢了。因此,期望那根源于交易型定向的人的孤独能够由个人的爱来治愈,乃是一种幻想。[2]

在交易型性格定向中,个体的独立性和个体性消失。个体所追求的不是自我价值的实现,而是将自我等同于商品以在"人格市场"上获得最大的交换价值。这种忽略自身价值的性格特性,必然导致人与人之间的关

---

[1] [美]埃希里·弗洛姆:《弗洛姆著作精选——人性·社会·拯救》,黄颂杰整编,上海人民出版社1989年版,第145页。

[2] 同上书,第148页。

系也趋于表面性。也就是说,人们所关心的不是他们本身所具有的独特价值,而是人格卖场上可交换的商品价值。所以,人与人之间的关系变成了一种看似竞争而又合作的"同志关系",每个人都是为了获取自己想要的成功而在不停地奋斗。在同样的市场条件下,甚至造成这样的局面:每个人都知道他人是如何感觉的,因为每个人的处境都是一样的,孤独、害怕失败、渴求欢乐,在各种竞争或战斗中,无法给予或期望任何宽恕。这种人与人之间的关系,恰似霍布斯所描述的"人对人是狼"一样的社会关系,人与人之间是不可能真心相爱的。因而,个体的性格特性对于人与人之间关系的影响是显而易见的。在这里,弗洛姆真正想阐明的是个体性格对于社会性格的重要影响。个体性格与社会性格之间的相互影响作用,正如他所提出的个体与社会的关系一样,是彼此促进、相互影响的。关于个体性格与社会性格的关系,他最后总结道:

> 我想强调这一点,即所有的定向都是人类资质的组成部分,任何定向的支配地位在很大程度上取决于个人生活于其中的文化的特性。……应该注意的是,研究性格定向与社会结构之间关系的重要性,不仅在于它帮助我们理解性格形成的某些最重要的原因,而且在于各种具体定向——由于它们为一个文化或社会阶级的大多数成员所共有——代表了强大的情感力量,我们必须了解这种情感力量的作用以便理解社会的功能。……一般个人的整个人格均由人们相互联系的方式所铸成,它取决于社会经济和政治结构的水平竟达到这样的程度,以至于原则上能从对一个人的分析中推断出他生活于其中的那个社会结构的总体。[1]

从以上可以看出,弗洛姆十分肯定社会的政治、经济和文化结构对于个体人格形成的重要决定性作用。换句话说,弗洛姆非常强调"社会性格"所具备的强大社会功能,这种功能是通过社会中大多数成员所拥有的共同的情感力量得以实现的。并且,弗洛姆提出,在研究个体性格定向

---

[1] [美]埃希里·弗洛姆:《弗洛姆著作精选——人性·社会·拯救》,黄颂杰整编,上海人民出版社1989年版,第150页。

形成的原因和过程的时候，不能忽略个体的性格定向和社会结构之间的关系。甚至可以说，个体性格的定向正是取决于个体所处的政治、经济和文化结构所组成的社会环境总体。尽管弗洛姆如此强调社会经济文化结构对于个体性格定向的影响，但我们必须认识到的是，在弗洛姆的爱的整体构架中，他所重点强调的是个体人格的塑造。也就是说，个体人格特性才是他的爱的伦理思想体系的宗旨和目标。在他的非生产性定向和生产性定向的区分中，其主要的目的在于阐明不同的人格类型中的道德本质。其中生产性性格的根本特点就是爱、理性和创造性等，它们都具有明显的道德特征。换句话说，生产性性格定向的道德性就体现在个体同他人、自然、社会和自身的关系之中。非生产性性格定向的本质特征是无法正确地解答人自身的生存矛盾，在各种关系中，并不能真正地实现人与自然、他人和社会的和谐相处。而生产性性格的伦理特性就体现在解答了人类自身的生存难题，即既克服了自身的孤独，实现了与他人、世界的和谐统一，又发展了自身独立的个性。或者说，在个体自身内部，实现了人的个体性与群体性的完美统一。

　　总结起来，弗洛姆自始至终强调个体人格塑造的重要性。换句话说，塑造完美的个体才是社会的目标，也是整个社会通达健全的途径。因而，可以说，弗洛姆将个体自身价值提高到一个前所未有的高度。个体的自我价值通过自身的人格来实现，而这又体现在个体与整个世界的伦理关系之中。因而，个体的人格特性或个体的人格价值就体现在自身所拥有的伦理价值当中。正因为如此，个体的存在既是以主体性的自我而存在，又是以作用于自然、他人和社会的客体而存在。在弗洛姆看来，正是人所具有的理性精神、爱和创造性潜能使得个体成功塑造完美自我成为可能，同时，也使得通达社会健全之路成为可能。然而，弗洛姆所要重点强调的是，无论是个体的人格塑造之路，还是社会的健全之路，其中最为根本的是个体人格的伦理道德本性。换句话说，正是个体人格的伦理道德本性使得人类正确解答自身生存问题成为可能。因而，个体人格的塑造成为个人和社会所要共同完成的目标。那么，个体人格的形成是一个怎样的过程呢？需要什么条件呢？笔者将在下一部分具体阐述这些问题。

(二) 人格形成的社会过程

在上文中，我们探讨了弗洛姆关于个体人格特性的伦理本性。也就是说，弗洛姆所着重强调的是蕴含在个体人格中的伦理本质，反映在个体与自然、他人和社会的各种关系中。因而，可以说，弗洛姆是诉诸各种伦理关系来谈个体人格及其发展的。既然个体人格的塑造是弗洛姆爱的伦理思想体系的核心，那么究竟个体人格的形成是一个怎样的过程，需要哪些重要条件呢？对于这样的问题，显然，我们不能回避弗洛伊德的理论来单独谈弗洛姆的观点。在弗洛伊德的观念中，个体的人格基本上在童年时期（具体点，5岁以前）就已经形成，这一点是备受弗洛姆批判的。因为在弗洛姆看来，如果是这样，那么个体人格的形成与社会文化是毫无关系的。因为我们完全无法将一个人的童年与社会文化联系起来。也就是说，我们不能认定一个处在幼年时期的孩子已经接受了社会文化的各种影响。正因为如此，弗洛姆对于弗洛伊德提出的所谓"口腔型"或"肛门型"人格特征的不合理之处给予了严厉的批判，如他所阐述的："他错误地解释了性格特征与性区域之间的因果关系，正好把这种因果关系颠倒了。"[①] 在弗洛姆看来，尽管喂食和排泄在儿童的早期阶段是主要的活动，也是父母表达爱或强制性、儿童表达顺从或抗拒性的主要领域。然而，这些性器官自身的超刺激作用和挫折并不会在人的性格中产生稳定的趋势。或者说，虽然儿童通过喂食和排泄能获得某种生理上的快感，但这些快感对性格的发展并不重要，除非它们能够代表那种植根于性格整体结构的发展态势。

然而，弗洛姆并没有完全否定弗洛伊德所提出的性格理论。在他看来，虽然弗洛伊德将个体的人格发展完全归因于童年时期的性快感是没有科学依据的，但是，如果从这些性快感和由此而产生的与世界的特殊关系中来理解人格，又可以找到一些合理的依据。在弗洛姆看来，也只有从这种观点看，弗洛伊德在品格学上的发现，才对社会心理学具有重要意义。假如我们可以假设与排泄有关的某些早期经历产生了"肛门型"性格

[①] ［美］埃希里·弗洛姆：《弗洛姆著作精选——人性·社会·拯救》，黄颂杰整编，上海人民出版社1989年版，第123页。

(它是欧洲下层中产阶级的典型性格),那么,我们几乎找不到任何证据来证明为什么这个阶级应该具有这种"肛门型"的社会性格。但是,假如我们把这种性格理解成是一种根植于性格结构并产生于与外部世界的各种关系的一种形式,那么我们就能很好地理解下层中产阶级的整个生活方式和性格特点,比如他们的吝啬、孤独和敌意等性格特性是怎么形成的。因而,弗洛伊德真正忽略的是人与外部世界所建立起来的各种关系及其与个体人格特点形成的关联。在弗洛姆看来,脱离了这些关系,孤立地来谈个体人格的形成是片面的,如他所说:

> 在我看来,探索人格的基本途径是了解人与世界、他人、自然以及与其自身的关系。我们相信,人主要是一种社会存在物,而并非像弗洛伊德所认为的那样,主要是自给自足的,只是为了满足其本能需求才要与他人发生关系。在这一意义上,我们还相信,个体心理学基本上就是社会心理学,用沙利文的话说,就是关于人与人之间相互关系的心理学,……所以,在我们看来,置于个人与他人关系中心的诉求与欲望,如爱、恨、温柔、共生,是基本的心理现象,可是弗洛伊德认为,它们不过是本能需求获得满足或遭受挫折而产生的次要结果。[①]

弗洛姆正是立足于个体与外部世界的各种关系提出了他的"社会性格"概念,在上文中,我们已经探讨了他的这一概念及其本质。在这里,我们所要阐明的是弗洛姆所提出的个体性格与社会性格之间到底存在何种关联?或者说,社会性格是怎样影响个体性格形成的?显然,透彻地理解弗洛姆所提出的"社会性格"概念是我们理解个体人格形成的关键之处,但这看起来并非易事,因为在概念上我们常常会将"社会性格"等同于"社会文化"或"社会心理"。但是,"社会性格"拥有这些概念的部分意思,却不能等同于这些概念,实际上,它拥有更丰富的内涵,并且在个体性格的形成过程中,它所起的作用不仅仅是一种模型作用。或者说,社会性格对个体性格的决定性作用不是最主要的,也不是单向式的决定性作

[①] [美]埃希里·弗洛姆:《弗洛姆著作精选——人性·社会·拯救》,黄颂杰整编,上海人民出版社1989年版,第122页。

用。让我们来看看弗洛姆是如何总结社会性格的：

> 关于社会性格，我们重申如下原则：社会性格产生于人的本性对社会结构的动态的适应。变化着的社会条件导致了社会性格的变化，也就是说，导致了新的需求和忧虑。这些新的需求又引起新的观念，并且可以说，又使人们接受了这些新的观念，而这些新的观念反过来又倾向于稳定和加强新的社会性格，倾向于决定人的行动。换句话说，社会条件以性格为中介，影响了意识形态现象；另一方面，性格也不是消极地适应社会条件的产物，而是建立在这样一些因素基础上的动态适应的产物，这些因素既有生物学上的、人的本性所固有的，又有作为历史进化的产物而为人固有的。[①]

从以上这段话可以明显地看出，弗洛姆所提出的社会性格不局限为社会文化的意蕴，也不局限为社会心理的意涵。大致上，可以总结出这么几点：1. 社会性格的产生离不开社会的文化结构，它在本质上是人适应于一定社会文化结构的产物。2. 社会性格是动态发展的，而不是一成不变的。当产生一定社会性格的物质条件发生变化后，社会性格也会随之而改变。3. 改变了的社会性格影响整个社会文化意识形态，因而，社会性格实际上在社会物质条件和社会意识形态之间发挥着媒介作用。因而它们之间的实质关系是：社会物质条件决定着社会性格，并通过社会性格决定着社会的文化意识形态。同时，社会的文化意识形态通过社会性格反作用于社会的物质条件。4. 社会性格具有能动性，它不是消极地适应一定的社会物质条件的产物。换句话说，一定的社会物质条件不是产生某种社会性格的绝对的决定性因素，除此之外，还有其他的因素起作用，如人生物学意义上的、人性的、历史进化意义上的一些固有的本性。因而，弗洛姆所提出的"社会性格"本身是一个内容非常复杂的概念，并且包含了极其丰富和重要的社会功能。可以说，"社会性格"对于个体的人格塑造和社会的完善都是一个至关重要的因素。然而，对于现代的研究者来说，关于

[①] ［美］埃希里·弗洛姆：《弗洛姆著作精选——人性·社会·拯救》，黄颂杰整编，上海人民出版社1989年版，第128页。

弗洛姆的"社会性格"概念，其研究旨趣大多停留在社会心理学层面，并没有从哲学层面对其进行深入的分析。而弗洛姆提出"社会性格"这一概念的宗旨也在于弥补马克思主义哲学与弗洛伊德学说之间的理论缺陷。因为在他看来，马克思主义哲学虽然提出了社会的物质条件决定社会的意识形态，同时社会的意识形态反作用于社会的物质条件，但他没有指出，两者之间到底是如何被决定，又是如何被反作用的。而弗洛伊德的社会心理学说正好弥补了马克思主义哲学的这一理论缺陷。因而，可以看出，弗洛姆的宗旨不局限于从社会心理学层面对人格作出分析，他对人格和社会的理解整体上还是哲学伦理的，只不过他试图加入心理学的内容和方法，以使得它更为客观和完善。正因为如此，弗洛姆在强调了个体与外部世界的各种关系之后，他所要论证的中心问题便是"社会性格"所具有的强大功能，而这一点正是通过个体性格的功能来实现的。如他所说：

> 总而言之，对一个正常的人来说，性格的主观功能在于，使他去做对他来说从某种实际的立场出发必须要干的事，同时，又使他从其活动中获得心理上的满足。[1]

可见，个体性格的主要功能体现在它既能根据客观的需要来决定自己的行为，也能从自己的爱好出发产生自身的主动行为。或者，可以这样来打个比方，一个生活于一定社会中的人，他通过适应一定的社会文化环境形成了自身特有的社会性格，也即一个社会中大多数人所拥有的性格。因为这种适应与获得，个体具备了推动这个社会有效运行的不可缺少的生产性力量。比如在现代工业社会，就要求社会中的成员能够尽可能地把精力花在工作上。但问题的关键在于，在人"应该做什么"和"爱做什么"之间常常产生冲突，这样的冲突常常会导致降低工作效率。但由于个体的性格能动地适应了社会的要求，所以，不但不引起冲突，反而产生了促使人按照特定的必要性去行动的原动力。这种原动力并非出自外在的权威，而出自人的内在权威，可以称作人内在的良心，也即人对工作的责任感。

---

[1] [美]埃希里·弗洛姆：《弗洛姆著作精选——人性·社会·拯救》，黄颂杰整编，上海人民出版社1989年版，第117页。

在弗洛姆看来，这一内在的权威比任何的外在权威都更有效地支配着个体的行为，因而，其实质是"社会性格已将外部的权威内在化，并从而使人的精力用在某个特定的经济和社会制度所确立的工作上"[1]。在弗洛姆看来，这一内在的权威正是人性发展的原动力。虽然他也没有办法确切地赋予其心理学的术语，但是可以确定的是，它确实存在，并且是人性发展过程中的活跃力量。值得一提的是，这一内在的力量不局限于生物学的或形而上学的意义，也不能将其等同于社会学中的环境决定论。它代表的是个体所拥有的固定特性，是人在追求生存的过程中所获得的、固定的原动力。弗洛姆这样描述道：

> 虽然在生物学上不存在固定的人的本性，但人的本性却有其自身的原动力，这种原动力在社会过程的演化中，是一种活跃的因素。即使我们不能用心理学的术语清楚地说明这种人性的原动力的确切本质，但得承认其存在。在力图避免犯使用生物学和形而上学观念的错误的过程中，我们也必须警惕犯社会学上的相对主义这种同样严重的错误。社会学上的相对主义把人看作是由社会环境所操纵的木偶。人的自由和幸福的神圣权利根植于人固有的特性之中，即在人追求生存、追求发展和表达潜力的冲动之中，这些潜力在历史演化过程中已在人之中得到发展。[2]

可见，弗洛姆最终得出的结论是：在人性发展的过程中真正起作用的是人追求自由和幸福的需求特性，这是人在追求生存和自我发展的过程中必不可少的原动力。那么，这种原动力是如何推动人格性格特性向前发展的呢？在弗洛姆看来，一旦在某种性格结构中发展了某些需求，那么符合这些需求的任何行为，在心理上总是令人满足和愉快的。同时，从现实物质成功的角度来看，又总是切合实际的。如果一个社会能同时向个人提供心理和物质上的满足，那么，就会在整个社会中形成由心理的力量凝结成

---

[1] ［美］埃希里·弗洛姆：《弗洛姆著作精选——人性·社会·拯救》，黄颂杰整编，上海人民出版社1989年版，第118页。

[2] 同上书，第121页。

的"社会性格"。但是,不可避免地会出现时间差隔,即当新的经济条件产生时,传统的"社会性格"依然存在,但它对新的经济条件不再起作用。然而,人们总是倾向于依照他们自身的性格结构行事,因而在这种情况下,他们的行为实际上已经变成了经济进步的真正障碍,同时,他们也丧失了按照"本性"去行事的机会。昔日的中产阶级,尤其是像德国这样阶级分明的国家中的中产阶级的性格结构,可以说明这一论断。昔日中产阶级的长处是节俭、谨慎、细心、多疑,但在现代社会结构中,这些原有的长处与诸如创造、冒险、进取这些新的长处相比较,就显得不值一提了。尽管经过长期的教育,他们已形成了能适应其社会阶级境况的性格特性,但是社会经济的发展要快于社会性格的发展。社会经济发展和性格发展之间的这种冲突,导致日常的经济活动已不再能满足个体心理的需求。但是,这些需求仍然存在,它们不得不通过其他方式来寻求满足。如极端个人主义的行为就有可能由个人扩展到国家,而在私人竞争中所产生的虐待狂性格冲动,也部分地转移到了社会和政治舞台上。因而,这些心理力量,或者说心理的张力,非但不能稳定现存的社会秩序,相反会随时成为那些想要摧毁民主社会的政治和经济结构的组织所利用的"炸药",这在本质上意味着个体性格已经偏离了社会性格发展需求的轨道。

当然,个体性格的发展并不是自行的。弗洛姆指出,虽然个体性格与社会性格之间的互动力量是无形的,但是教育在个体性格形成过程中发挥了重要作用,他说:

> 教育的社会功能是促使个人具有将来在社会中起作用的功能,即使人的性格向社会性格方向靠近,使个人的欲求符合他所扮演的社会角色的需要。任何社会的教育制度都决定于这种功能。……可以把教育方法视为使社会需要变为个人特性的一种手段。虽然教育方式并不是某种特定的社会性格的原因,但是,它们都是促使性格形成的一种机制。正是在这一意义上,认识和了解教育方法是对一个正在运行的社会作全面分析的重要一环。[1]

---

[1] [美]埃希里·弗洛姆:《弗洛姆著作精选——人性·社会·拯救》,黄颂杰整编,上海人民出版社1989年版,第119页。

正因为认识到教育在个体性格形成过程中的重要性，所以弗洛姆着重强调，虽然弗洛伊德提出的"童年期的早期经历对于个体性格形成有着决定性影响"这一论断似乎缺乏科学依据（因为毕竟儿童不能算是真正的社会人，因而也不可能真正地接受一定社会文化的熏陶），但是，我们也不能完全抹杀儿童所可能接受到的社会文化的影响，因为父母们正是采用他们所处社会的教育方式来教育他们的孩子，从父母们自身的人格来说，他们也代表了他们所处社会和阶级的社会性格，而他们通过教育将这样的社会精神和心理气氛传递给他们的后代，因而，"可以把家庭视为社会的心理代理人"[①]。

弗洛姆指出，虽然个体性格受社会性格的影响是毋庸置疑的，但人并不是无限制地去适应社会的需求。实际上，人不仅有某些生理需求必须予以满足，而且还有某些与生俱来的心理特性需要予以满足，假如它们受到挫折，将会产生某些反应。那么，这些心理特性是什么呢？弗洛姆认为，最重要的心理特性应该是人在历史演化进程中已经发展了的那些潜能，如创造性或批判性思考的潜能。这样的潜能一旦在人的历史演化过程中形成了，它们就顿向于要表现出来，一旦遭到压抑，就会产生破坏性和共生性冲动。但是，在人的生命过程中存在着想要成长或发展自我的总倾向。在这样的总倾向指引下，人又产生了例如渴望自由、憎恶压迫这样具体的倾向，因为自由才是人得以成长的基本条件。当然，追求自由的欲望有可能被压抑下去了，个人也有可能不再能意识到这种欲望。即便如此，追求自由的欲望仍作为一种潜能存在着，并通过由于压抑带来的种种有意或无意的不满情绪，总要显示它还存在着。因而，在个体性格形成的过程中，其最根本的原始动力是人的各种潜能，但这些潜能又需要一定的社会条件才能被个体意识到并挖掘出来。这样的条件不局限为个体的心理力量和社会的经济力量，也不局限为社会的意识形态力量。

在弗洛姆看来，虽然个体的心理力量在推动个体性格发展的过程中发挥着重要作用，但是个体心理的力量是不能单独起作用的。换句话说，个体心理的力量需要与社会的经济力量、意识形态等共同起作用，才能真正

[①] ［美］埃希里·弗洛姆：《弗洛姆著作精选——人性·社会·拯救》，黄颂杰整编，上海人民出版社 1989 年版，第 120 页。

地影响个体性格的发展过程。一般来说，当社会中的某一个阶级受到新的经济倾向威胁时，它将对这种威胁在心理上和意识形态上作出反应，而这种反应所带来的心理上的变化，又促进了经济力量的发展。因此，经济的、心理的和意识形态的力量三者通过人自身内部的心理变革对变化着的外部世界起着作用，而这些内部的心理因素又影响着社会的发展进程。因而弗洛姆指出，在社会发展的进程中，经济力量是发挥作用的，但它只能作为一种客观的条件；心理的力量也是发挥作用的，但它们具有历史的局限性；思想的力量也是发挥作用的，但它们是根植于社会成员的整体性格结构之中的。与此同时，弗洛姆认为：

> 尽管经济的、心理的和意识形态的力量是相互依赖的，但它们各自也都有某种独立性。经济的发展尤其如此，它虽依赖于诸如自然生产力、技术和地理因素等客观因素，但仍按其自身的规律进行着。至于心理的力量，我们已经指出，其情况同样如此，它们虽受外部的生活条件所影响，但也有它们自身的动力，也就是说，它们是人的需求的表现，这种需求虽然可以被塑造，但不可能被根绝。在意识形态领域中，我们发现一种类似的独立自主性，这种自主性根植于在由历史过程所获得的逻辑规律和知识体系的传统之中。[1]

由此可见，个体性格形成的社会过程是一个错综复杂和庞大的体系。在这一过程中，虽然社会性格对于个体性格的塑造发挥着决定性的关键作用，但是个体性格并不总是按照社会性格的发展模式发展，因为在个体的性格结构中蕴藏着个体的各种需求和潜能，而其中对自由和发展自我的需求和潜能是个体性格发展的原动力。正是人自身所拥有的各种需求和潜能推动着个体自身内部的心理变革，并作用于外部世界的各种变化。而对于整个社会来说，社会心理的力量、社会经济的力量和社会意识形态的力量三者是不能单独起作用的，它们相互依存而又彼此独立，各自有各自存在和发展的规律，共同推动着社会发展的进程。正如弗洛姆所总结的："意

---

[1] [美]埃希里·弗洛姆：《弗洛姆著作精选——人性·社会·拯救》，黄颂杰整编，上海人民出版社1989年版，第128页。

识形态和文化根植于社会性格之中,而社会性格又是由某个特定社会的存在方式所决定的,主要的性格特征反过来又成了决定社会过程的创造性力量。"①

(三) 爱与生产性人格

在上文中,我们探讨了成熟的爱与个体人格形成的社会过程等。然而,弗洛姆整个爱的体系的宗旨是要塑造个体的生产性人格。在他看来,个体修养或社会健全的最终目标就是在社会上培养具有生产性人格的公民。因而,生产性人格才是弗洛姆爱的伦理体系的终极目标。那么什么是生产性人格呢?它与爱又有何关系?在上文中,我们探讨了生产性人格的特点及其本质,我们也探讨了成熟的爱的本质——自发性。那么是否爱就是生产性人格的主要特点呢?在上文中,我们已经指出了弗洛姆所讲的爱、理性和生产性三者之间是可以相互解释的。也就是说,这三者构成了弗洛姆人道主义理论体系的三个要素。但是,必须指出的是,在弗洛姆的理论中,不是所有的爱都与个体的生产性人格有关。在他看来,爱也分为不同的种类,并且这种分类不停留在纯粹的逻辑分类,如他所说:

> 我们也已力图指出:如对施虐—受虐狂性格来说,爱意味着共生性隶属而不是在平等基础上的相互肯定和结合;牺牲意味着个人完全服从某种较高一级的东西,而不是维护一个人精神与道德上的自我,……虽然两个不同人格的人使用例如"爱"这同一个词,但其词义会随着两个人性格结构的不同而完全不一样。事实上,只要对这些概念的含义进行正确的心理分析,就可以避免许多思维上的混乱,因为任何纯粹的逻辑分类,都必然会失败。②

可以说,具有何种类型的性格,才会有何种类型的爱,因而"爱"是随个体性格的不同而不同的。在弗洛姆看来,"爱"是一个非常容易产

---

① [美]埃希里·弗洛姆:《弗洛姆著作精选——人性·社会·拯救》,黄颂杰整编,上海人民出版社 1989 年版,第 127 页。

② 同上书,第 114 页。

生歧义和混淆的概念，因为除了"憎恨"和"厌恶"之外的一切感情几乎都可以用"爱"来表达。爱冰激凌是"爱"，爱交响乐也是"爱"，从温和的同情到最强烈的亲近感，人们一旦"迷恋"某人，他们都觉得他们在"爱"。他们也可以把依赖性称为"爱"，把占有性也称为"爱"。事实上他们相信，没有比"爱"更容易的了，困难仅在于去发现恰当的对象，即他们常常将自己未能发现爱中之幸福归因于运气太坏，没有找到合适的对象而已。然而，这些所谓的"爱"实际上是混淆了"爱"的真正意义。在弗洛姆看来："爱其实是十分特殊的感情，它的实现是最困难的成就之一。"① 在此论调下，弗洛姆提出，真正的爱植根于生产性之中，也就是"生产性的爱"。如他说："尽管爱的对象不同，造成爱本身的强度和质也不同，但是某些基本因素仍可被称为所有生产性爱的形式的特征。它们是关心、责任、尊重和知识。"② 因而可以说，"生产性性格"是与"生产性的爱"联系在一起的。在这里，我们需要弄清楚到底什么是"生产性的爱"。

弗洛姆首先要强调的是"生产性的爱"所具备的实践本质，其实就体现在关心和责任这两个要素之中。在探讨成熟的爱所必备的要素中，我们已经阐述了这两个要素。弗洛姆使用《约拿书》里上帝要约拿去警告尼尼微城居民的故事来讲明"生产性的爱"的实践本质。在弗洛姆看来，"生产性的爱"绝不局限为情感或激情，而体现为实际的行动。正如里面所说的，若你怜悯那棵葫芦树，却又不愿意为它浇水，而任由它枯萎，这算什么爱呢？"爱的实质是为某物'劳动'，'使某物生长'，爱和劳动是不可分的。一个人爱其为之劳动之物，并为他所爱之物而劳动。"③ 在弗洛姆看来，这种爱最明显的表现形式就是母爱，因为母爱就体现在无条件的付出当中，母亲爱孩子是所有艺术和宗教中爱的最高形式的象征。因而"生产性的爱"不仅仅是两个人之间因为吸引力而产生的情感或兴趣，它实际上是指基于关心和责任的爱的能力，如弗洛姆所说："创发性地爱一个人意指关心他的生活并感到对他的生活负有责任，不仅对他肉体存在是

---

① ［美］埃希里·弗洛姆：《弗洛姆著作精选——人性·社会·拯救》，黄颂杰整编，上海人民出版社1989年版，第166页。
② 同上。
③ 同上。

如此，而且对他人性力量的成长和发展也是如此。创发性的爱与消极的、对所爱者的生活袖手旁观的态度是不相容的，它意指为他的成长而劳动、关怀和负责任。"① 可见，"生产性的爱"蕴含了丰富的内容，不仅体现在日常生活中，更体现在人性力量的增长和积极的生活态度中。

然而，这种人性力量增长和积极的生活态度不仅仅体现为对某一个人的爱，更体现为对整个人类的关怀。也就是说，"生产性的爱"不仅仅体现为对某一个人的爱，更体现为对整个人类的爱与责任，因而它所代表的是整个世界中人与人之间的和谐关系。如弗洛姆所说的："创发性地爱一个人意味着去和代表人类的他的人性精髓发生关系，爱一个人如果与爱人类相脱离，那么就只能是指表面的和偶然的爱，它必然陷于肤浅。虽然可以说爱人类不同于母爱，因为孩子无依无靠而我们的同胞则不是这样，但也可以说，即便是这种差别也仅仅存在于相对的方面。人人需要帮助和互相依赖。人类的团结是任何一个个人发展的必要条件。"② 可见，弗洛姆是从博爱这个更广阔的视角来理解"生产性的爱"的。在这个意义上，它代表的是一切人与人之间的和谐关系。因为在弗洛姆看来，如果失去了这样的团结和合作，个体便失去了良好的生存基础。简单地说，如果个体赖以生存的世界充满了斗争与各种人性的恶，那必然是"人对人是狼"一样的社会。在这样的社会中，个体必然不可能充分地发展自身的个性，也就别谈什么充分实现自我了。因而，弗洛姆在这里强调的是个体所拥有的群体性特征对于个体性实现的重要性。可以说，弗洛姆更看到了个体实现自我所需要的深刻的生存基础。而对于个体的人性发展来说，关注自身的发展与关注人类整体的发展必然是同等重要的，共同构成个体人性完善过程中必不可少的环节。并且，两者之间是互相作用的，共同构成个体人格发展的不可缺少的组成部分。

除了关心和责任，"生产性的爱"离不开对所爱者的尊重和了解，在弗洛姆看来，这属于认知领域，如他说："尊重不是害怕和畏惧，按照词根（respicere = 注视），它表示有能力如实地正视一个人；意识到其个人

---

① [美]埃希里·弗洛姆：《弗洛姆著作精选——人性·社会·拯救》，黄颂杰整编，上海人民出版社 1989 年版，第 168 页。

② 同上。

性和特殊性。没有对他的认知就不可能去尊敬他;假如不以对一个人的个性的认知为指导,关切和责任就只是盲目的。"① 弗洛姆称之为"生产性思维",在他看来,对于个体的"生产性人格"来说,"创发性思维"与"创发性的爱"同等重要。而"生产性思维"的主要特征就是保持认知的理性或客观性,这也是个体摆脱自恋的主要特点。弗洛姆特别区分了"理智"和"理性"二者,并重点指出"理性"多于"理智"的第三个维度,那就是除了认知的主体和客体之外,是否真正地触及事物的本质和过程,如他所说的:

> 它的功能是去认识、理解、把握,通过领会它们将自身与事物相联系。它透过事物的表面以便发现它们的本质,它们的隐匿关系和较深的意义,它们的:"理由。"用尼采的话说,它似乎不是二维的而是透视的,即抓住一切可想象的视景和维度,而不是仅仅抓住那些与实际有关的部分。与事物的本质相关并非指与事物"背后"的某些东西相关,而是与本质的东西相关,与发生的和普通的东西相关,与各种现象的最一般最普遍的特性相关,摆脱了它们表面的和偶然的(逻辑上不相关的)方面。②

在弗洛姆看来,这是"生产性思维"的主要特点。除此之外,"生产性思维"还具备一些更为具体的特征,比如,主体与客体之间不是毫不相干的,客体不体现为僵死不变的、同主体的生活相分离的东西,它也不体现为个体以自我孤立的方式思维到的东西,而体现为与主体的生活紧密联系的一部分,并且,这种联系越是紧密和主动,越能激发主体对客体的思维。在弗洛姆看来,生产性思维者的动机为他对客体的兴趣所激发,他受到其影响并对其作出反应。但是,"生产性思维"也以客观性、思维者对客体的尊重、以如实地而非随心所欲地看待客体的能力为特征。这种客观性和主观性之间的截然对立是生产性思维的主要特征,正如它是一般生

---

① [美]埃希里·弗洛姆:《弗洛姆著作精选——人性·社会·拯救》,黄颂杰整编,上海人民出版社 1989 年版,第 168 页。

② 同上书,第 169 页。

产性的特征一样。然而，要获得对事物的客观性认识却是不容易的事情，在弗洛姆看来，只有尊重事物的本性、以事物本身所具有的独特性和相互联系性为基础去看待它们，才有可能获得对事物的客观性认识。因而，客观性首先需要的是如实地看待事物的本性，除此之外，还需要如实地看个体自身，即认识那个特殊群集，在其中他发现自己作为观察者联系于观察的客体。由此，"创发性思维取决于客体的本性和在思维过程中使自身与其客体相联系的主体的本性"[1]。因而，它是双重本性的，既涉及客体的真实本性，也涉及主体的本性。其中主体的本性即指主体的生产性。

那么，生产性的主体是指什么样的主体呢？或者，换句话说，主体的生产性体现在哪里呢？在弗洛姆看来，它不是基于先天懒惰的被迫行为。首先，主体的生产性离不开主体的本性，任何生产性的思维都是由于主体的兴趣所激发，并且这些兴趣不是痴心妄想或想入非非，而是与具有客观性的真理或被观察客体的本性积极相容的兴趣。因而强迫性活动和懒惰都不是生产性，而是生产性的对立面。在弗洛姆看来："创发性活动的削弱导致无活动性或者过度活动性。饥饿和压力永远不会是生产性活动的条件。相反，自由、经济安全感以及使工作富有意义地表现出人的才能的社会组织，才是有助于表现人生产性地利用其力量的自然趋向的诸因素。生产性活动以活动和休息有节奏的变化为特征，只有当一个人在必要时能自我宁静和独处的时候，生产性的工作、爱和思维才有可能。"[2] 在现代社会中，人们经常会发现这样的人群，他们获得物质上的极大成功，看起来他们的行为是极富有生产性的，因为他们也富有条理地去追求自身想要的东西，并赋予自身的追求极高的价值和伦理的意义，但他们实际上并不具有生产性人格，而是非生产性性格，如弗洛姆所描述的：

> 在18和19世纪，囤积型定向与剥削型定向并存。囤积型保守稳健，所感兴趣的不是无情地去获得，而是基于稳妥原则和保存已获得之物的富有条理的经济追求。对于他，财产是其自我的象征，对它的

---

[1] ［美］埃希里·弗洛姆：《弗洛姆著作精选——人性·社会·拯救》，黄颂杰整编，上海人民出版社1989年版，第171页。

[2] 同上书，第172页。

保护及是最高的价值。……清教徒的伦理观强调工作与成功是善的证明，它曾经支持了这种安全感并倾向给予生命以意义和宗教完善感。这种稳定的世界、稳定的拥有和稳定的伦理的结合，曾给予中产阶级成员一种归属感、自信心和自豪感。①

在弗洛姆看来，与这些物质上的成功相伴而生的并不是个体主体性或独立性的增长，而是迫于外在的压力所为。他所做的不过是他被期望应该这样做的，因而他的活动缺乏自发性。换句话说，就是这种活动并非发源于自身的情感和精神体验，而是发源于外部的力量源泉。由于外在力量而产生的活动性来源也有非理性的各种来源，诸如吝啬、色情、受虐狂、羡慕和嫉妒等所驱使的。但是，这些活动既不理性也不自由，相反，是与个体的理性和兴趣相对立的。个体在这样的困扰下只会越来越固执，不停地重复自己，越来越墨守成规。总之，这样的个体是活动的，并且常常带来各种物质上的成功，却不是生产性的，如弗洛姆所说：

> 虽然这些活动的来源是非理性的，行动着的个人既不自由也不合乎理性，但仍可以有重要的实际成果，经常导致物质上的成功。在创发性概念方面，我们所关注的不是必然导致实际成果的活动性，而是关注一种态度，关注一种反应样式和在生命过程中朝向外界和自身的定向。我们关注的是人的性格，而不是他的成功。②

因而，生产性本身所代表的即是个体的人格，而不是物质上所取得的成功。在弗洛姆的概念里，生产性不必然带来物质上的成功，但它是一种必然的性格定向或个体发展趋势。那就是，在个体的生命过程中，始终是以自身内在的人格力量增长和人性的完善为目的的，它区别于为适应外在权威的力量而获得的增长。个体正是凭借这种生产性的力量与外界发生各种联系，他能通过个人自身心智和情感力量的自发活动性来活跃和再创外

---

① [美]埃希里·弗洛姆：《弗洛姆著作精选——人性·社会·拯救》，黄颂杰整编，上海人民出版社1989年版，第152页。

② 同上书，第157页。

部世界，弗洛姆称之为"发生性体验"①，它区别于"复制性体验"（靠与一个胶卷将所拍摄的事物作确切记录的同样方式来知觉现实，尽管连纯粹复制的知觉也需要心灵的积极参与）。在弗洛姆看来，正常人通过两种能力来感知世界：一种是如实地感知世界；另一种是通过想象，把自身与被自己的力量活跃了和丰富了的世界联系起来。假如这两种能力中有一种能力被麻痹了，人就会处于病态。但正常人都具备这两种能力，尽管各自所占的分量不同。可以说，复制性能力与发生性能力是个体生产性产生的前提，但它们是对立的两极，其相互作用才是生产性的能动源泉。弗洛姆着重强调的是，生产性并非两种能力的简单相加，而是这两种能力相互作用后产生的某种新东西。然而，弗洛姆所要阐明的不局限于此，他随后提出这样的疑问：

> 我们已将创发性描述为联系世界的特殊样式。这就引起问题：是否有创发性的人所创造之物，如果有，那会是什么？不错，人的创发性能创作物质财富、艺术作品和思想体系，但是最重要的创发性对象是人自身。②

弗洛姆在这里要表达的真正意思是，人这一生的过程中，有可能创造了无比多的物质性成果，这些成果体现了个体的生产性。但最重要的生产性还是塑造自身的人格，也即个体自身精神力量的增长和完善过程。在弗洛姆看来，人之生命有一个从生到死的自然过程，只要有合适的条件，这一过程的生长发育就可以自行进行，不需要任何努力去开拓或挖掘。与此相反，精神层次的诞生过程并非自动发生，它需要生产性的活动去唤醒人的情感的和理智的潜力，去唤醒潜藏于人内在的自我。并且，人的自我发展是一个无限的过程。然而，这也正是人类境况中最为悲剧的一部分。因为即使是在最佳条件下，人的潜能也只有部分得到实现，人总是尚未得到完全"新生"就已经死去，这是人之"生存矛盾"中不可解决的矛盾之

---

① ［美］埃希里·弗洛姆：《弗洛姆著作精选——人性·社会·拯救》，黄颂杰整编，上海人民出版社 1989 年版，第 158 页。

② 同上书，第 160 页。

一。即便如此，人最大的创发性在于不停地挖掘和充分地实现自身的潜能，以成就自身完善的个体人格。在弗洛姆看来，也只有通过这样的方式，才能真正地实现人与自然、他人和社会的和谐相处。只有个体通过自身内在力量的增长与人格的完善来认识和把握世界的本质，才能真正地尊重和了解自然与自身的本性，从而与外界建立起亲密的关系。然而，在弗洛姆看来，在这一过程中，爱和理性虽然共同起作用，但是它们所发挥的作用是有差别的。简单地说，爱和理性都是人理解和把握世界本质的力量，但是爱所代表的是情感的力量，而理性所代表的是理智的力量。如弗洛姆所解释的：

> 一个人能通过行动和理解创发性地与世界发生联系。人创造事物，在创造过程中行使其控制物质的力量。人通过爱和理性，从心智上和情感上理解世界。他的理性力量使他能通过和客体发生能动的联系，透过事物的表面抓住它的实质。他的爱的力量使他冲垮他与别人分离的围墙并去理解别人。尽管爱和理性仅仅是理解外界的两种不同的形式，尽管彼此缺一不可，然而它们表现了两种不同的力量，即情感力量与思想力量，因此必须分别加以讨论。[①]

然而，在弗洛姆看来，"创发性的爱"不局限为情感，我们在前文中已经详细地讨论过它所具有的特殊本质，即它是与理性紧密联系在一起的。因而，弗洛姆真正想要说明的是，爱、理性和人格等是怎样体现人之创发性的。总结起来，爱是创发性的核心体现，个体正是通过具有创发性特点的爱来完成自身人格的完善。而在这一过程中，需要借助理性的思维力量，以使得个体真正地克服自恋与孤独，达到实现个体性与群体性统一的目标。可以说，"创发性的爱"是实现人与人、人与自然、人与社会良好结合的最为有利的形式，它是蕴含着关怀、责任、尊重和了解等要素的爱。但是更为重要的是，"创发性的爱"是在保持彼此独立性前提下的爱，如弗洛姆所说：

[①] [美]埃希里·弗洛姆：《弗洛姆著作精选——人性·社会·拯救》，黄颂杰整编，上海人民出版社1989年版，第165页。

爱是联系他人和联系自身的创发性形式。它蕴含着责任、关切、尊重和知识，以及对他人成长和发展的希望。它是在保持彼此的自我完整性的条件下的两个人亲密关系的表现。①

弗洛姆提出，在几种不同的人际相关性中，"共生相关性"和"退缩破坏性"在其本质上都是以失去个体的独立性为代价的，只有"创发性的爱"既发展了个体的独立性，又实现了与外界的联系。这是个体获得"创发性性格"或"生产性性格"的必要前提，正是通过这样一些概念及其相互之间的逻辑关系，弗洛姆最终完成了他的整个以"爱"为核心的爱的伦理体系的构建。

---

① ［美］埃希里·弗洛姆：《弗洛姆著作精选——人性·社会·拯救》，黄颂杰整编，上海人民出版社1989年版，第175页。

结语 弗洛姆爱的伦理思想研究总结及展望

在本书中,我们以"爱"为核心论题对弗洛姆的伦理思想体系进行了全面的探索,包括弗洛姆的人性异化论、爱的理论、爱的实践和成熟的爱等内容。在弗洛姆的理论中,他试图综合弗洛伊德理论和马克思主义学说的做法是备受争议的,大多数学者认为这不过是一种"理论的杂糅"。尤其对弗洛姆认为马克思主义学说没有解释清楚"经济基础是如何决定上层建筑、上层建筑又是如何反作用于经济基础的"这样的问题,他们提出很多质疑。当然,也有很多学者肯定了弗洛姆对弗洛伊德心理学研究方法及其理论的继承,如社会无意识、非理性认识等理论。很多学者也认识到弗洛姆对于社会心理学这一领域的贡献一直是早期弗洛姆思想研究所忽略的。鉴于以上认识,我们有必要对弗洛姆的爱的伦理思想进行一个简单的梳理和总结。正如弗洛姆在其著作《弗洛伊德思想的贡献与局限》中总结弗洛伊德的思想一样,我们也需要整理出弗洛姆爱的伦理思想体系中的贡献与不足及其研究展望。

自 1980 年弗洛姆逝世以来,国内就有不少学者对其思想进行述评。比较具有代表性意义的有欧阳谦的《弗洛姆的人本主义哲学述评》[1]、张燕的《弗洛姆人本主义伦理学述评》[2]、张磊的《弗洛姆"爱"的理论述评》[3]、李佃来的《弗洛姆"人性异化及消除"理论述评》[4],等等。这些述评其实都和本研究有着密不可分的联系,其中弗洛姆的人本主义伦理

---

[1] 欧阳谦:《弗洛姆的人本主义哲学述评》,《中国人民大学学报》1992 年第 4 期。
[2] 张燕:《弗洛姆人本主义伦理学述评》,《学术月刊》1986 年第 7 期。
[3] 张磊:《弗洛姆"爱"的理论述评》,《湖南医科大学学报》2009 年第 6 期。
[4] 李佃来:《弗洛姆"人性异化及消除"理论述评》,《马克思主义哲学研究》2001 年卷。

学、爱和人性异化理论等都是我们研究的主要问题。但这些述评基本上都是非常早期的研究成果，有很多观点和思想带有很严重的偏见。因而，针对国内近 40 年来弗洛姆思想研究中的历史评价和本研究的核心要点，我们将对弗洛姆爱的伦理思想的贡献、不足及研究展望等进行简短的探讨。

一 弗洛姆爱的伦理思想研究简评

弗洛姆的思想自产生以来，一直备受国内外学界有关人士的关注与批判。相对来说，西方学者持更为中立的态度。如迈克尔·麦科比（Michael Maccoby）在其 The Two Voices of Erich Fromm[①] 一文中就详细地阐述了弗洛姆思想在当时的地位和影响。比如，有关弗洛姆思想的地位，他认为："弗洛姆在认知个体行为和社会行为方面所做的贡献既没有被世人完全理解，也没有得到后续的继承和发展。尽管在弗洛姆最流行的著作中，他扩展了我们对爱和破坏性的理解，并且，在很大程度上，蕴含在这些著作中的思想被吸纳为欧洲和美国文化基石的主体部分。"[②]

那么，为什么弗洛姆的著作受到忽视呢？迈克尔·麦科比认为，首要原因在于"弗洛姆直接向广大普通读者传达学术思想的写作能力，比如《爱的艺术》这本书，在 20 世纪 50 年代晚期，是最畅销的一本书，使得弗洛姆备受官方学术的怀疑，因为在他们看来，体现学术深奥的标准包括这样一条：那些没有太多学术素养的人无法理解的东西"[③]。不可否认的是，这一点不仅体现在《爱的艺术》这部专著中，甚至可以说，弗洛姆的著作大部分都写得通俗易懂。并且，即使是没有太多学术素养的人，也能很快被书中所阐述的内容所吸引并引发精神上的共鸣。这大概是弗洛姆的高明之处。因为在当时的情形下，想要批判弗洛伊德这样一位在当时地位显赫的大思想家，并且做到不随波逐流，并非一件很容易的事情。而从弗洛姆思想的整体构架来看，他并不旨在否定弗洛伊德的全部思想。因而，他是尽量避免与

---

① Michael Maccoby. "The Two Voices of Erich Fromm: Prophet And Analyst", *Society*, July/August, 1995.
② Ibid., p. 72.
③ Ibid..

其他的批判弗洛伊德思想的人区分开来。关于这一点，迈克尔·麦科比也提出，尽管弗洛姆"挖掘了文化对于性格发展的重要影响，但是他强烈地将自己与'文化主义者们'区别开来，如亨利·沙利文（Harry Sullivan），凯伦·霍尼（Karen Horney）和玛格丽特·米德（Margaret Mead），因为他们根据行为模式来描述文化，而不是分析社会经济因素"①。正因为如此，在麦科比看来，在弗洛姆的思想中，常常存在一些自相矛盾的东西，他因而分析了弗洛姆思想中的两种声音：预言的和分析的。无可否认，作为弗洛姆的研究助手，麦科比对弗洛姆思想的评价和见解一定有其深刻的地方。但是，如果要从整个西方学术界的评价中来考究弗洛姆及其思想的地位，并非一件容易的事情。因为，对于这样一位红极一时的思想家，我们常常会发现一些极其相左的评价。而我们的宗旨在于更多地从正面挖掘弗洛姆思想中的精髓，而不是研究有关他的思想所存在的矛盾评价。因而在这里，我们不再赘述。

在国内早期弗洛姆思想研究中，大多是从弗洛姆思想与马克思主义哲学之间的联系出发来展开研究。不可否认的是，弗洛姆的思想与马克思主义哲学之间存在着密切的渊源关系。可以说，弗洛姆有关人性异化、人的本质论、社会学的思想等都来自马克思主义哲学。在弗洛姆的著作中，其《马克思关于人的概念》《在幻想锁链的彼岸》《健全的社会》等都对马克思主义哲学中的许多理论进行了专门的、详细的论述。众多的学者从不同的角度对比了弗洛姆的理论和马克思主义哲学中的相应观点，但较少的学者认为弗洛姆在一定程度上发展了马克思主义哲学中的观点，较多的学者认为弗洛姆歪曲了马克思主义哲学中的观点。并且，现代学者最不能承认的便是弗洛姆试图利用弗洛伊德的理论对马克思主义哲学所进行的改造，即加入心理学的内容。毫无疑问，我们需要对这样的一些研究成果进行重新梳理和评价，尤其是对于弗洛姆和马克思主义哲学之间的承继关系，我们需要进一步地探讨以更为理性地确定二者之间的关联。总结起来，有关弗洛姆思想的早期研究中，在以下这些问题上争议较多，因而也

---

① Michael Maccoby. "The Two Voices of Erich Fromm: Prophet And Analyst", *Society*, July/August, 1995.

留下更多的研究空间。

(一) 关于弗洛姆思想的最终归宿——塑造完美的人性问题

综合起来看,弗洛姆的整个思想以他所建立的人道主义思想体系为归宿,也就是说,人道主义是其思想的本质。从批判资本主义的人性异化开始,弗洛姆的理论归宿就是塑造完美的人性,以通达健全的社会。早期弗洛姆思想的研究大都不认可弗洛姆的这一思想,比如欧阳谦就认为,弗洛姆相信"在理性和爱的基础之上可以建立起消灭了异化的'人道主义社会',……他还是没有脱离抽象人性论和道德决定论。他将'应有'和'现有'、价值和事实对立起来,要求站在永恒的人类价值立场上来看问题,虽然他从人性和人的心灵受到损害的角度,对现代资本主义社会进行了尖锐深刻的批判分析,但是他的社会革命纲领充斥着十足的道德说教,因而其空想意味也极为浓重"[①]。因而在塑造完美人性的问题上,众多学者认为弗洛姆的人道主义不过是一种"空想"和"道德说教",其理论脱离了社会的实际,没有从根本上触及社会制度的问题。因而,在此基础上提出的人道主义不过是一种超越阶级和当前现实社会的普世价值而已。

关于弗洛姆的理论宗旨问题,另一位比较具有代表性的学者张燕认为,弗洛姆的人本主义伦理学,"是把人以及人的发展、完善、尊严和自由放在中心位置上的一种思想体系。它强调人本身就是目的,而不是手段。它所信奉的准则是:一切伦理规范的确立都必须以对人本身的认识为依据。弗洛姆试图恢复人在整个价值体系中的地位和尊严,无疑具有一定的合理因素,但他把对人性的认识看作是确立伦理规范的唯一标准,而忽略了社会经济基础对道德的决定性作用,这使得他的许多观点带有很大的局限性"[②]。显然,这一评价已经跳出了"人道主义"之外来对弗洛姆的爱的伦理思想进行评价。弗洛姆并没有确立什么设置伦理规范的标准,也并没有忽略社会的经济基础对道德的决定性作用。事实上,弗洛姆的人道主义不过是试图从更为客观、全面的角度来阐述人道主义,而关于社会的经济基础对上层建筑所起的决定性作用,他提出的问题是"怎么决定",并且他的整个思想理论体系就是为了解决这一问题而展开的。弗洛姆的宗

[①] 欧阳谦:《弗洛姆的人本主义哲学述评》,《中国人民大学学报》1992年第4期。
[②] 张燕:《弗洛姆人本主义伦理学述评》,《学术月刊》1986年第7期。

旨是要发展马克思主义哲学，而不是要推翻其中的一些理论，如他所说：

> 发展的关键在于，要承认马克思和恩格斯仅仅迈出了第一步，他们看到了经济与文化发展的相互关系。马克思低估了人的感情的复杂性，他没有充分认识到人的本性有其自身的需要和规律，它们与决定历史进程的经济状况处于不断的相互作用中。由于缺乏令人满意的心理学的洞察力，马克思没有充分认识到人的性格，也没有意识到一个事实：既然人是由社会和经济组织形式决定的，人反过来也铸就了社会和经济组织形式。他没有充分看清植根于人的本性和人的生存环境，并且是人的发展的最大推动力的感情和奋斗精神。①

可见，弗洛姆所强调的是不仅仅需要从外部社会环境探索人性的发展规律，还需要从人自身内部探寻人性的发展规律。可以说，这是两条不同的路线，前者指向作为"类"存在的人，也即人类群体；后者指向作为个体而存在的人。早期研究中众多的学者认为弗洛姆的人性论不过是脱离社会经济基础空谈道德建设的抽象人性论，或者说唯心主义。得出这样的论断的一个重要原因在于，弗洛姆的人道主义理论重在塑造个体的品格，而不是从根本上改革社会的经济制度，或明确社会生产资料的所有权形式等。甚至认为他在根本上并没有揭示出现代资本主义社会人性异化的根本原因，而仅仅试图通过对个体道德的改良来完善整个社会。从弗洛姆所论及的众多问题来看，他虽然对资本主义社会的组织模式（包括政治的、经济的和文化的等各个方面）和早期社会主义社会所奉行的政治意识形态等都进行了较为深入的批判，但是，他确实没有比较过资本主义和社会主义这两种制度，也没有就生产资料所有权问题展开相关讨论。并且，他积极肯定马克思主义提出生产资料公有化的积极作用，如他所说："在生产资料公有化的过程中，马克思看到了把人改造成社会经济进程中积极、负责的参与者的条件，以及克服人的个性和社会性的分裂的条件。"② 但

---

① ［美］埃希里·弗洛姆：《健全的社会》，蒋重跃等译，国际文化出版公司2003年版，第224—225页。

② 同上书，第19页。

他看到的不争的社会事实是，在以经济发展为目的的社会里，生产力的发展、科学技术的日益革新和物质财富的突飞猛涨，并没有给人类带来精神上的富足。相反，在经济条件日益变好的现代资本主义社会里，人们越来越失去个体的存在感，而沦为一切以经济为目的，以自身发展为手段的"机器人"。正如弗洛姆所肯定的马克思的观点，在他看来，马克思并没有强调将经济发展作为人类存在的目的，如他所说："马克思在从资本主义到社会主义的社会经济变革中看到了实现人的自由和解放、实现'真正的民主'的决定性手段。尽管在他的后期著作中，对经济问题的讨论比对人以及人的需要的讨论占了更大比重，但经济领域本身从未成为目的，一直是满足人类需要的手段。"[1] 因而，在弗洛姆的视界里，马克思主义哲学在本质上也是一种人道主义，是以人的个性解放、自由和自身的全面发展为终极目的的。

（二）关于爱的理论的一些错误认识

弗洛姆的整个思想体系以他的爱的理论而吸引世人的眼球，从他的著作《爱的艺术》风靡全球的欢迎程度可见一斑。然而，关于弗洛姆的爱，学界存在众多的不同看法。最为狭隘者将弗洛姆之爱看作爱情理论。也有学者提出弗洛姆之爱不过是一种"爱的宗教"。那么，弗洛姆之爱到底是什么？显然我们是不可能脱离西方整个伦理发展思想史来谈他的爱。在精神分析心理学领域，弗洛姆首先反对弗洛伊德的纯粹的性爱理论。而在伦理学领域，学界最为迷惑争议最多的是弗洛姆之爱是不是一种"爱的宗教"。毫无疑问，"爱"这一概念可以说贯穿了西方哲学、伦理学的发展史，在前文中，我们也已经提出，整个西方思想史中其实包含了一部爱的历史。然而，除了以基督教为主线的西方文明，其实在东方文明中的各大宗教中，如佛教、儒家思想等其实都是以"爱"为中心的。所以说，爱和宗教有着密不可分的联系。因而，要正确地评价弗洛姆的整个思想理论体系，必须弄清楚他的爱的理论的定位。毫无疑问，在他所处的时代，是人类理性复苏的时代，反映到哲学领域，集中体现为哲学家对基督教的爱所做的积极的反思。在弗洛姆对爱的具体形式的阐述中，他详细地对

---

[1] [美]埃希里·弗洛姆：《健全的社会》，蒋重跃等译，国际文化出版公司2003年版，第220页。

"上帝之爱"作了回溯。在他看来,不同历史时期的"上帝"和"上帝之爱"是不同的,发展到现代西方社会的"上帝之爱"早就冲出了"对上帝的情感依恋"这一框架,人们心目中的"上帝"随着人类理性的复苏日渐成为人自身内在的道德诉求,而不是外在于人的至高无上的权威性力量。弗洛姆的这一论断基本上继承了康德、黑格尔和费尔巴哈等人对基督教之爱所作的反思,但他不局限于此。弗洛姆并不想在基督教之爱的框架下继续对爱作出阐述,而是回复到人自身来谈爱,并创建出自身完整的爱的伦理体系。从他对爱的本质的阐述中可以看出,立足于人自身的"生存矛盾",弗洛姆已经将爱看作协调人与外界各种伦理关系的道德准则,但又不局限于外在的伦理规范,而把它直接与个体的人格联系在一起,成功地从心理学和伦理学相结合的角度寻找出答案。

在早期有关弗洛姆思想的研究中,虽然众多学者也看到了他的爱的理论与其爱的伦理思想、个体品格等存在紧密联系,但其实并没有真正深入地分析三者之间的逻辑关系,以及爱在弗洛姆整体思想中的核心地位。无可否认的是,弗洛姆虽然否认了"爱"基于情感,但他并没有脱离情感来谈"爱",而是从心理学更为广阔的领域来探讨"爱",而这是现代学者所忽略的一个重要事实。在《健全的社会》一书中,弗洛姆从心理学的角度出发认为,人性的异化在其本质上是一种心理的不健康状态。而个体精神的健康离不开两个重要的目标:一个是安全感,另一个就是爱。弗洛姆批判,在弗洛伊德的精神分析心理学理论中,把"爱"等同于性爱,如他说:"弗洛伊德的精神健康是爱的能力达到的最高成就。当性欲达到性器官的爱的阶段时,人就能获得这种能力。"[1] 而沙利文虽然区分了性与爱,但他"更简单地把爱的本质定义为一种合作的情况,在这种情况下,两个人感到:'我们根据游戏的规则游戏,以保持我们的威信、优越感和优点。'"[2] 在弗洛姆看来,从心理学的角度解释"爱"并没有那么轻而易举,必须立足于人之内在需要和人之生存的伦理基础来解释爱,如他说:

---

[1] [美]埃希里·弗洛姆:《健全的社会》,蒋重跃等译,国际文化出版公司2003年版,第172页。

[2] 同上书,第173页。

精神健康，在人本主义的意义上，表现为具有爱和创造的能力，能够从家庭和社会的乱伦纽带中解脱出来，有一种基于自我认识的身份感，把自己当作自身力量的主体和源泉，能够把握我们内在与外在的现实，发展出客观性和理性。生活的目的是认真地过好日子、完全地脱离母体和充分地觉醒起来。……能够热爱生命，但是也能无所畏惧地面对死亡，能够接受生命向我们所提出的最重要的问题的不确定性——然而却对我们的思想和情感充满信心，把它们看成是真正属于我们自己的东西。……一个精神健全的人用爱、理性和自信去生活，他尊重自己以及他人的生活。①

因而，可以说，爱是精神健康的集中表现。而个体的精神健康因为爱的伦理准则，也不局限为纯粹的心理的健康，而体现为具有伦理本性的人格的健全。

（三）关于弗洛姆的社会心理学思想

在早期弗洛姆思想研究中，相比较之下，其社会心理学思想是较少受到争议的，众多学者认为，弗洛姆在这一领域的研究是具有非常重要的学术价值的。事实上，在现代心理学领域，弗洛姆成为人本主义心理学流派的主要代表人物，其理论颇受到现代心理学研究者的重视。而弗洛姆在社会心理学这一块的成就基本上来自将弗洛伊德的理论与社会学联系在一起，比如讲弗洛伊德的"无意识""性格"理论等发展成为"社会无意识""社会性格"理论等。如有学者这样总结："弗洛姆对弗洛伊德的超越，在于他的新视角、新层面——把社会因素置于整个理论体系中。"②然而，我们认为，弗洛姆虽然在弗洛伊德理论的基础上注入了许多社会的内容，但这并不等于说他的理论就是严格意义上的社会心理学内容。实际上，弗洛姆的落脚点仍然在于个体，个体基于生存悖论而产生的矛盾心理才是他要研究的重点，而社会心理不过是他研究个体心理的一条途径。正如我们在上文中所论述的，在个体与社会的互动关系中，个体自我的全面

---

① ［美］埃希里·弗洛姆：《健全的社会》，蒋重跃等译，国际文化出版公司2003年版，第176—177页。

② 王亚冰：《弗洛姆对弗洛伊德的继承和发展》，《四川师范学院学报》1992年第4期。

发展始终是弗洛姆的理论宗旨，而社会对个体的发展所起的决定性作用不是绝对决定性，相比之下，个体的主体性更为重要。基于这样的认识前提，结合我们所做的弗洛姆爱的伦理思想研究，我们认为，弗洛姆的心理学更多地侧重于个体心理学，或更为具体一点，是个体道德心理学。而这一点几乎是当前研究中的空白，是值得后世作出进一步研究的。

关于弗洛姆的心理学研究还有一个需要进一步探讨的问题，那就是，他的心理学思想到底是不是一种"唯心主义"。在早期的研究中，很多学者将弗洛姆的心理学思想界定为"唯心主义"，原因是他在经济基础与上层建筑的关系中，过分地夸大了个体的理性、爱和各种心理的力量，而忽略了经济基础作为上层建筑发展的决定性作用。毫无疑问，这种观点对于弗洛姆所提出的个体的主体性作用存在一些误解。弗洛姆并没有过分夸大意识的能动作用，尽管他提出个体人格发展到最完善的阶段，即形成"生产性性格"，但是他并不认为这是一件很容易的事情。相反，在现实生活中，由于受到社会条件和个体条件的种种限制，大多数人的人格停留在非生产性性格阶段。因而，虽然弗洛姆承认个体的主体性的能动作用之于个体发展和社会发展是最为主要的因素，但他并不认为这种能动作用是轻而易举就可以获得的，需要个体和社会及其互动关系都达到良好的状态下才能获得。弗洛姆始终辩证地看待人性发展的全过程，并不将人性看作固定不变的、单一性的东西，而是从结构性、系统性等动态发展的角度来看待人性。因此，弗洛姆的心理学思想与"唯心主义"确实不存在任何关联。

（四）弗洛姆理论的研究方法

在心理学作为旁支从哲学中分离出来之后，关于社会科学的研究方法便产生了巨大的分歧。关于这一点，其实弗洛姆本身有着较为详细的阐述，在前文中我们已经阐述过了，主要包含在弗洛姆所著的《弗洛伊德思想的贡献与局限》一书中。不得不承认，尽管弗洛姆的人道主义思想备受人们关注，但是他的研究方法却是被人所忽略的。并且他的研究方法的科学性是缺乏进一步探讨和研究或采纳的。在对弗洛伊德思想的评价中，弗洛姆所重点讨论的就是弗洛伊德所使用的理性主义分析方法的科学性，而他针对的是近代盛行的实证主义研究方法和实验的方法。毫无疑问，实证主义研究方法和实验的方法在现代心理学领域是非常流行的，但较少有心理学家怀疑这些方法的科学性。相反，众多的学者对于弗洛伊德的理性主义研究方法存在质疑，认为其过于主观。而弗洛姆在揭示了社会科学研究的本质特点之后，认为弗洛伊德所使用的方法的主观性在其本质上是客观性的体现，因为在社会科学研究领域很难找到具有普遍性、一般性的价值标准，必须立足于每一个不同的个体来进行研究。正是在这一认识前提下，弗洛姆坚持将伦理学和心理学综合起来进行研究。

事实上，在弗洛姆之前的思想家们，除了以弗洛伊德为鼻祖的精神分析心理学派，从古希腊时期开始，其他的哲学家们都已经注意到了人自身内在的心理力量对人性形成的重要影响。如柏拉图对人性结构所做的理性、激情和欲望的划分；基督教中世纪的"圣爱"所强调的人对上帝的强烈的情感依附；以及近现代以休谟、维特根斯坦、斯蒂文森等为代表的道德情感主义代表们，其实都察觉到了情感之于维系人与人之间伦理关系的重要性。尽管如此，早期的哲学家对于人之内在心理的研究是不完整的，及至现代精神分析学派的兴起，弗洛伊德等人所提出的心理发展的原动力、心理的结构等理论充分丰富了人类对于人性的认识。而弗洛伊德过分强调"性欲"作为人性发展的原动力遭到"新精神分析学派"的一致反对，而他们反对的核心论点就是承认社会文化对人性造成的决定性作用。毫无疑问，弗洛姆充分注意到了心理学研究与伦理学研究各自不同的特点。在对马克思主义哲学的分析中，他十分肯定作为"类"存在的人的社会关系本性，这种关系本身是受社会经济基础决定的，或者说，是一种物质关系。因而，心理学和哲学，或者说，心理学和伦理学，其在本质上的差异在于二者从不同的路线来研究人性，心理学注重人自身内在的心理矛盾，哲学或伦理学注重人自身之外的各种物质或伦理关系。从弗洛姆的理论来看，这两种认识人性的路线缺一不可。换句话说，要获得对人性的更为全面的认识，必须从内在和外在两方面入手，而弗洛姆就是这样来展开自己的研究的。

关于研究方法，还有一个问题需要澄清，那就是，众多的学者认为弗洛姆的研究是一个集多个学科的综合性研究，如心理学、哲学和社会学等。毫无疑问，他试图综合心理学和哲学的研究方法是很明显的，但是他是否真的使用了社会学的方法，或社会学的理论，这是值得商榷的一件事情。在弗洛姆的理论中，既包含了对现实社会的批判，也包含了对个体心理的分析。在他所使用的概念中,大多数概念都是在弗洛伊德所发明的概念的基础之上加上了"社会"一词,比如"社会无意识""社会品格""社会自恋"等概念都是弗洛姆所创造的新概念。而这些概念正表明,弗洛姆一方面立足个体自身来研究人性,比如产生于个体之生存矛盾的孤独、自由等概念;另一方面他又寻找比弗洛伊德更为广泛的视角来研究人性,因而产生众多的社会心理学领域的概念。并且,在弗洛姆对马克思主义哲学的继承与批判中,我们可以发现他所研究的很宏观的社会视角,但众多的社会理论均来自对马克思主义哲学的继承,如人性异化、社会异化等概念,又如人道主义的社会主义等,其实都是从哲学的角度进行阐发,其中并不涉及任何社会学的实质性研究,更谈不上使用社会学的实证的或调查的研究方法。因而笼统地说弗洛姆使用了社会学的研究方法,这是不符合实际的。

以上,我们从几个方面简单地总结了一下弗洛姆思想的研究现状,在我们的研究中,我们已经就相关问题展开了一些讨论,但实际上弗洛姆的思想博大精深,并且涉及的领域广泛,尤其是他对于个体和社会所做的心理学的分析,其中涵括了很多精神病理学的内容,如对自恋、乱伦等社会现象的分析,这些不是一个单纯地做哲学工作的研究者所能企及的。因此,要想获得对弗洛姆的思想的更为深入的认识,我们还需要从更多的角度挖掘其思想的深度,下面我们将简单地探讨一下弗洛姆思想研究的未来展望。

二 弗洛姆思想研究的未来展望

在上文中,我们简单地总结和评价了早期弗洛姆研究中的一些研究主题,但这不能代表弗洛姆思想研究中的核心问题已经被解决,或者说被挖掘了出来。实际上,弗洛姆的思想因为其对苏联社会主义的批判而一直未能得到更为客观和深入的研究,相反,他对马克思主义哲学的继承和发展常常被忽略。虽然,21世纪之后的研究中对其思想的评价持更为客观的态度,这一点更多地来自苏联学者对"西方马克思主义"所做的总结。如苏联的研究者 M. 格列茨基在其"西方马克思主义"的研究中,就将其划分为人道主义的和唯科学主义的两个流派,而其中人道主义的"西方马克思主义"流派又包含"（1）法兰克福学派；（2）与其接近的弗洛伊德的马克思主义；（3）存在主义的马克思主义；（4）现象学马克思主义；（5）卢卡奇学说"[1]。国内研究者们对于"西方马克思主义"的研究的定性常常跟随苏联学者们的路线。弗洛姆的思想虽然被划分为"西方马克思主义"中的"弗洛伊德的马克思主义"或"法兰克福学派"，但其思想的价值却并未得到相应的重视。在"法兰克福学派"中，弗洛姆的思想并未被当作核心人物来进行研究，而更多地被划分为"弗洛伊德的马克思主义"。将弗洛伊德的心理学思想和马克思主义哲学的社会思想结合起来，这大概是弗洛姆所做的独创。但是这一点在学界并未得到认可，大部分学者认为这一理论的综合不过是一种理论的"杂糅"，其本身并没有太多的科学性。另外，弗洛姆所批判的现代资本主义社会的种种异化现象，虽然他重点强调的是现代资本主义社会，但其所做的社会异化现象的批判可以针对任何社会形态，其对消费主义和技术主义的批判是具有普世价值的。

基于以上认识，我们认为，弗洛姆的思想研究可以从两个方面继续深入。第一是作为"西方马克思主义"学派的"弗洛伊德的马克思主义"。在"弗洛姆的爱的伦理思想研究"中，我们也集中探讨了弗洛姆将伦理学与心理学结合起来的研究方法，而他具体的做法便是综合弗洛伊德的理论和马克思主义学说。但实际上，从弗洛姆所做的创新便是产生了一些重要的概念，如"社会无意识""社会品格""社会自恋"等，其中最为主要的是"社会品格"理论。显然，这一概念与"社会心理"存在很大的类似，但是又不完全一致。而弗洛姆的整个理论都体现出这样的特征，可以说，"社会心理"侧重于心理学层面，而忽略了伦理学层面的分析。正是弗洛姆将伦理学的内容加入心理学的研究，才使得人们对人类心理的认识有了伦理道德的成分，而不是纯粹地从认知层面来谈人的心理。因而，可以说，弗洛姆有关人格的心理学在其本质上将心理学推到一个更高的层次。然而，在伦理学中加入心理学的内容却未能得到更多的认可，后世很多的研究者甚至认为这一做法是脱离现实物质关系来空谈人的心理作用的

---

[1] 《"西方马克思主义"研讨会在莫斯科召开》，郭鸣译，《国外社会科学》1991年第10期。原载苏联《社会学研究》杂志1991年第4期。

"唯心主义"。因而，如何在伦理学研究中运用心理学的方法是值得进一步作出深入研究的。不得不承认的是，弗洛姆虽然试图综合伦理学与心理学，但是他的心理学研究并未采用现代心理学研究中的实证主义研究方法和实验方法，而主要采用了弗洛伊德的精神分析方法，并且他自己论证了这一方法的科学性和可行性。虽然在现代伦理学研究领域，我们也产生了道德心理学这一研究分支。但所使用的理论、概念和研究方法等其实都未脱离现代心理学的研究层面，并没有将道德心理与普通心理严格地区分开来。而实际上，我们知道，无论是中国传统的伦理学研究，还是西方的伦理学研究，"道德认知"和"一般认知"之间的关联一直是众多哲学家所普遍关注的问题。这足以说明"社会道德心理"与"社会心理"是不同的两个概念。基于这样的认识，对于弗洛姆所提出的"社会品格"这一概念及其社会功能就存在巨大的研究空间。正是在这个层面上，我们认为，弗洛姆的思想作为"弗洛伊德的马克思主义"派别是值得进一步挖掘和发展的，这不仅是对弗洛姆思想的进一步深入，也为马克思主义哲学的发展提供不同的视角。作为西方思想史中的两个重要的思想渊源：弗洛伊德理论和马克思主义学说，我们不得不承认，将二者联系起来进行研究，并找到二者可以共融的基础，这无疑是一个天才型的创作。

而关于弗洛姆思想研究的未来展望，另一个重要的问题是，如何将他的思想与中国现代社会的实际联系起来进行研究。毫无疑问，作为"西方马克思主义"下面的一个分支，这意味着弗洛姆的思想在其本质上是对资本主义和苏联社会主义的批判，而这一点是毋庸置疑的。在弗洛姆的著作中，尤其是《马克思关于人的概念》《在幻想锁链的彼岸》这些著作里面，包含了许多明显的批判苏联社会主义的思想，并且他在此基础之上提出自身关于"人道主义的社会主义"的构想。然而，我们不得不承认的事实是，中国的马克思主义一直是在学习"苏联的马克思主义"理论中发展起来的，因而其理论不可避免地与"西方马克思主义"存在一些冲突的地方。然而，坚持"马克思主义的中国化"一直是中国现时代的做法，正因为如此，中国化的马克思主义，不仅需要从"苏联马克思主义"中学习和借鉴有用的东西，也需要从"西方马克思主义"中学习和借鉴有用的东西。

除了理论上的证明，现代中国的发展更需要从现实生活中去吸取经验和教训。而弗洛姆的"弗洛伊德的马克思主义",或者其"法兰克福学派"的社会批判理论,对于中国现代社会的现实起到针砭时弊的作用。中国现代社会自实行改革开放政策和市场经济体制以来,各种西方的制度、文化和思潮都在影响着人们的思维方式、价值观和日常生活。而在弗洛姆的理论中,这些因素无疑都是影响个体人格形成的重要部分。回顾中国改革开放近40年的时间里,现代中国经济和技术的飞速发展给人们的生活带来了翻天覆地的变化。无可否认,经济和技术的发展给人们带来物质生活条件上的具体改善。与此同时,人们的精神文化生活也越来越丰富多彩。但是,这是不是意味着人们比以前更幸福呢?这大概是每一个年代的哲学家所共同要探讨的问题。社会的转型给现代中国人带来的是物质和精神上的双重丰富,但是人们的思维方式和生活方式却正面临社会的巨变带来的种种人性的考验。而这些人性的考验在其本质上与弗洛姆所描绘的资本主义社会的种种异化现象存在类似。比如,因经济和技术的发展所带来的优越的物质生活条件,同时也带来了自然环境的严重污染。如近几年来难以治理的"雾霾"现象就是一个很好的例证。而每年在全国爆发的各种洪涝、旱灾、雪灾等,不得不让我们反思一下整个社会所极力推崇的各种经济发展目标和自然环境之间的平衡关系。

除此之外,人们的生活方式发生了翻天覆地的变化,各种便利的交通和通信条件使得人们之间的距离被拉近了。但是,这是不是意味着人与人之间更相爱了呢?事实上,并非如此,人与人之间的关系变得更为淡漠和具有市场交易性,夫妻关系、亲子关系、朋友关系等各种伦理关系都受到了前所未有的冲击。而现代中国社会的人们也正在为被迷惑的现代生活方式寻找出路。无疑,由于经济和技术的发展所带来的中西方文化的交流与冲融给现代中国人带来巨大的挑战,多元文化的价值观常常使得人们无所适从。而日益盛行的消费主义思潮也正影响着人们的各种选择。除此之外,为众多伦理学家所关注的经济发展和人们的"道德滑坡"之间的"二律背反"现象也是亟待解决的问题。公民个体的道德建设除了从中国传统文化中寻找自有资源,也可以从西方文化思潮中汲取营养。而弗洛姆的理论正好应对了目前中国发展的各种需要,这应该是未来弗洛姆思想研究的重要议题。

参考文献

一 著作类

［美］埃希里·弗洛姆：《弗洛姆文集》，冯川等译，改革出版社1997年版。

［美］埃希里·弗洛姆：《为自己的人》，孙依依译，生活·读书·新知三联书店1988年版。

［美］埃希里·弗洛姆：《在幻想锁链的彼岸》，张燕译，湖南人民出版社1986年版。

［美］埃希里·弗洛姆：《健全的社会》，王大庆等译，国际文化出版公司2007年版。

［美］埃希里·弗洛姆：《健全的社会》，欧阳谦译，中国文联出版公司1988年版。

［美］埃希里·弗洛姆：《健全的社会》，蒋重跃等译，国际文化出版公司2003年版。

［美］埃希里·弗洛姆：《逃避自由》，刘林海译，国际文化出版公司2002年版。

［美］埃希里·弗洛姆：《占有还是生存》，关山译，生活·读书·新知三联书店1988年版。

［美］埃希里·弗洛姆：《追寻自我》，苏娜、安定译，延边大学出版社1987年版。

［美］埃希里·弗洛姆：《自为的人》，万俊人等译，国际文化出版公司1988年版。

［美］埃希里·弗洛姆：《爱的艺术》，孙依依译，工人出版社1986年版。

［美］埃希里·弗洛姆：《爱的艺术》，赵正国译，国际文化出版公司2004年版。

［美］埃希里·弗洛姆：《爱的艺术》，萨茹菲译，光明日报出版社2006年版。

［美］埃希里·弗洛姆：《爱的艺术》，李健铭译，上海译文出版社2011年版。

［美］埃希里·弗洛姆：《爱的艺术》，刘福堂译，安徽文艺出版社1986年版。

［美］埃希里·弗洛姆：《弗洛姆著作精选》，黄颂杰整编，上海人民出版社1989年版。

［美］埃希里·弗洛姆：《自我的追寻》，孙石译，北方文艺出版社1988年版。

［美］埃希里·弗洛姆：《人之心》，都本伟、赵桂琴译，辽宁大学出版社1988年版。

［美］埃希里·弗洛姆：《弗洛伊德思想的贡献与局限》，申荷永译，湖南人民出版社1986年版。

［美］埃希里·弗洛姆：《精神分析的危机》，许俊达等译，国际文化出版公司1988年版。

［美］埃希里·弗洛姆：《在幻想锁链的彼岸》，张燕译，湖南人民出版社1986年版。

［美］埃希里·弗洛姆：《马克思关于人的概念》，见《西方学者论〈1844年经济学哲学手稿〉》，复旦大学哲学系现代西方哲学研究室编译，复旦大学出版社1983年版。

［美］埃希里·弗洛姆：《说爱——一位精神分析学家的人生视角》，安徽人民出版社1987年版。

［美］埃希里·弗洛姆：《病人是最健康的人》，《时报》1980年3月21日。

［美］埃希里·弗洛姆：《让人成为主人》，见《各国社会党重要文件汇编》第二辑，世界知识出版社1962年版。

邓志伟：《弗洛姆新人道主义的伦理思想研究》，人民出版社2011年版。

许惠芬：《弗洛姆的类伦理思想研究》，中国社会科学出版社 2015 年版。

张伟：《弗洛姆思想研究》，重庆出版社 1996 年版。

方幸福：《幻想彼岸的救赎——弗洛姆人学思想与文学》，中央编译出版社 2014 年版。

李红珍：《埃利希·弗洛姆的健全社会思想研究》，博士学位论文，华侨大学 2013 年。

韩松：《弗洛姆人性理论研究》，博士学位论文，吉林大学 2008 年。

Erich Fromm. The Revolution of Hope: Toward a Humanized Technology. New York: Harper and Row Publishers, 1968.

Erich Fromm. The Art of Loving. London: Thorson Publisher, 1957.

Erich Fromm. Man for Himself: An Inquiry into the Psychology of Ethics. London: Routledge and Kegan Paul, 1947.

Erich Fromm. The Sane Society. London: Routledge, 1991.

Erich Fromm. Dialogue With Erich Fromm (With Richard Evans). New York: Harper & Row, 1966.

Erich Fromm. Max's Concept of Man. Frederick Ungar Publishing Co. 1961.

Erich Fromm. The Dogma of Christ. New York: Holt Rinehart & Winston. 1931.

Erich Fromm. "The Method and Function of an Analytic Social Psychology", In: Arato A. and Gebhardte E. (eds.), The Essential Frankfurt School Reader. New York: Urizen Books, 1932.

Michael Maccoby. "The Two Voices of Erich Fromm: Prophet And Analyst", Society, July/August 1995.

Jeremy De Chavez. "Reading Erich Fromm's The Art of Loving, or Why Loving Means Giving Nothing", Kritike, Vol. 9. No. 2. 2015 (12).

Daniel Burston. "A Profile of Erich Fromm", Society, May/June 1991.

Nicholas C. Zingale and Justin T. Piccorelli. "Chains of Freedom: A View from Erich Fromm on Individuality Within Organizations", Administrative Theory & Praxis, June 2012, Vol. 34, No. 2.

Leonidas K. Cheliotis. "For a Freudo - Marxist Critique of Social Domination: Rediscovering Erich Fromm Through the Mirror of Pierre Bourdieu", Journal of Classical Sociology, 2011 (4).

Noam Schimmel. "Judaism and the Origins of Erich Fromm's Humanistic Psychology: The Religious Reverence of a Heretic", Journal of Humanistic Psychology, Vol. 49, No. 1, January, 2009, pp. 9 - 45.

Henry S. Kariel. "The Normative Pattern of Erich Fromm's Escape from Freedom", The Journal of Politics, Vol. 19, No. 4 (Nov, 1957).

Arnold W. Green. "Sociological Analysis of Horney and Fromm", American Journal of Sociology, Vol. 51, No. 6 (May, 1946).

Olli - Pekka Moisio. "What it Means to Be a Stranger to Oneself?", Educational Philosophy and Theory, Vol. 41, No. 5, 2009.

二 论文类

张国珍:《一本歪曲马克思主义的书——评弗洛姆〈在幻想锁链的彼岸〉》,《湖南师大社会科学学报》1987年第8期。

吴立昌:《尴尬地处于马克思与弗洛伊德之间——从弗洛姆的〈爱的艺术〉说开去》,《上海大学学报》1995年第1期。

张伟:《弗洛姆的人本主义伦理观探析》,《现代哲学》1989年第3期。

欧阳谦:《弗洛姆的人本主义哲学述评》,《中国人民大学学报》1992年第4期。

张燕:《弗洛姆人本主义伦理学述评》,《学术月刊》1986年第7期。

王为理:《论弗洛姆人本主义的内在逻辑及其必然归宿》,《华南师范大学学报》1994年第1期。

张超兵、陈媛媛:《弗洛姆爱的伦理思想探析》,《内蒙古农业大学学报》2010年第6期。

成海鹰:《弗洛姆的"爱四要素说"伦理分析》,《学术论坛》2008年第1期。

周萍:《从品格学角度看弗洛姆关爱伦理思想的道德价值》,《长沙大学学报》2012年第3期。

张传有：《作为情感的爱与作为义务的爱》，《哲学研究》2012年第5期。

伍荣华：《评弗洛姆的社会健全理论》，《广东社会科学》1994年第2期。

陈爱华：《论弗洛姆批判资本主义的伦理维度——弗洛姆〈健全的社会〉解读》，《南京政治学院学报》2012年第3期。

王雨辰：《论弗洛姆对当代资本主义社会的伦理批判》，《理论月刊》2010年第9期。

王柏文：《弗洛姆的社会主义和谐健全观述评》，《社会科学战线》2015年第7期。

盛国荣：《技术人性化：弗洛姆的技术社会思想》，《兰州学刊》2009年第9期。

刘敏：《技术社会人道化问题——弗洛姆技术哲学思想研究》，《内蒙古大学学报》2006年第5期。

高亮华：《希望的革命——弗洛姆论技术的人道化》，《自然辩证法研究》1997年第2期。

王柏文、赵立：《试析弗洛姆的社会技术哲学思想》，《吉林师范大学学报》2012年第6期。

李辉：《弗洛姆：异化的消费》，《山东师范大学学报》2008年第5期。

程广丽：《"异化"的人与"异化"的消费——论弗洛姆的消费伦理思想》，《湖州师范学院学报》2008年第5期。

邓志伟：《弗洛姆对消费异化的伦理批判》，《消费经济》2005年第4期。

邓志伟：《弗洛姆人道主义消费伦理思想探析》，《道德与文明》2006年第1期。

许惠芬：《弗洛姆对消费异化的批判与重建》，《石家庄学院学报》2011年第1期。

闫方洁、宋德孝：《祛除异化消费　实现人道消费——弗洛姆消费异化理论评析》，《天府新论》2008年第1期。

任海滨：《弗洛姆与马尔库塞消费异化理论之比较研究》，《边疆经济与文化》2010 年第 1 期。

李明：《评西方马克思主义消费异化观》，《天府新论》2008 年第 1 期。

许威：《消费主义的价值与范式——从理性异化到绿色生态的跨越》，《理论观察》2016 年第 1 期。

蔡陈聪：《西方马克思主义消费异化理论的启示》，《东南大学学报》2009 年第 6 期。

李红珍：《人性的异化与回归：弗洛姆人性异化论新探》，《东南学术》2013 年第 3 期。

王丽茹：《马克思劳动异化论与弗洛姆人性异化论之比较》，《卷宗》，2015 年第 8 期。

金大陆：《爱的反思》，《读书》1987 年第 9 期。

左高山：《爱你们的敌人——论基督教的敌人伦理》，《伦理学研究》2015 年第 5 期。

陈士聪：《"理性"与"信仰"相统一的新路径：黑格尔的"爱"观念》，《理论月刊》2015 年第 11 期。

赵林：《神秘主义与理性的双重扬弃——黑格尔宗教哲学的演化与实质》，《天津社会科学》2003 年第 5 期。

曲蓉：《人格塑造的道德合理性——弗洛姆生产性性格评述》，《道德与文明》2009 年第 2 期。

许俊达：《费尔巴哈爱的宗教辨析》，《安徽大学学报》2005 年第 5 期。

张荣洁：《费尔巴哈论爱》，《北京行政学院学报》2009 年第 6 期。

高健：《在爱的名义下——试论费尔巴哈哲学思想的宗教本质》，《兰州学刊》2010 年第 5 期。

俞吾金：《康德是通向马克思的桥梁》，《复旦学报》2009 年第 4 期。

欧阳康、张明仓：《康德实践哲学及其意义探析》，《河北学刊》2008 年第 5 期。

胡纯华：《从实践概念看康德哲学对马克思的影响》，《学理论》2014 年第 4 期。

王亚冰：《弗洛姆对弗洛伊德的继承和发展》，《四川师范大学学报》

1992 年第 4 期。

卢风：《人道主义、人类中心主义与主体主义》，《湖南师范大学社会科学学报》1997 年第 2 期。

吴兴华：《弗洛姆对人与自然关系的人性论反思》，《吉首大学学报》2015 年第 1 期。

刘敏：《技术与人性——弗洛姆技术人道化思想研究》，《自然辩证法通讯》2005 年第 5 期。

孔文清：《自由：积极的还是消极的？——在弗洛姆与伯林之间》，《华东师范大学学报》2006 年第 1 期。

夏中义：《自我实现：重读弗洛姆与马斯洛》，《书屋》2003 年第 11 期。

杜敏：《"自由"与"孤独"——论弗洛姆"自由"概念的双重维度及其局限性》，《社会科学家》2012 年第 7 期。

赵仲英：《评弗洛姆的人道主义社会主义》，《云南社会科学》1988 年第 3 期。

李琳：《弗洛姆人道主义的社会主义思想述评》，《湖南省社会主义学院学报》2003 年第 2 期。

金瑶梅、方希：《论人道主义的社会主义观》，《江西科技师范学院学报》2012 年第 3 期。

张磊：《弗洛姆"爱"的理论述评》，《湖南医科大学学报》2009 年第 6 期。

李佃来：《弗洛姆"人性异化及消除"理论述评》，《马克思主义哲学研究》2001 年卷。

《"西方马克思主义"研讨会在莫斯科召开》，郭鸣译，《国外社会科学》1991 年第 10 期。原载苏联《社会学研究》杂志 1991 年第 4 期。